非上場株式評価の論点

税務上の疑義の分析と
解決策へのアプローチ

税理士

田川 嘉朗
Tagawa Yoshiro

清文社

はじめに

　筆者は、昨年まで約30年間にわたり、資産税専門の準大手税理士法人に所属して、累計で何千件もの申告実務に関わり、主に相続税・贈与税・譲渡所得などの課税実務に携わってきたが、殊に相続・贈与事案における非上場株式の取扱いは、極めて難易度が高く、特殊な領域であると感じている。そもそも、実務家になって最初に1社や2社程度の評価額の算定をしたくらいでは、その体系をほとんど覚えられない。実感としては、10社、20社、30社と経験を重ねてゆき、様々な非上場会社の評価を体験してみて、ようやくその体系の全体像が把握できたように思えたほど、その習得に時間を要した記憶がある。

　さらに、そこに容赦なく通達改正が行われて、ケースによっては評価の体系そのものが変わってしまうため、どんな会社であっても縦横無尽に評価額を算定できるようになるためには、それまでの実務経験を常に最新の状態にヴァージョンアップすると同時に、平時から、様々な情報収集を怠らないようにすることが必要になってくる。加えて、非上場株式を相続対策の手段として、贈与や譲渡の対象とする場合には、評価額の算定とはまた異なる次元の課税関係（みなし譲渡・みなし贈与等）を意識しなければならず、率直に言って、下手に素人が手を出すと大火傷をしかねないような要因に満ちている。

　そこで、本書では、まず「非上場株式の財産としての厄介さ」を導入部の第1章に置き、必然的に価格変動資産を所有せざるを得ない業態があることや、その流動性の問題、会社支配権の維持の問題など、そもそも宿命的にその扱いが極めて難しい財産であることについて、多様な観点から述べている。

　また、第3章では「非上場株式所有者の相続対策において直面せざ

るを得ない問題点」と題して、主に借地権帰属の問題と、同族会社に対する個人の債権の評価額の問題など、我々実務家が普段から苦労させられているいくつかの重要な論点に関して、項目整理と疑義提示の色彩を添えて、筆者なりの分析を加えている。この第3章については、ややボリュームと重みのある第2章と第4章の間に位置付けることにより、一つの読み物として、評価の問題を離れて、ホッと一息つくような気持ちで読んでもらえると有難いと思う。

　ただ、そこでは実務に携わる上での我々税理士の職業倫理的な問題や、現在の課税実務の現実に対する疑問、納税者の協力なしには申告をなし得ない税理士業務そのものに潜む困難性等についても同時に提示している。恐らく、こうしたことを表だって書く者は少ないのではないか思うが、筆者と似たような辛苦を味わっている実務家は、現実に相当数いるのではないかと推測している。

　そして、第2章では「富裕税財産評価事務取扱通達」（1951年）の発遣から70年、「相続税財産評価に関する基本通達」（1964年）の発遣から57年に及ぶ通史を丁寧に紐解き、これを改正趣旨別に分類し、その時々において対象とされた論点につき、詳細に考察している。この章を執筆する動機となったのは、大半の類書が過去の改正の歴史やその背景にあった趣旨などを踏まえることなく、課税庁が定めた内部ルールなり、指針なりを表層的に再現しているに過ぎず、評価通達の改正の歴史に関して、これを通覧し、俯瞰する視点から、網羅的かつ分析的に書かれたものは皆無に近いことに気付いたためである。

　この複雑な体系を持つ最も難解な財産評価の項目に関して、過去の改正の経緯や評価体系の枠組みを変更するに至った課税庁の狙いを知らずして、これを正確に理解することなど、不可能であろう。さらに言えば、大幅かつ抜本的な改正がなされるのは、常に何らかの対立構

図がその背景に存在している時であり、現在の極めて複雑かつ歪な評価体系は、それら多くの〈軋轢〉の帰結として存在していることについても、知っておいて損はないだろう。ちなみに、その一つは経済産業省と課税庁との、もう一つは納税者・その背後にいる節税指南者と課税庁との対立構図である。

　巻末に置いた第4章では「非上場株式の評価上、必ず抑えておきたい論点・間違えやすい論点」と題して、総論、類似業種比準価額、純資産価額の3つのパートに区分した上で、各々の分野で誤認や誤解の多い個別論点につき、筆者なりの見解を述べている。この章の内容は、恐らく類書に紹介されている論点と重複しているものと思うが、「医療法人の出資金の評価上の留意点」に見られるように、通常は別個に扱われがちな論点につき、プレパラートを束ねて光を照射するような視点から体系的に述べることにも意識を砕いた。

　また、課税庁サイドの解説書では必要最小限のことしか書かれていない論点につき、これを実務家の観点から補足し、課税庁が余り正面切って言おうとしない狙いやその効果の領域にまで踏み込んでいる。殊に類似業種比準価額の「自己株式の取得に伴うみなし配当の取扱い」と純資産価額の「課税時期前3年内取得等不動産の時価課税制度」に関しては、多角的な観点から、実務に携わる上で、必要と思われる情報を惜しみなく披瀝したつもりである。また、後者の論点では、私的・閉鎖的取引の結果に過ぎない帳簿価額が〈時価＝客観的交換価値〉に代替し得るという前提に対して、実務家の視点から疑義を呈し、さらにその対応策についても開示している。

　本書を手にして、その内容を一通り読まれた方は、筆者が時に課税庁を、時に納税者を、時に同業者の税理士を批判する立場を示してい

る一方で、逆に論点によっては、各々の立場を支持する論調を交えて
いることに気付かれるのではないかと思う。それは、実務の現場の感
覚から見て、明らかに不合理なこと、その趣旨に一貫性がないと思わ
れる点についてはきちんとその旨を指摘し、逆に必要性・妥当性があ
ると認められるものについては、率直にこれに同調し、賛意を示すこ
とも、専門家としての正しい態度であると考えているためである。

　もちろん、我々は納税者から報酬を受けている以上、一義的には納
税者の味方をすべき立場に置かれているわけだが、だからと言って、
脱法的な手段を駆使してまで税金を引き下げようとする者に与するこ
とは、職業倫理に反するばかりでなく、専門家としての矜持を自ら損
なってしまう行為に他ならないだろう。一方で、我々には税制のメカ
ニズムを探求して、顧客の利益のために節税策を講じる役割を担わさ
れている側面があることは否定しない。しかしながら、常に変転して
いく税制につき、その功罪や事業会社の経済活動に及ぼす影響を考え
た上で、あるべき方向性を示していくことも、専門家に期待された役
割の一つなのではないだろうか。

　2021 年 6 月

田川　嘉朗

目次

第2章　非上場株式の評価方法の改正の歴史
～改正趣旨別の分析

第3章　非上場株式所有者の相続対策において 直面せざるを得ない問題点

第4章　非上場株式の評価上、
　　　　必ず押さえておきたい論点・間違えやすい論点

＊本書の内容は、令和 3 （2021）年 6 月 1 日現在の法令等に依っている。

第 1 章

非上場株式の
財産としての厄介さ

～非上場株式の性格とその問題点 ～

I 会社の業績や資産の含み損益が株価に与える影響

I 利益追求主体としての会社の姿は相続税の重税感と常に対立関係にある

　相続税が課税されるような規模の財産を所有する資産家から様々な相談を受けていると、非上場株式という財産自体の厄介さを痛感させられることが多い。なぜなら、そもそも会社という存在は、利益を追求することを目的とする主体であり、その観点からすれば、「利益を上げれば上げるほど良い会社」ということになるわけだが、その帰結として、内部留保が厚くなっていくことに伴い、必然的に株価は上昇し、後継者（相続人）は過重な相続税の負担を覚悟しなければならなくなるからだ。

　一方で、非上場株式は、通常、流動性が低く、さらにいえば、事業の継続あるいは支配権の維持を前提とする限り、これを換金して納税資金に充てるという選択肢を採り得ない。つまり、上場株式を所有しているケースなど換金性が高い資産を保有している場合と比較して、非上場株式のオーナーの相続においては、スピーディーに納税資金の確保を図ることが困難であり、重税感という名の足かせがあることが当初から想定されていることになる。

　こうした背景があるがゆえに、非上場株式のオーナーは、「スムーズな事業承継を行うため、何とか合法的に株価を下げられないか？」と考えるようになり、相談を受けた税理士や金融機関、不動産会社等が、これに対して会社の損益を人為的に調整する対策（レバレッジドリース、オペレーティングリース等）や、保有資産の時価と相続税評価額の乖離を利用して評価額を引き下げる対策（不動産の購入や建築、生

命保険契約への加入等）、会社規模区分を変更することにより、類似業種比準方式による評価額の採用割合（Ｌの割合等）を増やして評価額を引き下げる対策（従業員数の調整・合併・分社・営業譲渡・業種変更等）などの実行を薦めることになる。そして、こうした節税対策の効果が、例えばマネー雑誌等に紹介されるなどして広く世間に知れわたるようになると、課税庁がその中で「目に余る」内容であると受け止めたものにつき、これを規制する節税対策封じの改正措置を考案して対抗する。そのような過程を通じて、非上場株式を巡る相続税の課税環境はいわゆる〈いたちごっこ〉の外観を呈するに至り、その帰結として、財産評価基本通達の規定は次第に複雑かつ歪なものに変容していくことになる。

　一方、通商産業省時代から経済産業省に至る現在まで、その時々において講じる経済政策の中に、しばしば事業承継の円滑化を主眼とする政策が盛り込まれるのは、上記のような背景があるためであるともいえる（この点については第２章で詳解する）。

　この論点は、いわば構造的な問題であり、非上場会社のオーナーの相続（事業承継）の場面において、相続税の重税感がしばしば会社の承継という経済の流れの阻害要因になっていて、これを政策的に軽減することが経済の仕組みの中では、必然的に要請されることになるからだ。その当然の帰結として、国の予算を担い、より多くの税収を確保する立場にある財務省・国税庁と、経済の流れを円滑化し、その後押しをするために事業承継の税負担が阻害要因とならないように配慮する立場にある経済産業省の利害はしばしば対立することになる。その構図は、利益追求主体としての会社という存在が、一方で相続税の課税の場面においては「利益を上げること自体がデメリットになる」面を有しており、これらが二律背反するものとなっていることと極めて似ている。このように考えていくと、両者の関係は、ただ盲目的に

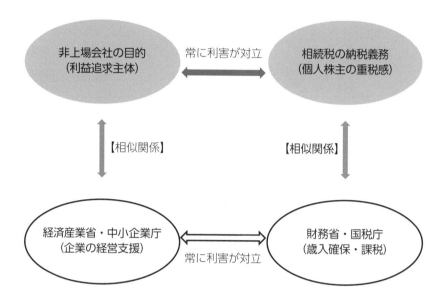

利益を追求すればいいというわけにはいかないという事実と同根であり、会社のあるべき姿（利益が多い方がよい）と納税者にとっての相続税の重税感（利益が少ない方がよい）の利害対立の構図は、そのまま財務省・国税庁（租税回避的な行為を規制し、適正に相続税を課税して税収を確保したい）と経済産業省（政策的に相続税の重税感を軽減し、中小企業の経営を支援したい）の利害対立の構図と相似形をなしていると考えてもよいのではないだろうか。

2 外的経済現象の結果でしかない資産の含み損益が株価を動かすメカニズム

　非上場株式に限らず、会社が資産を保有する目的は、通常、事務所・店舗・工場・倉庫等の土地・建物や機械・器具・備品など、通常必要不可欠な営業活動を行うためであるか、賃貸料収入や配当等による収益性を追求するためである場合がほとんどあり、純然たる投資としてなされている場合等の例外的なケースを除き、資産そのものの時価の

上昇や下落を意識してこれを保有しているわけではないケースが大半なのではないだろうか。つまり、通常、会社の経営者は売上や経費等の増減については常にその動向を意識しているのに対して、取得原価主義を原則とする旧来の会計基準の中では、それが財務諸表の中に即座に表現される仕組みがないこともあり、資産の含み損益のことまで意識して事業活動を行っているわけではないはずだ。その帰結として、今、自身が経営している会社が黒字であるのか赤字であるのか、年商・営業利益・経常利益がどの程度の金額になっているのかなどの点については常に関心事の中心を占めているのに対して、例えば、工場用地の時価の上昇・下落などは単なる外的経済現象の結果でしかない、と考えている経営者が圧倒的に多いものと推測される。

　しかしながら、単なる外的経済現象の結果でしかない資産の含み損益が、時に非上場株式の評価額を大きく左右することがある。特に価格変動の大きい不動産や上場・非上場の株式の時価が知らぬ間に大きく上昇したり、下落したりすると、これに伴って、これらの資産を保有する非上場株式の相続税評価額は、殊に純資産価額方式の評価において、会社の経営状態とは全く異なる次元で、大きな変動が生じることになる。もちろん、こうした事象は個人が資産を直接所有している場合でも同じように起きていることなのだが、会社を通じて資産を間接的に所有しており、その保有目的が投資ではなく、営業活動である場合には、なおさらそうしたことが意識の埒外にあるため、理不尽な事象として目に映る場合も多いのではないだろうか。

　なぜなら、仮に営業活動を行うために不可欠な工場の土地の価格が上昇したとしても、その工場の土地を処分しない限り、その含み益は「画に描いた餅」でしかなく、キャッシュフローベースで直接的にその恩恵を受けられるわけではないからだ。また、所得税においても法人税においても、未実現利益には課税しないという大原則があるため、

「画に描いた餅」は課税所得を構成することもないことから、経営者にとって、税制面からも利益として認識されにくくなっているという現実がある。逆に、土地や株式の資産価値が災害や恐慌等の不可抗力の事象によって著しく下落した場合には、その金額の振れ幅が何十年も苦労して積み上げてきた内部留保の金額を上回ってしまい、オーナー経営者の意に反して株価がゼロになってしまうといった結果が生じることもあり得る。

　もちろん、そうした資産の含み損益によって大きく増減する命運を持つ非上場株式の評価額は、そのまま相続税や贈与税の課税の場面で採用されるため、その直接的な効果は後継者や相続・遺贈・贈与による株式の取得者が享受することになるわけだが、**創業者にとっても、また、後継者や相続人・受遺者・受贈者にとっても、普段、意識していない資産の含み損益による評価額への影響が思いの外大きく、その評価のメカニズムの作用により、「こんなはずではなかった」という結果を生むケースがあり得ること**も、非上場株式の厄介さの一つなのではないだろうか。

　例えば、右に掲げた設例1の例1では、資産の含み損益のない「内部留保≒純資産価額」の状態を表しており、これが通常、経営者の頭の中に入っている会社の状態といってよいだろう。ところが、例2のように、時の経過に伴って不動産や有価証券などの価格変動資産の時価が上昇し、資産の含み益が生じて総資産価額が2割程度増加した場合、自己資本比率を4割と仮定したこの例では、結果的に純資産価額は5割も上昇することになってしまう。逆に、例3のように価格変動資産の時価が下落し、資産の含み損が生じて総資産価額が2割程度減少した場合には、今度は純資産価額が半減する効果を生むことになる。つまり、資産と負債の差額概念でしかない純資産価額に対して、資産の含み損益が及ぼす影響はそれだけ大きくなり得るということなのだ。

設例 1　非上場会社の内部留保と資産の含み損益との関係

【例1】含み損益のない会計上の内部留保≒純資産価額の状態

諸資産	1,000	諸負債	600
		純資産価額	400

【例2】資産の含み益によって純資産価額が増大している状態

諸資産	1,000	諸負債	600
		純資産価額	600
資産の含み益	200		

【例3】資産の含み損によって純資産価額が縮減している状態

諸資産	800	諸負債	600
		純資産価額	200
資産の含み損	200		

Ⅱ 事業の性格上必要な所有資産の内容が株価に与える影響

1 不動産の所有・賃借が不可欠な業種の非上場株式の相続税評価額①〜課税時期前3年内取得等不動産〜

　例えば、大規模な工場用地・作業所・倉庫等を必要とする製造業や倉庫業、トラック・タクシー・教習専用車等の営業用車両の走行・駐車スペースを必要とする運送業、タクシー会社、自動車教習所等の事業を行う会社にとって、不動産を所有することや賃借することは事業の遂行上、不可欠といえる。土地・建物の双方を所有するか、定期借地権などにより土地を賃借して当該土地に自ら建物を建築するか、不動産を所有せずに建物を賃借するかは、各々の会社の事情によって異なるものと思われるが、いずれにしても不動産を所有もしくは賃借しないと、そもそも営業活動を行うことができない業種は決して少なくない。そして、それらの業種を営む非上場会社が、仮に事業拡大のため、新たに不動産を取得したり、老朽化した建物を取り壊して新築したりすると、どうなるであろうか。それが、何の意図もなく、たまたまオーナー経営者の相続開始直前の時期に重なっていたら、どうなるであろうか。

　我々税理士は、業務における習慣上、非上場株式を評価する際、まず、土地・建物の取得時期をチェックする。それは、仮に課税時期前3年以内に取得した土地等・建物等を所有している場合には、それらを抜き出して、通常の土地等・建物等とは別個に評価しなければならないからだ。そして、そこで一つの理不尽な事実に突き当たる。非上場会社が事業の遂行上、必要不可欠な不動産を買い増したり、建て替えたりするだけで、少なくとも3年間は、これらの不動産につき本来

の土地等・建物等の相続税評価額ではなく、取得価額をベースとした時価評価としなければならないルール（評基通185）があるからだ。その帰結として、その非上場株式の相続税評価額は、不動産の購入・建築後3年以内と3年経過後とで、時に大きく変動し、本来の経済活動により得られる評価額としての連続性を失うことになる。当然ながら、そこでは「相続直前に不動産を購入することで、非上場株式の評価額を引き下げようとする者」と「事業の性格上、必要不可欠な不動産をたまたま相続直前に購入・建築しただけのオーナー経営者」との区別はなされていない。

　では、相続を控えたオーナー経営の非上場会社は、そのようにして、課税庁が平成2年税制改正によって〈行き過ぎた節税対策封じ〉の趣旨によりルール化し、現在も残存する課税時期前3年以内取得等不動産の時価課税制度の定めがあるために、相続の開始が3年以内になるか否かを意識して、新規不動産の購入や建築をしなければならないのであろうか。〈行き過ぎた節税対策封じ〉のために設けられた税制に遠慮して、本来、あるべき健全な経済活動ですらも、これを「租税回避だと疑われないよう、少し待ってから実行しよう」などと、そのタイミングを調整しながら実行しなければならないのであろうか。

　このように考えていくと、そもそも3年間という課税強化の形式基準に、一体、何の合理性があるのかが分からなくなってくる。元々、**非上場会社が不動産を購入する理由は様々であり、少なくとも事業の遂行上必要不可欠な状況があった場合においては、この3年間に限り、不動産の評価額を特別扱いし、それ以外の期間における評価額と不連続な状態として底上げする合理性があるとは思えない。**換言すれば、この問題は、例えば同じ相続開始前3年以内の資産の移転を規制対象とする生前贈与加算などとは、その経済行為の必然性に本質的な差異があり、全く次元の違う論点に思えるのだが、どうであろうか。

設 例 2	平成 26 年初に取得した土地の課税（相続開始）年ごとの純資産価額に算入される評価額

【例1】東京都中央区日本橋茅場町 2 丁目 10 番 3 号（地価公示／中央 5-24）の積算評価額（148㎡）

年	路線価	相続税評価額	公示価格比準額	
令和 2 (2020) 年	1,850 千円	273,800 千円	342,250 千円	時価課税対象外
令和元 (2019) 年	1,680 千円	248,640 千円	310,800 千円	
平成 30 (2018) 年	1,500 千円	222,000 千円	277,500 千円	
平成 29 (2017) 年	1,390 千円	205,720 千円	257,150 千円	
平成 28 (2016) 年	1,300 千円	192,400 千円	240,500 千円	時価課税対象
平成 27 (2015) 年	1,210 千円	179,080 千円	223,850 千円	
平成 26 (2014) 年	1,140 千円	168,720 千円	210,900 千円	

【例2】神奈川県横浜市中区伊勢佐木町 1 丁目 4 番 6（地価公示／横浜中 5-1）の積算評価額（99㎡）

年	路線価	相続税評価額	公示価格比準額	
令和 2 (2020) 年	840 千円	83,160 千円	103,950 千円	時価課税対象外
令和元 (2019) 年	790 千円	78,210 千円	97,763 千円	
平成 30 (2018) 年	750 千円	74,250 千円	92,813 千円	
平成 29 (2017) 年	730 千円	72,270 千円	90,338 千円	
平成 28 (2016) 年	700 千円	69,300 千円	86,625 千円	時価課税対象
平成 27 (2015) 年	680 千円	67,320 千円	84,150 千円	
平成 26 (2014) 年	660 千円	65,340 千円	81,675 千円	

【例3】埼玉県さいたま市浦和区高砂2丁目166番7（地価公示／さいたま浦和5-3）の積算評価額（180㎡）

年	路線価	相続税評価額	公示価格比準額	
令和2 （2020）年	1,050千円	103,950千円	129,938千円	時価課税対象外
令和元 （2019）年	940千円	93,060千円	116,325千円	
平成30 （2018）年	870千円	86,130千円	107,663千円	
平成29 （2017）年	820千円	81,180千円	101,475千円	
平成28 （2016）年	780千円	77,220千円	96,525千円	時価課税対象
平成27 （2015）年	740千円	73,260千円	91,575千円	
平成26 （2014）年	720千円	71,280千円	89,100千円	

2　不動産の所有・賃借が不可欠な業種の非上場株式の相続税評価額②〜土地保有特定会社

　上記の論点は、当然ながら、特定の評価会社の一つである土地保有特定会社の問題にも関係してくる。たとえ事業の性格上、土地や借地権を所有することが不可欠な業種であっても、そのことをもって、土地保有特定会社の判定から除外する旨の定めはどこにもないからだ。ただ、その一方で、大会社（総資産簿価が大会社と同じ規模の小会社を含む）で70％以上、中会社（総資産簿価が中会社と同じ規模の小会社を含む）で90％以上という判定基準は元々、かなりハードルが高いため、現実にそのことによって、課税上、弊害が出ている（節税目的で土地を所有しているわけではない健全な営業会社が土地保有特定会社に該当してしまった）という話はほとんど聞かない。また、棚卸資産として土地を所有している場合であっても、その評価額が通常の土地等としてではなく、棚卸資産としての評価額（通常は、正常な取得

原価と一致する）となることもあり、仮に評価会社の業種が不動産販売業であるケースにおいても、現実に土地保有特定会社になることはほとんどあり得ない。なぜなら、そうした業種が健全に営業活動をしている限り、別途、販売用の建物等を所有しているはずであり、さらに別途、不動産販売の対価として受ける流動資産、あるいは仕入れのために確保している流動資産などがあるため、その帰結として、土地等の所有比率が70％や90％以上になることは、まず考えられないからだ。

　したがって、不動産の所有もしくは賃借が不可欠な業種の非上場株式の相続税評価額を算定するにあたり、土地保有特定会社の問題は、一応、留意点の一つとしては意識しなければならないものの、結果として、通常はあまり問題とならないであろう。逆に言うと、**課税庁が平成2年改正の際に〈行き過ぎた節税対策封じ〉の趣旨によりルール化したいくつかの改正点のうち、土地基本法の理念を旗印として定めたものと思われる土地保有特定会社の論点に関しては、そもそも健全な営業会社であれば、絶対に該当しないように配慮するという観点から、70％や90％との基準が考案されたのではないかと推測される。**したがって、平成2年税制改正や平成6年税制改正において、課税庁が行った〈行き過ぎた節税対策封じ〉としてなされた施策の数々は、現在から見ると、多分に過剰防衛に思えなくもないものが多い中で、この土地保有特定会社の項目については、例外的に評価通達による課税強化税制が過剰防衛とならないよう、一定の歯止めが掛けられた上で導入されていたものと考えられる。

Ⅲ　上場株式に比べて流動性が低く、基本的に換金が困難であること

Ⅰ　非上場株式を購入する者は事業や資産に興味を持つ者に限定される

　仮に非上場会社の株式を換金しようとした際、オーナー経営者やその後継者は、Ｍ＆Ａの仲介業者を入れるか否かは別として、基本的に、それまでしのぎを削ってきた同業他社のオーナーなどに株式の購入を持ちかけるか、専ら不動産などの所有資産に興味を持つ投資家や開発業等に声を掛けるしかない。実際問題として、非上場株式を購入する者を探すとなると、買手は極めて狭い範囲の（＝事業や資産に興味を持つ）者や業者に限定されてしまうという現実があり、市場で簡単に換金することができる上場株式などとは訳が違うのだ。

　もちろん、そうした流動性の低さを考慮して、例えば、**非上場会社の〈投資価値〉を表すことを意図して定められた類似業種比準方式における比準価額の算定式の末尾には、会社規模に応じて 0.7（大会社）、0.6（中会社）、0.5（小会社）を乗じることによる〈斟酌〉がなされている**。では、他方、**非上場株式の〈換金価値〉を表すことを意図して定められているものと思われる純資産価額方式はどうか**。その評価額算定のメカニズムを見る限り、**純資産価額方式の場合、類似業種比準方式のような流動性の低さを考慮して定められた〈斟酌〉は基本的に存在しない**。そこには、若干、次元の異なる趣旨により定められた保有資産を換価する際に課税される「評価差額に対する法人税等の控除」の取扱いはあるものの、それは、言うまでもなく、非上場株式の流動性の低さそのものに〈斟酌〉したものではない。また、同族株主等の議決権割合が 50％以下の場合に認められている最終値から 20％を

ディスカウントする旨の取扱いも流動性の低さの問題とは次元の異なる取扱いであろう。その意味において、相続税・贈与税の課税上の非上場株式の取扱いは、殊に特定会社（株式等保有特定会社・土地保有特定会社・開業後3年未満の会社等）に該当した結果、純資産価額方式のみ、もしくは純資産価額に重点を置いて評価がなされるケースにおいて、より酷なルールとなっているのではないだろうか。

2 非上場株式を利害関係者や支配株主が購入する場合における適正時価の問題

　上記の問題とは別に、非上場株式を利害関係者や支配株主が購入する場合において、その適正時価をどう考えるべきか、という実務上、厄介な論点が存在する。次ページの表は、一般的な課税関係をまとめたものだが、非上場株式の譲渡の際には、この表に示したとおり、多くの課税の問題を考慮して、税務上、適正と考えられる売買価格を決定する必要がある。さらに、この表に記載されていない論点として、譲渡者・譲受者のいずれか一方が非支配株主（同族株主等以外）であった場合において、相続税評価額のベースを原則評価とするのか、配当還元価額とするのか、といった問題が存在する。通常の市場取引では、本来、売手と買手は対等であり、双方に価格を主張・決定する権利があるにもかかわらず、税法には低額譲渡を行った場合におけるみなし贈与課税の問題があるため、殊に双方共に個人の場合には、これを回避する観点から、原則として買主の側から見た価額を適正時価と考えざるを得ないことになる。その帰結として、**非支配株主が譲渡者（支配株主が譲受者）の場合には不相当に高額な価格が適正とされ、逆に非支配株主が譲受者（支配株主が譲渡者）の場合には不相当に低額な価格が適正とされて、税務が経済取引を規制してしまうという、本来あってはならない本末転倒的な事態が生じる懸念がある。**

■参考：譲渡者・譲受者の態様ごとの適正時価との階差が生じた場合の課税関係

譲渡者	譲受者	適正時価指標	根拠条文通達	階差	譲渡者への課税 ※1	譲受者への課税
個人	個人	相続税評価額	相法第7条	低額	－（順贈与者）	贈与課税
				高額	贈与課税	－（逆贈与者）
	法人	擬制通達時価	所基通59-6 法基通9-1-14	低額	みなし譲渡課税※2	受贈益課税
				高額	給与・配当・一時	源泉税・寄附金課税
法人	個人	擬制通達時価	所基通59-6 法基通9-1-14	低額	源泉税・寄附金課税	給与・配当・一時
				高額	受贈益課税	－※3
	法人		法基通9-1-14	低額	寄附金課税	受贈益課税
				高額	受贈益課税	寄附金課税

※1：適正時価による通常の譲渡益に対する課税（金庫株の場合には、原則として配当課税）以外に課税されるもののみを記載

※2：時価の1/2未満の価額による譲渡があった場合のみ課税

※3：譲受者から他の株主に対して、株価上昇分につき贈与があったものとみなされ、贈与税が課税される場合がある（相続税法第9条・相続税法基本通達9-2）

　また、譲渡者・譲受者双方が個人の場合以外、すなわち譲渡者・譲受者のいずれか、もしくは双方が法人であるには、税務上、利益追求主体である法人の側の論理で価格が決定されることとされており、所得税基本通達59-6及び法人税基本通達9-1-14に定められた以下の方法（法人税基本通達の方には①の取扱いがないが、その他の項目は共通）により、適正時価の指標が決定されることとなる。この場合にも、譲渡者が法人で譲受者が個人の場合には、個人は（相続税評価額が適正時価の指標となる個人株主から購入する場合と比較して）不相当に高額な価格により、非上場株式を購入しなければならないこととなるため、「同じ資産を譲渡するのに、相手が個人であるか法人であるかにより、なぜ価格が変わってしまうのか？」という経済取引上、（上場株式ではあり得ないような）拭い難い違和感が生じることとなる。

| 設 例 3 | 非上場株式につき売買を行う場合の適正時価と推奨売買価額に関する具体例 |

■非上場株式の株価の前提条件

会社規模区分	中会社
L の割合	0.75
発行済株式数	200 株
額面金額	50,000 円
配当還元価額	25,000 円
類似業種比準価額	308,520 円
純資産価額	537,640 円
相続税評価額	365,800 円
時価純資産	712,080 円
擬制通達時価※	510,300 円

※支配株主＝中心的な同族株主

■売主・買主の態様別の売買における適正時価と推奨売買価額

ケース	売主	買主	売主適正時価	買主適正時価	推奨売買価額
1	個人支配	個人支配	365,800 円	365,800 円	365,800 円
2	個人支配	個人非支配	365,800 円	25,000 円	25,000 円
3	個人非支配	個人支配	25,000 円	365,800 円	365,800 円
4	個人非支配	個人非支配	25,000 円	25,000 円	25,000 円
5	法人支配	個人支配	510,300 円	510,300 円	510,300 円
6	法人支配	個人非支配	510,300 円	25,000 円	510,300 円
7	法人非支配	個人支配	25,000 円	510,300 円	510,300 円
8	法人非支配	個人非支配	25,000 円	25,000 円	25,000 円
9	個人支配	法人支配	510,300 円	510,300 円	510,300 円
10	個人支配	法人非支配	510,300 円	25,000 円	510,300 円
11	個人非支配	法人支配	25,000 円	510,300 円	510,300 円
12	個人非支配	法人非支配	25,000 円	25,000 円	25,000 円
13	法人支配	法人支配	510,300 円	510,300 円	510,300 円
14	法人支配	法人非支配	510,300 円	25,000 円	510,300 円
15	法人非支配	法人支配	25,000 円	510,300 円	510,300 円
16	法人非支配	法人非支配	25,000 円	25,000 円	25,000 円

＜通達における擬制時価＞

① 譲渡者又は贈与者が「同族株主」に該当するか否かは、株式を譲渡又は贈与した個人の当該譲渡又は贈与直前の議決権の数により判定する。
② 会社規模に応じて評価会社の原則評価額を算定する場合において、株式を譲渡又は贈与した個人が当該株式の発行会社にとって「中心的な同族株主」に該当するときは、当該発行会社は常に「小会社」に該当するものとする。
③ 当該株式の発行会社が土地（土地の上に存する権利を含む）又は上場有価証券を有しているときは、「1株当たりの純資産価額（相続税評価額によって計算した金額）」の計算にあたり、これらの資産については、当該譲渡又は贈与の時における価額とする。
④ 「1株当たりの純資産価額（相続税評価額によって計算した金額）」の計算に当たり、評価差額に対する法人税額等に相当する金額は控除しない。

3 非上場株式を利害関係者や支配株主が購入する場合における資金調達の問題

　上記に加えて、もう一つ考えておかなければならない問題点は、競合他社などの完全なる部外者の立場ではなく、非上場会社の内部に相続人やその親族ではない後継者がおり、その者が相続人の承継した非上場株式を購入したいとの意向を持っているようなケースも決して少なくないということである。ただし、その者が、個人で株式の購入資金を調達するのは、必ずしも容易なケースばかりではない。

　上記でも述べたとおり、個人間の譲渡においては、株式の譲渡価額は最低でも相続税評価額を指標としなければならない。しかしながら、その相続税評価額が額面の何倍にもなっているケースにおいては、その金額が千万円単位、あるいは億円単位になることもあり、購入したくとも、後継者にそのための資金がないということもあるため、こ

うしたケースでは、どうしても資金調達の問題がネックになってくる蓋然性がある。

　一般論として、事業の起業や継続のため、多額の資金を必要とする場合、そのための資金につき、これを金融機関に融資してもらうという代表的な方法があるが、特に株式購入のための資金となると、融資担当者が簡単に首を縦に振るとは限らない。いわゆる企業の買収などのケースであれば、あらかじめ株式購入後にどのようにして利益を上げていくかという点について、きちんと計画が立てられているため、融資に際しての審査が通りやすいものと思われるのに対して、単に相続が発生したオーナー経営者の後継者であるというだけで、非上場株式を購入するための資金の融資を受けられるという保証はどこにもないからである。そうした意味においても、非上場株式の流動性は上場株式と比べて圧倒的に低く、たとえ買いたい者がいたとしても、資金調達の問題がネックになって、売買が実現しないという可能性すらあることも考えておかなければならない。

　こうしたケースの受け皿の一つとして、一時的に金庫株の手法を採り、発行会社に購入を引き受けてもらうという方法もないわけではない。しかしながら、ここでまた上記の適正時価の問題が出てくる。後継者個人が購入する場合の価格は相続税評価額がその指標となるのに対して、発行会社である法人が購入する場合の価格は、通達による擬制時価としなければならないからだ。

　株式購入という同じ目的を果たすためであっても、買手が個人であるか、法人であるかによって、適正時価が異なるという評価上の問題を税法（正確には通達）が定めているため、金庫株の手法を採る際には個人が購入する場合よりも多くの資金調達を必要とすることとなり、この〈適正時価の二重価格〉の問題が、さらに非上場株式の流動性を低くしていることになるのだ。

　ちなみに、この資金調達の問題の解決策の一つとして、公的な制度融資を受けるという方法もないわけではない。もちろん、こうした融資の実行まで辿り着くためには、一定の厳しい審査にパスする必要があり、そのハードルはそれなりに高いものであることを認識しておく必要がある。しかしながら、非上場株式の事業承継の際、採り得る選択肢の一つにはなるため、以下に一例として、日本政策金融公庫が行っている「事業承継・集約・活性化支援資金」の制度について、その概要を紹介する。

融資制度の概要

［利用可能対象者］

　次①～⑤のいずれかに当てはまる者

①　中期的な事業承継を計画し、後継者（候補者を含む。）と共に事業承継計画を策定している現経営者である個人

②　安定的な経営権の確保等により、事業の承継・集約を行う個人または法人

③　事業の承継・集約を契機に、新たに第二創業（経営多角化、事業転換）または新たな取り組みを図る個人または法人（第二創業または新たな取り組み後、おおむね5年以内の個人または法人を含む）

④　中小企業経営承継円滑化法に基づき認定を受けた中小企業者の代表者、認定を受けた個人である中小企業者または認定を受けた事業を営んでいない個人

⑤　事業承継に際して経営者個人保証の免除等を取引金融機関に申し入れたことを契機に取引金融機関からの資金調達が困難となっている個人であって、公庫が貸付けに際して経営者の個人保証を免除するもの

［**資金使途**］

　事業承継計画を実施するために必要な設備資金および長期運転資金

［**融資限度額**］

　直接貸付　7億2,000万円

［**貸付利率**］

　原則＝基準利率（現行；9年以内1.11%～20年以内1.4%）

　特例＝特別利率①（現行；9年以内0.71%～20年以内1.0%）

　　　　※または特別利率②（現行9年以内0.46%～20年以内

　　　　　0.75%）

※特別利率①の適用対象者の中に、上記②に該当し「後継者不在などにより事業
　継続が困難となっている企業から事業を承継する個人または法人」や「株主な
　どから自己株式または事業用資産の取得などを行う法人」といった要件が含ま
　れている。

IV　上場株式や土地などと比較して物納を行うことが極めて困難であること

1　非上場株式の物納財産の優先順位は近年の改正により、第三位となっている

　これまで見てきたとおり、非上場株式の流動性が低く、換金することが困難であるという前提を崩せないのであれば、評価額で国に引き受けて（収納して）もらう、すなわち、物納申請をすればよいのではないか、といった考えに至る納税者が少なくないことも、ごく自然な流れであろう。

　だが、ここでも現在の物納制度そのものに設けられている要件によって、高いハードルが置かれていることを考慮しなければならない。まず、相続税の物納制度は平成 18 年の税制改正において、物納不適格財産の明確化や審査期間の法定、法定納期限から収納日までの利子税の負担を求めることなどを柱とした抜本的な見直しがなされた。この改正によって、物納申請の大前提として、換価の容易な相続財産や相続人の固有財産によって支払うことが困難であり、なおかつ延納によっても納付することが困難であるといった要件を充足していなければ、申請の入口段階で却下されてしまうこととなった。

　この平成 18 年改正以前には、例えば、金銭納付困難事由に関する各国税局の徴収部による審査は現在ほど厳格なものではなく、実際には多少の金融資産を所有している場合であっても、生活費や教育費、結婚資金など、根拠を示してその将来の使い道等を明らかにすることによって、物納申請の許可がなされる事例も少なくなかったが、元々、個々人によって差のある生活費の金額に一定の基準（それは申請者本人が月 10 万円、配偶者やその他の親族が月 4 万 5,000 円という極め

て少ないものであり、改正当時、生活保護の要否を判断する際の最低
生活費の基準を参考とした旨の説明がなされている）が設けられたこ
とに加え、同改正で金銭納付困難事由の根拠として、漠然とした将来
の支出予定を記載したとしても申請時点で金額が確定していないもの
は許容されなくなったことから、この時点で申請のハードルは大幅に
上がったものと考えてよい。

■物納財産の優先順位

順位	物納に充てることのできる財産の種類	
第1順位	①	不動産、船舶、国債証券、地方債証券、上場株式等※1
	②	①のうち、物納劣後財産※2に該当する不動産及び上場株式
第2順位	③	非上場株式等※3
	④	③のうち、事業休止法人に係る非上場株式（物納劣後財産）
第3順位	⑤	動産

※1：金融商品取引所に上場されている社債券・株券・証券投資信託の受益証券・貸付信
　　託の受益証券・新株予約権証券・証券投資信託以外の投資信託の受益証券・投資証
　　券・特定目的信託の受益証券・受益証券発行信託の受益証券、金融商品取引所に上
　　場されていない投資法人の投資証券・証券投資信託の受益証券のうち、オープン
　　エンド型のもの等目論見書又はこれに類する書類に当該解約又は払戻しの請求を
　　行うことかてきる日か1月につき1日以上である旨の要件が定められているも
　　の。
※2：使用収益等に一定の制約が課されているものなど、他の財産に比べて物納許可後
　　の財産の売却等がしにくいと考えられることから、物納に充てることのできる順
　　位が後れるものとして取り扱うこととされている財産。他に物納に充てるべき適
　　当な価額の財産がある場合はこれを物納に充てることができないこととされてい
　　るため、物納申請の却下対象となる。
※3：金融商品取引所に上場されていない社債券・株券・証券投資信託の受益証券のうち
　　第1順位の上場株式等に該当しないもの・貸付信託の受益証券。

　さらに、平成29年の税制改正では、物納財産の優先順位の変更がな
され、非上場株式は上表のとおり、3番目の順位に位置することが明
確化された。この改正は、裏を返せば、**物納申請者が物納不適格財産
に該当しない不動産や国債・地方債、上場株式を相続している場合に**

は、非上場株式の前にそれらの財産で申請しなければならないことを意味する。高額な非上場株式を所有していた被相続人がそうした財産を全く所有していないということは考えにくく、必然的にここでも非上場株式を物納申請する選択肢は自ずと狭められていることとなる。

2　仮に物納が許可された場合であっても、国は安定株主になってくれるわけではない

　仮に上記のようないくつものハードルを超えて、物納申請が許可された場合であっても、国は決して非上場会社の安定株主になってくれるわけではない。財務省理財局長から各財務局長宛に発遣された「物納等有価証券に関する事務取扱要領について」（平成22年6月25日財理第2532号）には、冒頭の「第1　基本方針」の3番目に「早期の処分」とのタイトルが付された文章があり、そこには「物納有価証券は、相続税の金銭による納付が困難な場合に限り、金銭に代わるものとして納付されたものであることから、早期の処分に向け計画的に取り組む。なお、非上場株式で随意契約により処分するものについては、随意契約適格者に対し買受けを勧奨する等処分の促進を図る」旨が記載されている。さらに、その後の4番目の「基本方針」である「適正な管理」には、「物納有価証券を処分するまでの間においては、その価値の保全を図る観点から、株主権の行使を含め、適正な管理を行う」との文章が続いており、国が収納した非上場株式をこの後に出てくる「処分基準」（平成13年3月30日 財理1300号通達「物納等有価証券（非上場株式等）の処分に係る評価基準について」に基づき算定した基準価格＝予定価格以上の価格で処分する）に基づき、早期処分することを前提として、あくまで短期的に、その価値保全の観点からのみでしかこれを保有・管理しない方針が明記されている。

　つまり、国は仮に非上場株式を収納したとしても、これを可能な限

り、随意契約適格者に対して早期に「予定価格以上の金額」で買い取らせることをその最終目的としており、そのスタンスは一方で納税者に対して物納申請の入口で金銭納付困難事由を求めていることと多分に矛盾しているように見える。この随意契約適格者とは、予算決算及び会計令臨時特例5条1項8号に記載されている「当該法人並びに当該法人の株主、役員及び従業員その他当該法人と特別の縁故関係がある者」と定義されており、実際には発行会社もしくは物納申請者と限りなく立場が近い同族関係者が想定されていることになる。さらに、前記の事務取扱要領の「第6　物納等有価証券の処分事務」の中に「随意契約により処分する場合、早期処分を図るため、株主総会等の機会をとらえて会社役員等に積極的な買受勧奨を行う」との文面があり、納税者から収納した非上場株式を（納税者と同一人でないとしても、極めて近い位置にある）役員等の同族関係者に対して、これを買い取らせることを前提にすべての基準が定められていることが分かる。

　このように見ていくと、物納制度は実態として、国が非上場株式を一時的に預かっているのと同じか、これに限りなく近いものであるといえる。もちろん、納税者自身は物納による譲渡所得税が非課税となるなど、この制度を利用することによるメリットが全くないわけではないが、この制度は元々、納税者自身には金銭がなく、随意契約適格者には金銭があることを前提として成立しており、納税者と随契約適格者がいずれも同一の非上場会社の関係者であり、双方とも当該会社の収益から生計を得ていることに考えをめぐらせると、そこには自ずと矛盾が内包されているように見える。要するに、納付の特例としての相続税の物納制度は真の意味で納税者を救済するものではなく、随意契約適格者という名の同じ舟に乗り合わせた身内を相続に巻き込み、その者に金銭負担を求めない限り、国への収納のみによっては、その処分行為が完結しないということである。

V　議決権の分散により、支配の維持やスムーズな事業承継が困難になる危険性

I　均分を旨とする相続制度そのものに議決権分散のリスクが内包されている

　我が国の民法は明治 31（1898）年に制定された後、昭和 21（1946）年の日本国憲法の公布に伴って翌 22 年に抜本改正されたことにより、家督相続制度が廃止され、原則として均分相続制度を基本路線とするものとなったが、その後、昭和 55 年（1980）年改正によって引き上げられた配偶者の相続分の問題（子との相続：1/3 → 1/2、直系尊属との相続：1/2 → 2/3、兄弟姉妹との相続：2/3 → 3/4）を別とすれば、子の相続分は基本的に皆等しいという考え方が現在まで継続しており、この法制度そのものが非上場株式の相続問題を厄介にしている側面がある。平たく言えば、被相続人の子は誰でも等しく非上場株式の相続権を主張することが可能となっている、ということである。

　もちろん、つい最近の平成 30（2018）年改正に伴って、遺留分の侵害があった場合の被侵害者の権利が物権から債権に変更されて、それまで「遺留分減殺請求」とされていた手続が「遺留分侵害額の請求」に姿を変えたことにより、少なくとも贈与や遺贈による遺留分侵害があった場合の議決権分散リスクは、それまでより大幅に減ったものと考えて差し支えない。この改正は、生活の本拠となる重要な財産が、一時的に相続人の共有となるような事態を回避することをその目的の一つとしているからだ。だが、遺留分侵害がないケースにおいては、相変わらずすべての相続人が非上場株式の相続権を主張する蓋然性が残っており、結果として、非上場会社のオーナーの相続は、常に議決権分散のリスクに晒されることになる。

＜遺留分に関する民法改正の概要＞（令和元（2019）年 7 月 1 日施行）

> ○　遺留分権利者及びその承継人は、遺留分を保全するのに必要な限度で、遺贈及び前条に規定する贈与の減殺を請求することができる。（旧法 1031 条）
>
> ↓
>
> ○　遺留分権利者及びその承継人は、受遺者（特定の財産を相続させる旨の遺言によりこれを承継し又はその相続分の指定を受けた相続人を含む）又は受贈者に対し、遺留分侵害額に相当する金銭の支払を請求することができる。（新法 1046 条 1 項）

＜遺留分に関する上記改正内容のポイント＞

> ①　遺留分権利者に対して相続財産等の全般に効果が及ぶ物権ではなく、遺留分侵害額に応じた金銭債権を取得させる。
>   ⇒　権利行使の態様が物権から債権に転換
> ②　受遺者・受贈者に対して、共有物の分割・財産処分というプロセスを経ずに、遺留分権利者が即時的に「遺留分侵害額の請求」を行うことを認める。
>   ⇒　不動産や同族会社の非上場株式などが遺留分権利者と受遺者・受贈者との共有になることはなくなり、遺贈や贈与の目的財産を受遺者・受贈者に対して、即時に与える旨の遺言者の意思を尊重
> ③　金銭を直ちに準備できない受遺者・受贈者に配慮し、受遺者等の請求により、裁判所が金銭債務の全部又は一部の支払いにつき、相当の期限を許与することができる制度も併設された。
>   ⇒　受遺者・受贈者は遺留分侵害額に応ずる金銭債務さえ負担すればその生活基盤を保障され、相続後の財産処分や事業承継等の円滑な実行が可能

　こうした問題を未然に回避するため、一部の用意周到なオーナー経営者は、相続時精算課税制度や事業承継納税猶予制度等を利用して生前に事業承継を完結させ、あるいは遺留分侵害のない遺言を書くなどの手法を講じることにより、万が一の事態に備えるようにしているも

のと推測されるが、問題は非上場会社のオーナーもこれを相続する立場の相続人も、それぞれが固有の意思を持った〈生きもの〉であり、必ずしも後継者がすんなりと決まるケースばかりではないということにある。現実に複数の子のうち、誰を後継者にすべきか、親族外の番頭的な存在の者に事業を承継させるという選択肢も含めて、将来の会社の方向性につき、あれこれと迷っているオーナー経営者は常に一定数存在しており、さらに一度は長男等の特定の子を後継者に指名して会社を任せてみたものの、そもそもその者が経営に向いていなかったり、オーナーの意向に沿わない方向性に会社を向かわせることとなったりといった状況が生じることにより、不本意ながらこれを撤回する意思決定をせざるを得なくなって、途中まで進んでいた事業承継計画をそこで振り出しに戻さざるを得ないこととなるようなオーナー経営者も少なからず存在している。

　もちろん、通常「経営者として会社を承継していく者が、その会社の事業運営上必要な議決権を保持するべきである」という一般論は誰でも分かっているはずなのだが、**問題は、真の意味での後継者の決定には相応の時間がかかり、また時に非上場株式の評価額は極めて大きな金額になることから後継者以外の相続人が取得すべき財産の確保が困難なケースも少なくないことにある。**

　したがって、非上場会社のオーナー経営者の相続は創業者が偉大であればあるほど（株価が高額となるがゆえに）深刻であり、ⅢやⅣで見て来た相続税の納税の問題に加えて、この議決権分散化対策の問題をすんなり方向付けできず、上手く青写真を描けなくなってしまっているケースも散見される。これは、アドバイスをする立場にある我々税理士や金融機関等にとっても、極めて厄介な問題であり、さらに**数字上の損得の問題や、経済的合理性の問題だけで割り切れないデリケートな要素**（例えば、後継者は決まっているものの、その者が独身

であったり、子がいなかったりといったケースも少なくない）が絡んでくることにより、結果として、相続後に会社の議決権が多くの親族に分散し、経営上の意思決定がスムーズに行われなくなるリスクがあることも考えておかなければならない。

2　株式の所有権の帰属の問題が議決権分散のリスクを引き起こすケース

　相続税の申告実務や対策実務を行っていると、未上場会社の株式の所有権の帰属に関して、法人税申告書の別表二に記載された株主構成や、これとは別に作成されている株主名簿に記載された株主構成が、明らかに真実を反映しておらず、いわゆる名義株式が多数含まれているのではないかと疑われることが、しばしばある。

　実際には出資をしていない親族、あるいは親族以外の者の名前がその名簿に多数入っており、それが単なる借名（名義貸し）であるケースはさほど悪質であるとは思われないものの、その根拠に贈与や売買の取引があったように仮装されているものの、それらの取引自体が、実際には本人（受贈者・購入者）の知らない間になされており、贈与税や所得税の申告を行っていたとしても、本人がその事実を認識していない「なりすまし申告」がなされているようなケースも散見される。

　このように本人が贈与や売買があった事実を知らないケース、贈与税や所得税の「なりすまし申告」がなされているケースにおいては、行為者がその正当性を主張するため、大義名分を用意していることも少なくない。そこで、よく使われる〈もっともらしい〉理由は「教育上の配慮のためであった」とか「未成年者や未就職者が財産を得ていることを認識するとロクなことはないから」といったものなのだが、そもそも当事者が贈与・売買の取引に関与していないのみならず、その財産の権利を得たことを本人が全く認識しておらず、その財産の管理

をしていないばかりか、財産の使用収益権・処分権も与えられていない状態で、所有権の帰属がなされていると認めることなどできないことは明らかであろう。

　また、民法上、親権者には未成年者の法律行為の代理権があるものの、そうした取引の実行や税務申告の際に、親権者としての代理権を明示した上でなされているケースはほとんどなく、未成年者名義のまま行われているケースが大半であることも看過し難い事実であるといっていい。ましてや、その親権者が贈与者や売却者自身でもある場合、すべての取引を同一人が行っている利益相反行為に該当し無効取引となるため、その結果、作成された株主名簿の信頼性など、ほとんどゼロに等しいといっても過言ではない（贈与に関しては片務契約であるため、負担付贈与に該当しない限り、利益相反とはならない旨の通説もあるが、贈与に伴って子に贈与税の申告・納税義務を負わせることになる以上、それは法的に負担を伴う行為となり得るのであって、殊にそれが基礎控除を超える贈与であれば、常に片務契約とはならないため、利益相反行為に該当するものと考える。また、百歩譲って、親から未成年者の子への贈与全般が利益相反行為に該当しないとしても、同一人の手の内ですべてが完結する法律行為を有効であると認めることには感覚的に抵抗があり、仮にこれを認めてしまうと、当人が不認知の状態で、名義だけを移す名義預金・名義株式等との明確な差異を付けることが困難となる）。

　このように、株主名簿そのものの信頼性があやふやなことが多い非上場会社の相続の際、実務上、問題となるのは、①相続税の申告における被相続人の所有株数に名義株式をどこまで含めるかという点と、②その後の会社運営における議決権の行使の場面において、親族や親族外の者に分散された株主名簿をどのようにして真実の状態に修復していくか、という点にある。

設 例 4	株主名簿の株数と真実の株数に乖離があるケースの具体例			
株主名	株主名簿株数	調査結果	真実所有株数	備考
A	15,000 株	－	21,600 株	
B	7,000 株	－	10,000 株	
C	4,000 株	A名義株	0 株	資金拠出のない原始取得※1
D	2,500 株	－	3,000 株	
E	2,500 株	－	2,900 株	
F	2,500 株	－	2,500 株	
G	1,000 株	B名義株	0 株	資金拠出のない原始取得※1
H	1,000 株	B名義株	0 株	資金拠出のない原始取得※1
I	1,000 株	B名義株	0 株	資金拠出のない原始取得※1
J	800 株	A名義株	0 株	取引実態のない贈与取得※2
K	800 株	A名義株	0 株	取引実態のない贈与取得※2
L	500 株	A名義株	0 株	取引実態のない贈与取得※2
M	500 株	A名義株	0 株	取引実態のない贈与取得※2
N	500 株	D名義株	0 株	取引実態のない贈与取得※2
O	200 株	E名義株	0 株	取引実態のない贈与取得※2
P	100 株	E名義株	0 株	取引実態のない贈与取得※2
Q	100 株	E名義株	0 株	取引実態のない贈与取得※2
合計	40,000 株	－	40,000 株	

※1：設立当初から株主名簿に記載されているものの、当事者の資金拠出の事実がない。
※2：受贈者に受贈事実・贈与税申告・株式所有の認識がなく、配当も受領していない。

　前者については、適正な課税の実現のために課税庁も当然ながら注視し、その解明のために、主に贈与・売買取引自体に実態があったと認められるか否かという点と、贈与・売買後の配当等の果実の帰属やその振込先の金融機関口座の管理の実態がどのようになっていたか、という点などが検証される。そもそも、そのようにして真実ではない株主名簿が作成されるに至った理由は、相続税の課税対象となる株式数を少なく見せ、相続税の課税対象額を圧縮することにあり、そこには当然ながら、節税対策もしくは脱税・脱法行為の意図があると考えざるを得ない。そのため、課税庁としても、課税実務上、法人税の申告書の別表二に記載された株主及び株数や、会社が作成している株主

名簿の内容を最初から盲信することなどあり得ず、むしろ、真実の株主名簿を解明・復元することにこそ、税務調査の重点が置かれることになる。

　ところで、非上場会社の相続後の法人運営上、意外にもその影響を無視することができない事態を招来するのが、後者の②の論点である。なぜなら、相続対策のために意図的に親族等に分散させた株式が、相続後に議決権を行使する段になって、会社経営の足かせとなることが充分にあり得るからだ。そもそも、課税庁は課税対象となる被相続人の株式数の解明には注力するものの、被相続人以外の名義の株式の真実の所有者の全容まで解明しようとしないことも多く、結果として、意図しない者に株式が分散された状態の株主名簿が是認され存続することとなり、オーナー株主の後継者となる相続人は、議決権の保全のために、それらの分散した株式につき、対価を支払って買い戻す等の対策を講じなければならなくなるケースも起きてくる。また、**被相続人のオーナー自身は、子や孫であれば誰も経営の邪魔をしないと考えて、つい株式を分散させてしまうものの、実際には子供同士、あるいは子と孫の意見が対立し、そうした株式分散の状態が、議決権行使の障害となることも少なくない。**このように、株式の所有権の帰属の問題に目を向けた際に、相続対策として実行した株式分散行為が、議決権行使の観点からは、しばしば障害になることも、非上場株式の厄介さの一つなのではないだろうか。

第2章

非上場株式の
評価方法の改正の歴史

～改正趣旨別の分析～

I 改正の歴史をその背景にある狙いや趣旨ごとに区分して通覧する試み

　相続税・贈与税の課税実務における非上場株式の評価方法に関する通達改正の歴史を遡っていくと、その出発点は昭和25（1950）年から27（1953）年にかけて存在していた富裕税の課税実務の基準となる財産評価のために定められた「富裕税財産評価事務取扱通達」（昭和26年1月10日発遣；直資1-5）であったことが分かる。富裕税は、シャウプ勧告により所得税の最高税率が85％から55％に引き下げられたことから、これを補完するために創設されたものであり、500万円超の純資産の所有者に対して、世帯合算の上、所得の有無に関係なく、0.5～3％の税率により、広く浅く課税するものであった。しかしながら、財産が顕在化しやすい不動産所有者に重く、捕捉が困難な現金や無記名債券などの所有者に軽い財産種類間の不公平性が顕著であったことに加え、無収益財産の収益化を促すという当初目論んだ効果が思うように上がらず、税制として不完全である感は否めなかった。このため、昭和28（1954）年に所得税の税率を65％に引き上げることを条件として、富裕税は昭和27年分限りで廃止され、わずか3年の課税期間しか執行されずに、その役割を終えた。

　一方、明治38（1905）年に創設され、昭和25（1950）年に現在の形に改組された相続税に関する課税実務の執行上、昭和39（1964）年に現行通達の初源の形式である「相続税財産評価に関する基本通達」（昭和39年4月25日発遣；直資56）が創設されるまでは、この「富裕税財産評価事務取扱通達」の内容がそのまま相続税の課税実務に援用されており、戦後の混乱期に重なっていたとはいえ、10年以上もの間、既に廃止された別の税目のために制定された通達を借用せざるを得な

かった課税庁の事務運営における未整備かつ決して充分とはいえない初源の姿がそこに存在している。

　さて、その昭和 39（1964）年に創設・発遣され、平成 3（1991）年に地価税の導入に伴って、現状の「財産評価基本通達」の名称に改められた「相続税財産評価に関する基本通達」は、現時点（令和 3（2021）年）までの 60 年弱の期間の中で幾度となく改正が行われてきており、その歴史はある意味で、試行錯誤の繰り返しであったといえる。

　例えば、評価会社の会社規模（あるいは、中会社等の L の割合）の判定を行う際、基本的には三つの要素の組み合わせによってこれを判断しており、その 3 要素のうち「直前期末の簿価総資産価額」と「直前期末以前 1 年間の取引金額」の二つが常に採用されていることについては一貫性があるものの、もう一つの要素については「従業員数」と「資本金額」との間で揺れ動いていた事実がある。

　具体的にいうと、昭和 26（1951）年から昭和 39（1964）年までその基準とされていた「富裕税財産評価事務取扱通達」の時代と、平成 6（1994）年 6 月改正以降降、現在までは「従業員数」を採用しているのに対して、「相続税財産評価に関する基本通達」の創設時から平成 6 年までの約 30 年間は「資本金額」が採用されていた。つまり、**会社規模を判定する際、企業実態を真に反映しているのは「従業員数」であるとの仮説が否定されて、一度は「資本金額」に取って代わったものの、約 30 年後に再び「従業員数」に立ち返るといった**（もちろん、その各々の改正経緯には一定の合理性と、そうした対応をせざるを得なかった社会経済上の背景が存在していると思われるものの）**一種の迷走ともいえる往還をしてきた**ことになる。

　同様に、類比業種比準価額の計算における各要素（年配当金額・年利益金額・純資産価額）の比重の置き方に関しても「相続税財産評価に関する基本通達」の創設時から平成 12（2000）年 6 月改正までと、

平成 29 年（2017 年）4 月改正以降現在までは「1：1：1」となっているのに対して、この間にあたる約 17 年間は、周知のとおり、専ら利益を重視する観点から「1：3：1」とされていた。平成 12 年改正は〈事業承継の円滑化の政策課題〉に対応するといった位置付けによりなされたものであったが、一方の平成 29 年（前期）改正は事業継承促進の趣旨に加えて〈上場株式との時価乖離を是正する〉といった観点から行われており、ある意味で、こうした評価方法の一貫性が失われていることを示す事実は、相続税制において、あるべき課税客体の時価の真の姿を追求することよりも、経済運営の要請に従って示された方向性や景気対策など、目の前の政策課題を重視する傾向にある政治権力などに歪められざるを得ないこの通達の不安定かつ移ろいやすい姿を象徴しているように思われる。

　本章では、このような様々な経緯により、これまで幾度となく見直しがなされてきた評価通達の改正の歴史に関して、単純に時系列にまとめるのではなく、その改正の背景にある狙いや趣旨ごとに区分した上で、これを改めて通覧してみることにより、現状、極めて複雑かつ歪なものとなってしまっている非上場株式の評価に関するルールについて、その歴史的な意義と、その全体像を改めて俯瞰し、そのような観点に立つことで初めて見えてくるその矛盾点や課題点などを浮き彫りにしてみたいと思う。

Ⅱ　周辺の法制度の改正・創設などに対応したもの

 商法改正対応①～昭和 58（1983）年改正～

昭和 58（1983）年改正（昭和 58 年 4 月 8 日直評 5）

❶ 主な改正点

> ● 同族株主等の判定において、新設された（旧）商法第 241 条第 3 項の規定により、議決権がないものとされる株式を所有する会社がある場合には、評価会社の発行済株式数から当該会社の所有する議決権のない株式数を控除した数をもって、評価会社の発行済株式数とすることとされた。また、評価会社の株主の中に議決権のない株式を所有する会社がある場合において、当該会社の発行会社が評価会社の株主の同族関係者に該当するか否かの判定においても、同様の考え方が採用された。

❷ 改正の背景

　昭和 56（1981）年の商法改正（昭和 57 年 10 月 1 日施行）に伴い、子会社による親会社の株式取得が禁止され（旧商法第 211 条の 2 第 1 項、同趣規定が会社法第 135 条に承継）、それまで自己株式（旧商法第 241 条第 2 項、会社法第 308 条第 2 項に同趣旨規定が承継）のみに課されていた議決権の制限が、会社が単独で、あるいは親会社と子会社との合計で、あるいは子会社が単独で 1/4 超の株式を所有している他の会社等が所有する当該会社、あるいは親会社に対しても及ぶようになった（旧商法第 241 条第 3 項、「1/4 超」を「1/4 以上」に変更し、同趣旨規定が会社法第 308 条第 1 項・同法施行令第 67 条第 1 項に承

継）。これに伴い、同族会社の経営者等が、実質的に自己の支配下にある会社間で相互に株式を所有させる等の手法を講じることにより、表面上の株式保有割合を下げ、これにより、自身の同族関係者が評価会社の同族株主等に該当しないように仮装し、容易に配当還元方式を採用することが可能となる状況が生じる懸念が生じていた。この改正は、これを未然に防ぐことにより、適正な課税を行うために講じられたものである。

❸ 改正内容の分析とその影響

　当時の同族株主等の判定基準に採用されていたのは、現在（平成 15 年改正以降）の「議決権割合」ではなく、単純な「株式保有割合」であった。しかしながら、このように議決権のない株式に関する規定が自己株式以外にも制定されたことに伴い、本来であれば、非上場会社を取り巻く周辺の法制度の環境は、既にこの時点で「議決権割合」により、会社支配の実態を見るべき状況に変わっていたものと認識して差し支えない。

　この改正は、課税庁の方針が飽くまで「株式保有割合」により、同族株主等の判定を行う制度を継続するものであったために考案されたものであり、自己株式及び相互保有株式の数が発行済株式数から除外されるように改められたことにより、上記のような懸念は、ほぼ完璧に払拭されたものと推測される。

2　商法改正対応②〜平成 15（2003）年改正〜

平成 15（2003）年改正（平成 15 年 6 月 25 日課評 2-15）

❶ 主な改正点

> - 同族株主等の判定方法について「持株数・持株割合」の用語を「議決権数・議決権割合」に改めるとともに、同族関係者の判定上、**同族株主グループ（支配株主側）に属するか否かの基準を「持株割合 50％以上」から「議決権割合 50％超」に変更した。**
> - 上記改正に伴い、純資産価額の計算上、最終値から 20％の減額をすることとしている軽減対象の株主グループの該当基準を「持株割合50％未満」から「議決権割合 50％以下」に変更した。

❷ 改正の背景

　商法に関して、平成 13（2001）年改正により金庫株の解禁がなされ、自己株式の会計処理につき、それまでのように資産として取り扱うのではなく、資本の控除項目とされたことや、単元株制度が導入されて、1 単元未満の株式しか所有していない株主には議決権がない旨が明確化されたこと、さらに平成 15（2003）年改正に際して連結決算制度が導入されたことに伴い、それまでの評価通達における支配株主の「50％以上」の基準が連結子会社の定義の一つである「総株主の議決権の過半数を有する」旨の基準と整合性を持たないことが意識され、これと平仄を合わせる必要性が生じたことなどの事象を背景として「社会経済の実態の変化及び商法改正等に伴い」（通達趣旨の文面）、上記のような改正が行われた。

　なお、自己株式の取扱いに関しては、それまで発行済株式数から控除する旨の取扱いがなされていたのに対して、改正後は旧商法 241 条第 3 項、会社法第 308 条第 1 項に規定された相互保有株式（株式会社が子会社と併せて相互保有対象議決権の 4 分の 1 以上（旧商法においては 1/4 超）を保有している場合における他の会社等が所有する当該株式会社の株式）と共に議決権をゼロとしてカウントする旨の改正がなされているものの、支配株主の判定上、これらを考慮しない取扱い

そのものに関してここで変化があったわけではなく、専ら通達文面の整合性を持たせるための改正であったとものと考えられる。

❸ 改正内容の分析とその影響

　支配株主の定義と、純資産価額の計算上、最終値に 80％を乗じる軽減対象株主の定義につき、「議決権割合」といった概念を導入したこと及び、その「議決権割合」が 50％丁度の者を、それまで支配株主側に入れていた（軽減対象株主に含めていなかった）ことを改め、これを支配株主から除外する（軽減対象株主に含める）こととした改正であり、その内容は微調整の範囲に留まるような印象があるため、軽微なものに過ぎないように見えるが、単元株制度を導入している会社である場合、以下の事例のような評価額への影響が生じる可能性がある。

　すなわち、甲株主グループは改正前において 50％以上（なおかつ

[改正前]

株主	所有株数	持株割合	判定
甲：A	20,000		
甲：B	4,800	50.06%	同族
甲：C	150		
甲：D	80		
乙：E	15,000	30.00%	非同族
丙：F	9,970	19.94%	非同族
合計	50,000	100.00%	―

[改正後] 単元株を 100 株とした場合

株主	議決権数	議決権割合	判定
甲：A	200		
甲：B	48	50.00%	同族
甲：C	1		
甲：D	0		
乙：E	150	30.12%	同族
丙：F	99	19.87%	非同族
合計	498	100.00%	―

50%超）の持株比率を所有していたため、単独で同族株主グループ（支配株主側）となり、その帰結として、乙・丙グループは同族株主以外に区分されることとなっていた。だが、改正後は議決権割合が株主を区分する基準となったことから、甲グループが50%丁度の割合となって、評価対象会社が50%超の議決権割合のグループが存在しない会社に該当するに至り、甲グループだけではなく、30%以上の議決権割合を有する乙グループも同族株主グループに区分されることとなる。

　また、甲グループの株主は、改正前においては持株割合が50%未満となっていなかったため、純資産価額の計算上、最終値に80%を乗じる軽減対象となっていなかったが、改正後には議決権割合が50%以下に該当するため、80%を乗じる軽減対象に含まれることとなる。

3 会社法施行対応～平成18（2006）年改正～

平成18（2006）年改正（平成18年10月27日課評2-27 他）

❶ 主な改正点

- ●会社法の施行及び法人税法の改正等に伴い、利益処分概念がなくなり、利益処分案等に代えて、株主資本等変動計算書が作成されることになったことから、類似業種比準方式における「資本金の額」を「資本金等の額」に改めるとともに、B及び⑧の金額のベースを「利益処分による配当金額」から「剰余金の配当金額」に変更した。
- ●また、1株あたりの年配当金額の計算及び1株あたりの年利益金額の計算上の受取配当等の益金不算入額のベースとなる「剰余金の配当金額」は株主総会における決議等により、配当金交付の効力が発生したものに限定される（税法上のみなし配当を含まない）こと及び資本金等の額の減少による（株主拠出資本の払戻しによる）ものを除く旨が明記された。

❷ 改正の背景

　旧商法第 2 編及び有限会社法、株式会社の監査等に関する商法の特例に関する法律（商法特例法または監査特例法）等を統合・再編して成立した会社法は、平成 17（2005）年 7 月に公布され、平成 18 年 5 月 1 日より施行されたが、これに伴い、旧商法の中で長く存在していた利益処分概念がなくなった。また、従前は専ら当期利益のみを原資としてなされていた「利益の配当」が、過去の利益の蓄積や資本剰余金（税法上の資本積立金）まで含めてその原資とすることを可能とした「剰余金の配当」に取って代わり、さらに株主総会の決議があれば、いつでも何回でも株主に配当することができるように改める旨の当該条項に関する抜本改正がなされた。これにより、新たに期中の株主資本の変動の状況やその事由などを正確に記録する必要が生じたことから、従来の利益処分案に代えて、株主資本等変動計算書が作成されることとなり、企業会計基準委員会も、これに応じて、平成 17 年 12 月 17 日に企業会計基準適用指針第 9 号「株主資本等変動計算書に関する会計基準の適用指針」を公表するに至った。

　旧商法の考え方を大きく変える内容を多分に含んだこの会社法の施行に伴い、法人税法も平成 18 年改正にて、資本金等の額及び利益積立金額に関する規定や、配当に関する規定などを整備し、それまでの別表五（一）に存在していた「当期利益金処分等による増減」欄を削除すると共に、受取配当等の益金不算入制度の適用上の配当概念につき、資本剰余金を原資とするもの（資本の払戻し）や分割型分割によるものを対象外とする対応などを行った。

　そこで、評価通達においても、これらの改正に合わせて、類似業種比準価額計算上の「資本金の額」や評価会社及び類似業種の「利益の年配当金額」といった用語を「資本等の金額」や「剰余金の配当金額」といった語彙に改める必要性が生じたものと考えられる。

❸ 改正内容の分析とその影響

　本改正の内容は基本的に用語の変更のみであり、事実上、実務の影響はほとんどないように見えるが、現実には類似業種比準価額の計算において扱う配当金額につき、期間対応の考え方が撤廃されたことから、結果的に確定決算に基づく配当の取扱いが一期分ずれることとなる旨の影響が生じた。すなわち、改正前においては、各事業年度の確定決算に紐付けされた（いずれも当期の）株主総会決議に基づく確定配当及び取締役会決議に基づく中間配当の合計額を記載することとされていたが、改正後は「各事業年度中に配当金交付の効力が発生した剰余金の配当（資本金等の額の減少によるものを除きます。）の金額を記載します」（平成 19 年 1 月 1 日以降の評価明細書の記載方法等の解説文より）とあるとおり、前期の確定配当を含む当期中に交付決議があった全ての配当の合計額を記載することとなった。このため、類似業種比準価額の計算における各年の配当金額は、この時以降、減資等、株主拠出資本の払戻しによるものがない限り、株主資本等変動更計算書における「剰余金の配当」欄における△印の付された金額を移記することとなった。ただし、この時、同時に行われた法人税法の改正に伴い、法人税の別表の記載方法も変更されたため、この金額は結局、（会社法上の「剰余金の配当」に該当しない、税法独自の概念である「みなし配当」の金額をここに含めて記載していない限り）改正後の法人税申告書の別表四の最上段（「当期利益又は当期損失の額」欄）における「③社外流出」の「配当」欄の金額と、基本的には一致するものと推測される（この点については第 4 章Ⅱの 4 で詳解する）。

Ⅲ 社会情勢の変化に伴う会社実態の変容に対応したもの

Ⅰ 主な改正点①〜会社規模判定基準の見直し〜

昭和 47（1972）年改正（昭和 47 年 6 月 20 日直資 3-16）
昭和 58（1983）年改正（昭和 58 年 5 月 20 日直評 9）
平成 6（1994）年改正（平成 6 年 6 月 27 日課評 2-8）
平成 10（1998）年改正（平成 10 年 9 月 10 日課評 2-10）
平成 12（2000）年改正（平成 12 年 6 月 13 日課評 2-4）
平成 29（2017）年前期改正（平成 29 年 4 月 27 日課評 2-12）

　会社規模の判定基準は、評価会社を大会社・中会社・小会社に区分すると共に、中会社については L の割合（現行 0.90・0.75・0.60）を定める指標として位置付けられるものであり、同族株主等が所有する非上場株式または出資を原則的評価方式により評価する際、極めて重要な意味合いを持つものといってよい。なぜなら、それは評価の方式そのものを決定付けるものであり、株式の〈投資価値〉を表す類似業種比準価額と、その〈換金価値〉を表す純資産価額の選択適用の可否や、これらを加重平均する際の各々の採用比率が、この区分によって確定してしまうからである。換言すれば、特定会社に該当しない一般の評価会社である限り、評価額の最終値に及ぼす影響が最も大きいのは、この会社規模区分の判定結果であるといっても過言ではない。

　昭和 39 年の通達創設時から現在までの会社規模判定基準は、46〜53 ページの図表のとおり改正されてきており、詳細については後述するが、ここでその大まかな流れを通覧すると、当初通達においては、大会社の判定基準につき、現行通達の従業員数基準に代えて資本金基準が採用されていた。また、この時点では業種区分中に「小売・

サービス業」がなく、「卸売業」と「卸売業以外の業種」の2区分のみであった（図表中、中会社の総資産簿価基準及び年商基準の表示における「以上」「未満」の記載順序は、各区分の線引きの金額を数量的に見やすくするため、国税庁作成のフォーマットにあるような「○円以上、○円未満」とはせず、上下を意図的に入れ替えて「○円未満、○円以上」と記載した（以下同じ））。

　続く昭和47年改正においては、高度経済成長（一般的には『経済白書』に「もはや戦後ではない」と記載された昭和30（1955）年前後から昭和48（1973）年の石油ショックの頃までを指す）を背景として、わずか8年経過後のこの時点で、総資産簿価基準、年商基準のいずれもが倍増もしくは飛躍的に増大していることが分かる。

　また、事業承継対策に重点を置いたものとされた昭和58年改正では、中会社の小（Lの割合0.25）に区分された会社が中会社の中（Lの割合0.50）の区分に統合されることにより、事実上格上げされた。

　さらに、平成期に入り、バブル経済崩壊後の平成6年の改正により、資本金基準が従業員数基準に変更されているが、これは昭和26（1951）年から昭和39（1964）年まで採用されていた富裕税財産評価事務取扱通達の時代の基準に立ち返ったものである。また、中会社のLの割合が再度3区分となり、全般的に引き上げられた。

　続く平成10年改正の時点で業種区分に「小売・サービス業」が加わり、それまでの2区分から現行の3区分に変更され、2年後の12年改正では小会社の従業員数基準を10人以下から5人以下に、中・小会社の総資産簿価基準を若干引き下げることにより、いずれも緩和された。

　そして、最新の平成29年改正において、大会社の従業員数基準が100人以上から70人以上に緩和され、同時に中・大会社の総資産簿価基準、年商基準、従業員数基準の3要素につき、全般的な引下げがなされている。

■当初通達（平成39年4月25日直資56）

㋑課税時期の資本金額に応ずる区分		資本金1億円以上の会社は、大会社(㋺及び㋩は不要)	
		資本金1億円未満の会社は、㋺及び㋩により判定	
㋺直前期末の総資産価額（帳簿価額）に応ずる区分		㋩直前期末以前1年間の取引金額に応ずる区分	
卸　売　業	左記以外	卸　売　業	左記以外
10億円以上	5億円以上	50億円以上	10億円以上
10億円未満	5億円未満	50億円未満	10億円未満
5億円以上	2億5千万円以上	20億円以上	5億円以上
5億円未満	2億5千万円未満	20億円未満	5億円未満
1億5千万円以上	1億円以上	6億円以上	2億円以上
1億5千万円未満	1億円未満	6億円未満	2億円未満
5千万円以上	3千万円以上	1億5千万円以上	6千万円以上
5千万円未満	3千万円未満	1億5千万円未満	6千万円未満

・㋺と㋩による判定は、㋺又は㋩のいずれか上位に該当する規模、Lの割合に

■旧通達（平成47年6月20日直資3-16；昭和47年1月1日以後の相続・遺贈

㋑課税時期の資本金額に応ずる区分		資本金1億円以上の会社は、大会社(㋺	
		資本金1億円未満の会社は、㋺及び㋩	
㋺直前期末の総資産価額（帳簿価額）に応ずる区分		㋩直前期末以前1年間の取引金額に応ずる区分	
卸　売　業	左記以外	卸　売　業	左記以外
20億円以上	10億円以上	80億円以上	20億円以上
20億円未満	10億円未満	80億円未満	20億円未満
10億円以上	5億円以上	30億円以上	10億円以上
10億円未満	5億円未満	30億円未満	10億円未満
2億5千万円以上	2億円以上	8億円以上	3億円以上
2億5千万円未満	2億円未満	8億円未満	3億円未満
8千万円以上	5千万円以上	2億円以上	8千万円以上
8千万円未満	5千万円未満	2億円未満	8千万円未満

・㋺と㋩による判定は、㋺又は㋩のいずれか上位に該当する規模、Lの割合に

会社規模と Lの割合 （中会社） の区分		
大 会 社		
0.75	中会社	
0.50		
0.25		
小 会 社		

よります。

・贈与取得分より適用）

及び㋠は不要）		
により判定		
会社規模と Lの割合 （中会社） の区分		
大 会 社		
0.75	中会社	
0.50		
0.25		
小 会 社		

よります。

■旧通達（平成 58 年 5 月 20 日直評 9；昭和 58 年 1 月 1 日以後の相続・遺贈・贈

㋑課税時期の資本金額に応ずる区分		資本金 1 億円以上の会社は、大会社 (㋑)	
		資本金 1 億円未満の会社は、㋑及び㋬	
㋺直前期末の総資産価額（帳簿価額）に応ずる区分		㋬直前期末以前 1 年間の取引金額に応ずる区分	
卸 売 業	左記以外	卸 売 業	左記以外
20 億円以上	10 億円以上	80 億円以上	20 億円以上
20 億円未満	10 億円未満	80 億円未満	20 億円未満
10 億円以上	5 億円以上	30 億円以上	10 億円以上
10 億円未満	5 億円未満	30 億円未満	10 億円未満
8 千万円以上	5 千万円以上	2 億円以上	8 千万円以上
8 千万円未満	5 千万円未満	2 億円未満	8 千万円未満

・㋺と㋬による判定は、㋺又は㋬のいずれか上位に該当する規模、L の割合に

■旧通達（平成 6 年 6 月 27 日課評 2-8；平成 6 年 1 月 1 日以後の相続・遺贈・

㋑直前期末以前 1 年間における従業員数に応ずる区分			100 人以上の会社は、大会社 (㋬)	
			100 人未満の会社は、㋬及び㋥	
㋺直前期末の総資産価額（帳簿価額）及び直前期末以前 1 年間における従業員数に応ずる区分			㋬直前期末以前 1 年間の取引金額に応ずる区分	
総資産価額（帳簿価額）		従業員数	取引金額	
卸 売 業	左記以外		卸 売 業	左記以外
20 億円以上	10 億円以上	50 人超	80 億円以上	20 億円以上
20 億円未満	10 億円未満	50 人超	80 億円未満	20 億円未満
14 億円以上	7 億円以上		50 億円以上	14 億円以上
14 億円未満	7 億円未満	50 人以下	50 億円未満	14 億円未満
7 億円以上	4 億円以上	30 人超	25 億以上	7 億円以上
7 億円未満	4 億円未満	30 人以下	25 億円未満	7 億円未満
8 千万円以上	5 千万円以上	10 人超	2 億円以上	8 千万円以上
8 千万円未満	5 千万円未満	10 人以下	2 億円未満	8 千万円未満

・「会社規模と L の割合（中会社）の区分」は、㋺欄の区分（「総資産価額（帳簿
　いずれか下位の区分）と㋬欄の区分とのいずれか上位の区分により判定しま

与取得分より適用）

及び㋬は不要）
により判定
会社規模と Lの割合 （中会社） の区分

大 会 社	
0.75	中会社
0.50	
小 会 社	

よります。

贈与取得分より適用）

及び㋷は不要）
により判定
会社規模と Lの割合 （中会社） の区分

大 会 社	
0.90	中会社
0.75	
0.60	
小 会 社	

「価額）」と「従業員数」との
す。

■旧通達（平成 10 年 9 月 10 日課評 2-10；平成 10 年 1 月 1 日以後の相続・遺贈・

<table>
<tr><td colspan="4">Ⓐ直前期末以前 1 年間における従業員数に応ずる区分</td></tr>
</table>

<table>
<tr><td colspan="4">Ⓑ直前期末の総資産価額（帳簿価額）及び直前期末以前 1 年間における従業員数に応ずる区分</td></tr>
</table>

総資産価額（帳簿価額）			従業員数
卸　売　業	小売・サービス業	左記以外	
20 億円以上	10 億円以上	10 億円以上	50 人超
20 億円未満 14 億円以上	10 億円未満 7 億円以上	10 億円未満 7 億円以上	50 人超
14 億円未満 7 億円以上	7 億円未満 4 億円以上	7 億円未満 4 億円以上	50 人以下 30 人超
7 億円未満 8 千万円以上	4 億円未満 5 千万円以上	4 億円未満 5 千万円以上	30 人以下 10 人超
8 千万円未満	5 千万円未満	5 千万円未満	10 人以下

・「会社規模とLの割合（中会社）の区分」は、Ⓑ欄の区分（「総資産価額（帳簿区分により判定します。

■直前通達（平成 12 年 6 月 13 日課評 2-4；平成 12 年 1 月 1 日以後の相続・遺贈

<table>
<tr><td colspan="4">Ⓐ直前期末以前 1 年間における従業員数に応ずる区分</td></tr>
</table>

<table>
<tr><td colspan="4">Ⓑ直前期末の総資産価額（帳簿価額）及び直前期末以前 1 年間における従業員数に応ずる区分</td></tr>
</table>

総資産価額（帳簿価額）			従業員数
卸　売　業	小売・サービス業	左記以外	
20 億円以上	10 億円以上	10 億円以上	50 人超
20 億円未満 14 億円以上	10 億円未満 7 億円以上	10 億円未満 7 億円以上	50 人超
14 億円未満 7 億円以上	7 億円未満 4 億円以上	7 億円未満 4 億円以上	50 人以下 30 人超
7 億円未満 7 千万円以上	4 億円未満 4 千万円以上	4 億円未満 5 千万円以上	30 人以下 5 人超
7 千万円未満	4 千万円未満	5 千万円未満	5 人以下

・「会社規模とLの割合（中会社）の区分」欄は、㋠欄の区分（「総資産価額（帳ずれか上位の区分により判定します。

贈与取得分より適用）

100人以上の会社は、大会社（㋤及び㋑は不要）			
100人未満の会社は、㋤及び㋑により判定			
㋤直前期末以前1年間の取引金額に応ずる区分			会社規模とLの割合（中会社）の区分
取引金額			
卸売業	小売・サービス業	左記以外	
80億円以上	20億円以上	20億円以上	大会社
80億円未満 50億円以上	20億円未満 12億円以上	20億円未満 14億円以上	0.90
50億円未満 25億円以上	12億円未満 6億円以上	14億円未満 7億円以上	0.75
25億円未満 2億円以上	6億円未満 6千万円以上	7億円未満 8千万円以上	0.60
2億円未満	6千万円未満	8千万円未満	小会社

中会社

価額）」と「従業員数」とのいずれか下位の区分）と㋤欄の区分とのいずれか上位の

・贈与取得分より適用）

100人以上の会社は、大会社（㋤及び㋑は不要）			
100人未満の会社は、㋤及び㋑により判定			
㋤直前期末以前1年間の取引金額に応ずる区分			会社規模とLの割合（中会社）の区分
取引金額			
卸売業	小売・サービス業	左記以外	
80億円以上	20億円以上	20億円以上	大会社
80億円未満 50億円以上	20億円未満 12億円以上	20億円未満 14億円以上	0.90
50億円未満 25億円以上	12億円未満 6億円以上	14億円未満 7億円以上	0.75
25億円未満 2億円以上	6億円未満 6千万円以上	7億円未満 8千万円以上	0.60
2億円未満	6千万円未満	8千万円未満	小会社

中会社

簿価額）」と「従業員数」とのいずれか下位の区分）と㋑欄（取引金額）の区分とのい

■現行通達（平成 29 年 4 月 27 日課評 2-12；平成 29 年 1 月 1 日以後の相続・遺

㋑直前期末の総資産価額（帳簿価額）及び直前期末以前 1 年間における従業員数に応ずる区分			
㋐直前期末以前 1 年間における従業員数に応ずる区分			
総資産価額（帳簿価額）			従業員数
卸 売 業	小売・サービス業	左記以外	
20 億円以上	15 億円以上	15 億円以上	35 人超
20 億円未満 4 億円以上	15 億円未満 5 億円以上	15 億円未満 5 億円以上	35 人超
4 億円未満 2 億円以上	5 億円未満 2 億 5 千万円以上	5 億円未満 2 億 5 千万円以上	35 人以下 20 人超
2 億円未満 7 千万円以上	2 億 5 千万円未満 4 千万円以上	2 億 5 千万円未満 5 千万円以上	20 人以下 5 人超
7 千万円未満	4 千万円未満	5 千万円未満	5 人以下

・「会社規模とＬの割合（中会社）の区分」欄は、㋐欄の区分（「総資産価額（帳
　とのいずれか上位の区分により判定します。

❶ 改正の背景

　昭和 39（1964）年に現在の評価通達の元となる「相続税財産評価に
関する基本通達」が制定されて以来、この会社規模及び中会社等の Ｌ
の割合の判定に関する基準は昭和 47（1972）年、同 58（1983）年、平
成 6（1994）年、同 10（1998）年、同 12（2000）年、同 29（2017）年
と、全部で 6 回改正されているが、逆にいうと、この 60 年弱もの期間
にわずか 6 回しか改正されなかったことになる。

　その改正経緯につき、順を追って観ていくと、当初の昭和 39 年の通
達制定から昭和 47 年改正までの時期は、文字どおり、高度経済成長に
伴う会社規模の変容に合わせたものであり、例えば商社などが中心と
なっている卸売業の総資産簿価基準が「10 億円以上」から「20 億円以
上」に、年商基準が「50 億円以上」から「80 億円以上」に変更されて
いるとおり、総資産簿価及び年商共に基準金額がほぼ倍増されている

贈・贈与取得分より適用)

70 人以上の会社は、大会社（㋬及び㋑は不要）			
70 人未満の会社は、㋬及び㋑により判定			
㋬直前期末以前 1 年間の取引金額に応ずる区分			会社規模と L の割合（中会社）の区分
取引金額			
卸 売 業	小売・サービス業	左記以外	
30 億円以上	20 億円以上	15 億円以上	大 会 社
30 億円未満 7 億円以上	20 億円未満 5 億円以上	15 億円未満 4 億円以上	0.90
7 億円未満 3 億 5 千万円以上	5 億円未満 2 億 5 千万円以上	4 億円未満 2 億以上	0.75
3 億 5 千万円未満 2 億円以上	2 億 5 千万円未満 6 千万円以上	2 億円未満 8 千万円以上	0.60
2 億円未満	6 千万円未満	8 千万円未満	小 会 社

簿価額）」と「従業員数」とのいずれか下位の区分）と㋑欄（取引金額）の区分

ことなどから、我が国の会社規模そのものが総体的に大きくなっていった企業実体の姿と基本的に一致しているように思われる。

　これに対して、昭和 58 年改正は、それまで中会社の小の区分（L の割合 0.25）に分類されていた会社を全て 1 ランク上の中会社の中の区分（L の割合 0.50）に格上げするものであり、類似業種比準価額の比重割合を倍増させることにより、専らここに区分されていた会社の評価額を引き下げるために行われたものと推測される。この頃から、会社実態の変容に対応するとしながら、実際には（当時は通商産業省などの）政策的な要請により、評価額を引き下げることを意図した改正内容が、徐々に評価通達の定めの中に混入してくることとなる。

　これに続く改正はバブル経済崩壊後の平成 6 年であるが、ここで無条件に大会社に区分する基準として、それまで「資本金額 1 億円以上」と定義していたものを「従業員数 100 人以上」に改める改正が織り込まれた結果、評価通達の制定以来、約 30 年間継続して採用されていた

資本金基準がこの時点で姿を消すことになる。この資本金基準は元々、昭和 39 年の通達制定時点において、当時の上場会社の審査基準とされていたものを会社規模の判定基準に借用して定められたものであったが、**昭和の末期頃から、相続対策のために不動産や株式などの高額な資産を同族法人に移転させる対策が盛んに行われるようになり、従業員が親族のみしかおらず、実質的にはプライベートカンパニーと何ら変わらないにもかかわらず、資本金額だけが 1 億円以上となる資産保有会社が散見されるような課税環境の変化**（その裏側に、通達の盲点を突くかの如き対策の実行を指南した税理士等の存在があったことは、いうまでもない）**が生じていた**ことが背景にある。

　この点につき、「会社規模は企業として社会的に機能し、活発に営利活動を行っている状態の大きさを意味するが、現在においては、資本金 1 億円という会社規模の判定基準は、このような企業活動の実態を適切に反映するものといえないものとなっていた」（国税速報 4679（平成 6 年 8 月 18 日）号掲載の下野博文氏（国税庁資産税課・課長補佐）による改正通達の解説文より）と解説されているように、その背景にはそうした課税環境の変化及びその象徴としての企業実体が希薄なプライベートカンパニーの存在があり、課税庁としてもこうした状況を看過できなくなったことから、これに代わる基準として、法人企業統計（大蔵省；平成 2 年度〜 4 年度平均）において、資本金 1 億円以上である会社の平均従業員数が 100 人強であったことを根拠として、当該基準が採用された。

　また、この時にいったん昭和 58 年改正で 2 区分とした中会社の規模区分を再び 3 区分とし、各々の基準額を引き上げた上で、同時に L の割合も引き上げている（中会社の大：0.75 → 0.90；中会社の中：新設 0.75；中会社の小 0.50 → 0.60）が、これは同年の改正において、小会社の L の割合が 0.50 とされたこととの均衡を取りつつ、大会社・

中会社・小会社の評価方法の変化をなだらかにすることを意図したものであり、大会社及び小会社の総資産簿価基準及び年商基準自体は昭和47年改正の時から22年経過したこの時点においても、何ら変わっていないことを考え併せると、この平成6年改正は、専ら節税対策封じと評価体系に全体として整合性を持たせることを意図してなされたものと考えられる。

　その4年後の平成10年改正の際には、それまで「卸売業」「卸売業以外の業種」と2区分しかなかった会社規模判定上の業種区分に「小売・サービス業」が加わり、現在も踏襲されている3区分の形態となった。ただ、その新設された「小売・サービス業」の基準を見ると、総資産簿価基準は「卸売業、小売・サービス業以外の業種」の数値と全く同じであり、年商基準の数値が引き下げられている（中会社の大：14億円以上→12億円以上；中会社の中：7億円以上→6億円；中会社の小：8千万円以上→6千万円）のみであるため、この改正によって劇的な変化があったわけではなく、「小売・サービス業」に該当する一部の業種（現在の基準で見ると、類似業種比準価額算定上の業種目別株価等一覧表における業種番号53～59の情報通信業、79～87の小売業、96～104の専門・技術サービス業、宿泊業，飲食サービス業、105～112の生活関連サービス業，娯楽業、教育，学習支援業、医療，福祉、サービス業（他に分類されないもの））の年商基準を若干緩和し、これを引き下げる意図を持ってなされたものと推測される（次ページ参考資料を参照）。

　続く平成12年改正、そして直近の平成29年前期改正は、いずれも旧通商産業省・現経済産業省の要請を受けた政治色の強いものであり、前者は「経済社会の変化に応じて、より実態に即した適正な評価を行うとの考え方に基づいて見直すことが適当」（平成11年12月政府税調答申より）との観点、後者は「企業の組織形態が業種や規模、上場・

■参考資料：業種目別株価等一覧表上の業種番号と規模区分判定上の業種の関係

業種番号	類似業種比準価額計算上の業種目	規模区分判定上の業種
1〜9	建設業	③卸売業、小売・サービス業以外
10〜51	製造業	③卸売業、小売・サービス業以外
52	電気・ガス・熱供給・水道業	③卸売業、小売・サービス業以外
53〜59	情報通信業	②小売・サービス業
60〜64	運輸業，郵便業	③卸売業、小売・サービス業以外
65〜78	卸売業	①卸売業
79〜87	小売業	②小売・サービス業
88〜95	金融業、保険業、不動産業、物品賃貸業	③卸売業、小売・サービス業以外
96〜104	専門・技術サービス業、宿泊業、飲食サービス業	②小売・サービス業
105〜112	生活関連サービス業、娯楽業、教育、学習支援業、医療、福祉、サービス業（他に分類されないもの）	②小売・サービス業
113	その他の産業	③卸売業、小売・サービス業以外

※平成29年6月13日資産評価企画官情報第4号「類似業種比準価額計算上の業種目及び類似業種の株価等の計算方法等について」末尾別表の「日本標準産業分類の分類項目と類似業種比準価額計算上の業種目との対比表」（平成29年分）による

　非上場の別により多様であることに留意しつつ、相続税法の時価主義の下で、比較対象となる上場会社の株価並びに配当、利益及び純資産という比準要素の適切なあり方について早急に総合的な検討を行う」（平成27年12月16日与党「平成28年度税制改正大綱」より）、あるいは「相続税法の時価主義の下、より実態に即した評価の見直しを行う」（平成28年12月8日与党「平成29年度税制改正大綱」前文「平成29年度税制改正の基本的考え方」より）といった観点から、各基準の緩和がなされている。

　具体的には、平成12年改正で小会社の従業員数基準が10人以下から5人以下に、中・小会社の総資産簿価基準が若干引き下げられ（卸売業：8千万円→7千万円；小売・サービス業：5千万円→4千万円）、

平成 29 年前期改正では、大会社の従業員数基準が 100 人以上から 70 人以上に、中・大会社の総資産簿価基準、年商基準、従業員数基準の 3 要素について全般的な引下げがなされて、**例えば卸売業の大会社の年商基準は昭和 47 年改正以来変わっていなかった「80 億円以上」の基準がその半分以下となる「30 億円以上」まで引き下げられている。この数値は、実に 53 年前の昭和 39 年における評価通達制定時の「50 億円以上」をも下回っており、評価制度としての連続性が失われているようにすら見える。つまり、通達改正の歴史を通覧する観点からは、ここでかなり劇的な見直しをしたものと考えざるを得ないのだ。**

　この点に関して、平成 29 年 4 月 28 日資産評価企画官情報第 3 号には「法人企業統計調査（財務省）に基づき、近年の上場会社の実態に合わせて改正した」との総論の後に、従来の課税庁の立場を根底から覆すような内容が書かれている。具体的には、それまで東証一部の上場審査基準を基に定めていた従業員数基準、総資産簿価基準、年商基準につき、大会社については「新興市場の上場審査基準についても加味した上で、法人企業統計調査に基づき」、中会社の大（L の割合 0.90）については「大会社に準ずる会社であって、上場を企図すればすぐに上場できる規模の会社と考えられることから、新興市場に上場する会社と同視し得るものとの考え方の下、新興市場の上場審査基準を基に」、中会社の中（L の割合 0.75）については「中会社（大）の基準のほぼ 50％（総資産価額及び取引金額は中会社（大）の 50％、従業員数はその 60％）に相当する」基準となるように算定したものと説明されている。

　下表のとおり、マザーズ（平成 11（1999）年創設）にしろ、店頭登録制度を源流とする JASDAQ（平成 13（2001）年創設）にしろ、新興市場の市場規模はいまだに極めて小さく、上場会社全体のごく一部を占める存在に過ぎない。ここにきて、**元々、相続税の財産評価におい**

■参考資料：国内株式市場規模

取引所／市場	売買高 （千株）	売買代金 （百万円）	時価総額 （百万円）	上場会社数 （社）
国内株式市場計	38,681,199	56,543,361	588,903,699	3,820
東証合計	38,646,188	56,531,503	587,916,080	3,711
第 1 部	28,403,872	50,360,055	565,476,847	2,172
第 2 部	4,027,806	688,980	6,488,228	479
マザーズ	2,970,628	4,102,982	6,882,917	325
ＪＡＳＤＡＱ	3,243,880	1,379,483	9,004,155	699

※国内株式市場計は東証・名証・福証・札証の合計値、時価総額・上場会社数は重複上場を除く

※売買高・売買代金は 2020 年 7 月累計値、時価総額・上場会社数は 2020 年 7 月末値、概算ベース

（出典：大和総研：グラフと表で見る株式市場 2020 年 8 月）

て、これまで全く想定されていなかったそれら新興市場の上場基準を援用するに至ったことは、それまでの会社規模の区分の指標と比較して、明らかに大きな断絶であり、コペルニクス的な転回にすら思える。換言すれば、この平成 29 年前期改正によって、会社規模判定基準は別物に変わったと言ってもよい。その評価のメカニズムを見る限り、本改正は、ほとんどの非上場会社の会社規模区分が改正前より上位の区分に分類されることにより、評価額が減少する効果を狙ったものであり、事業承継円滑化のため、相続税の負担を減らしたいとの意向を持った経済産業省の主導により進められたものと推測される。

❷ 改正内容の分析とその影響

　上記改正の背景にも記載したとおり、昭和 39 年の評価通達制定以来、60 年弱の期間に 6 回にわたって行われてきた会社規模判定基準の見直しは、総資産簿価及び年商共に基準金額をほぼ倍増させた当初の昭和 47 年改正だけは別物といえるが、その他の改正は、単純に「社会情勢の変化に伴う会社実態の変容に対応した」のみとは言い切れない

要素が数多く含まれたものであったものと考えられる。それは、看過し難い節税対策への対応であったり、景気対策・経済対策の観点からの事業承継上の要請への対応であったりと、その時々の様々な外的要因、あるいは政治的な要請を背景としているものであり、いずれもある程度、不可避なものであったことは否めない。だが、そうした対応は、一方でこの非上場株式に関する評価方法を定めた通達が、相続税法第 22 条の時価課税主義の本則から離れていき、国の予算編成を担う旧大蔵省・現財務省による歳入の確保と、課税庁が担う租税法律主義に基づく公平な課税の実現という本来の目的から逸脱していくように思えなくもない。

　さらにいえば、「適切」とか「適正」といった便利な言葉が、実はその裏側にある政治的な意図や狙いを隠すために政治家や官僚が使う常套手段でしかないことを考え併せると、**非上場会社の株式の評価という、本来は健全な経済活動の成果や、その投資価値であったり、換金価値であったりを計測するための指標が、徴税する側の思惑と徴税される側の思惑、その間に立つ者たちとの間で、綱引きの道具として利用されるに至り、これらの改正により、徐々に本来の姿を失っていった観が否めない。**もちろん、その成果として、例えば、平成 6 年改正の資本金基準の廃止と従業員数基準の導入が、企業として社会的に機能し、活発に営利活動を行っているとは言い難いプライベートカンパニーを設立することによる〈看過し難い節税対策〉をある程度封じる効果を生んだであろうことは事実であり、さらに昭和 58 年・平成 12 年・平成 29 年に行われた各々の改正が、その狙いとした旧通商産業省・現経済産業省が主導したものと思われる事業承継上の要請による〈相続税の重税感の回避〉といった目的を、ある程度、達成する成果を生んでいることについても、疑いようがないものと考えられる。

　ただ、元々、財産評価基本通達自体が相続税法第 22 条（評価に関す

る時価課税の原則）の法令解釈通達でしかないことを考えると、そもそもそうした節税対策封じや事業承継対策上の政策減税といった目的をこの通達に担わせることは道理に合っておらず、仮に評価通達に人格があるとするなら、「どうにも荷が重いなぁ。なんで、私がそこまで面倒を見なきゃいけないのかなぁ？」と感じるような事態を招来する結果になってしまっているのではないだろうか。そうした**課税の根幹に関わる問題**は、本来、相続税法もしくは租税特別措置法に担わせるべきものであり、その元となった発案には政府税調・与党税調の答申なり、税制改正大綱などで示された方向性なりがあるとしても、「社会情勢の変化に伴う会社実態の変容」に対応すべき正当な事由がないにもかかわらず、「適正」「適切」といった便利な言葉を用いて、**改正通達の発遣のみによって、国会の決議を経ずに課税強化や政策減税など**を実施してしまうのは、どう考えても方法論を根本的に誤っているものと言わざるを得ない。

2　主な改正点②〜類似業種比準方式における比準価額算定式の見直し〜

昭和44（1969）年改正（昭和44年7月23日直資3-19）
昭和47（1972）年改正（昭和47年6月20日直資3-16）
昭和53（1978）年改正（昭和53年4月1日直評5）
昭和58（1983）年改正（昭和58年5月20日直評9）
昭和59（1984）年改正（昭和59年7月18日直評7）
平成12（2000）年改正（平成12年6月13日課評2-4）
平成20（2008）年改正（平成20年3月14日課評2-5）
平成29（2017）年前期改正（平成29年4月27日課評2-12）

❶ 改正の背景

類似業種比準方式における比準価額の算定式については、大枠で見

■当初通達及び各改正時点における比準価額の算定式

制定又は改正時点	類似業種比準方式における比準価額の算定式	左記算式の各要素に関する注記
昭和39年当初通達	イ．A × (⑧ (※1) /B + ©/C + ⑩/D + 3) / 6 ロ．A × (⑧ (※1) /B + ©/C + ⑩/D + 1) / 4 ハ．イ、ロのいずれか低い金額	※1：同族株主の場合、⑧＝©×B/C（配当性向） ⇒ 昭和44年改正にて削除 ※2：©の金額がゼロの時、分母の5は3とする ⇒ 平成20年改正にて削除 ※3：大会社＝0.7；中会社＝0.6；小会社＝0.5 ※4：昭和39年：課税時期の属する月の月中平均終値
昭和47年改正時点	A × (⑧/B + ©/C + ⑩/D) / 3) × 0.7	昭和47年：課税時期の属する月以前3ヶ月の月中平均終値のうち、最も低い金額
平成12年改正時点	A × (⑧/B + ©/C × 3 + ⑩/D) / 5 (※2) × 0.7 (※3)	昭和58年：上記の選択要素に、前年平均株価が追加された
平成29年改正時点（現行通達）	A × (⑧/B + ©/C + ⑩/D) / 3) × 0.7 (※3)	平成29年：上記の選択要素に、課税時期以前2年間の平均株価が追加された
各記号の意義	A＝類似業種の株価（※4） B＝類似業種の1株当たりの年配当金額（※5）（※8） C＝類似業種の1株当たりの年利益金額（※5） D＝類似業種の1株当たりの純資産価額（※5） ⑧＝評価会社の1株当たりの年配当金額（※6）（※8） ©＝評価会社の1株当たりの年利益金額（※7） ⑩＝評価会社の1株当たりの純資産価額	※5：平成29年改正以降、類似業種の3つの比準要素につき、連結決算を反映させたものとされた ※6：昭和44年改正以降、過去2年間の実額配当金額の年平均額とされた ※7：昭和53年改正以降、直前期末以前1年間の金額と直前期末以前2年間の平均額のいずれか低い金額の選択が可能となった ※8：昭和59年改正にて、剰余金の配当を禁じられている医療法人の出資金の評価に際し、比準要素から年配当金額を除外する措置が取られており、これに伴い、平成12年改正時の分母は4と、©の金額がゼロの時の分母の4は2とされた

れば、昭和39年の通達制定時から、昭和47年、平成12年、平成29年の3回のみしか改正されていない。ただし、各比準要素の定義に関して、昭和44年、昭和53年、昭和58年、昭和59年、平成20年に細部の改正があったため、これを併せれば、これまでに計8回の改正が行われてきたことになる。**その改正の中身を通覧してみると、そのほとんどが非上場会社の株式を評価する際に考慮すべき〈評価の安全性〉というファクターを巡る方法論の問題に帰するものと考えて差し支えない。つまり、上場会社の株式と比較して流動性が劣ることによる斟酌と、支配株主による操作が可能な配当・利益の2要素の位置づけをどう考えるか、の大きく2点に照準を当てたものばかりといえる。**

　まず、昭和39年の当初通達においては、同族株主に限った取扱いとして、評価会社の実額配当を採用せず、評価会社の利益をベースとして、これに類似業種の利益に占める配当の割合（配当性向）を乗じる方法により、擬似的に評価会社の配当金額を算定する方法（算式：Ⓑ＝Ⓒ×B/C）が採られていた。この考え方は、5年後の昭和44年改正にて短期間の運用のみで消滅することになるが、現実に配当を行わない非上場会社が圧倒的に多いことを想定して、比準価額の算定上、配当をゼロとすることを許容しないようにするこの方法論は、一種の制限規定としての機能を持っていたものと推測され、今見ると、中々良くできた補正方法であったように思われる。

　また、この当初通達では比準価額の最終値を二つの算式により求めた値のいずれか低い金額とするという方式が採用されており、例えば各比準割合のいずれもがゼロの時には、（イ）算式の結果は0.5、（ロ）算式の結果は0.25となり、結果として、類似業種の株価の25％に固定されるようになっている。さらに、各比準割合のいずれもが1であれば、（イ）・（ロ）各算式ともに算定結果が1となって類似業種の株価と同額に、2であれば、（イ）算式の結果は1.5に、（ロ）算式の結果

は 1.75 となって、類似業種の株価の 150％相当額となる。要は、3 要素の比準割合の合計が 3 を超えていれば（上場会社より優良であれば）イ算式が、3 を下回っていれば（同じく優良でなければ）、（ロ）算式が有利になるように算式が組まれており、これも極めてよく考えられた算定式であると感嘆させられる。

　ところが、どうもこの当初通達の算定式も、決して万能なものではなかったようで、昭和 47 年改正の際には「従来はこの常数 3 または 1 を比準算式に入れることにより評価会社の株式が上場株式に比較し流通性が劣ることによるしんしゃくが行われるよう配慮されていたのであるが、この常数によるしんしゃくは、評価会社の内容が類似業種に比較し優れていればいるほどその度合いが高くなるのに対し、その内容がそれほど優れていない評価会社については、殆んど働かないという問題点があった」とし、さらに「また、そのしんしゃくが算式上明確でないため、一般に取引相場のない株式の評価上、何らのしんしゃくも行われないという印象を与える向きもあった」（いずれも国税速報 2525（昭和 47 年 8 月 21 日）号掲載の田口豊氏（国税庁資産税課・課長補佐）による改正通達の解説文より）ことから、算定式を常数のないシンプルなものに一本化した上で、その最終値に 0.7 を乗じる現行方式（ただし、この時点では、中会社・小会社も含めて一律この割合を乗じることとされていた）に改められた。

　続く平成 12 年改正では、比準価額の算定式のうち、利益の比準割合を 3 倍とし、これに伴い分母を 5 とする（この時点では、Ⓒの金額がゼロの時には分母の 5 を 3 とする旨の定めがあったが、平成 20 年 3 月改正にて、この定めは削除された）ことに加え、それまで一律 0.7 を乗じることとされていた算定式末尾の斟酌割合につき、中会社は 0.6、小会社は 0.5 に軽減された。前者の利益に比重を置く考え方を採った理由に関して、課税庁は「継続企業を前提とすれば、一般的に、

株式の価値は会社の収益力に最も影響されると考えられることから、上場株社のデータに基づき検証作業等を行ったところ、配当金額、利益金額、簿価純資産価額の比重を 1：3：1 とした場合が最も適正に株価の算定がなされると認められたことから、これを踏まえて類似業種比準方式の算式を改正することとした」（国税速報 5270（平成 12 年 10 月 12 日）号掲載の編集部名義で掲載された解説文より）との説明を行っている。

　しかしながら、この「一般的に、株式の価値は会社の収益力に最も影響される」との仮説に立ち、検証作業まで行って決定したという利益に比重を置く考え方は、17 年後の平成 29 年改正によってあっさり否定されてしまう。平成 29 年 4 月 28 日国税庁・資産税評価企画官情報第 3 号「財産評価基本通達の一部改正について（通達等）のあらましについて」には、「今般、平成 12 年の評価通達の改正時と同様に、上場会社のデータに基づき、個別の上場会社について、これらの要素の比重をどのようにすると最も当該上場会社の株価に近似する評価額を導くか、それぞれの要素の比重を変えて検証作業を行った。その結果、1：1：1 という比重が最も実際の株価と評価額との乖離が少なく、適正に「時価」が算出されると認められたことから、これを踏まえて類似業種比準方式の算式を改正した」と書かれている。善意に考えれば、この 17 年間の間に上場会社の株価の変動要因が利益に比重を置いたものから、配当・利益・純資産価額の全てを同一の比重によって捉えたものに変容していったことになるが、果たして本当にそうであろうか。プロの投資家たちは、一体いつ、利益重視の考え方を投資方針の中枢に位置づけるようになり、これを一体いつ、どのような理由により、手放したというのであろうか。

　ここに記載されている各年の国税内部の検証作業が公表されていない以上、部外者には判断しようがないが、結果として、**平成 12 年改正**

時に拠り所とした「一般的に、株式の価値は会社の収益力に最も影響
される」旨の仮説自体をここで課税庁が自ら否定し、17年前の状態に
戻した事実は動かし難く、そのこと自体が、この時の配当・利益・純
資産価額の比重割合を1：3：1とする改正の原動力に極めて政治力
の強いものが含まれており、いわば政策的な判断に基づく辻褄合わせ
でしかなかったことの証左であることを示しているように思えてなら
ない。

❷ 改正内容の分析とその影響

　配当・利益・純資産価額の比重割合を1：1：1とし、比準価額を
求める算式の末尾に0.7をベースとした定数を乗じることにより、上
場会社の株式と比較して流動性が劣ることによる斟酌を行う現行通達
の考え方は、昭和47年改正の時に既にほぼ完成しており、これに平成
12年改正で加えられた中会社及び小会社の斟酌割合に多少の変化を
つけ、より小規模な会社の株式の〈評価の安全性〉への配慮を厚くし
ただけのものであるともいえる。裏を返せば、仮にもう一つの平成12
年改正における配当・利益・純資産価額の比重割合を1：3：1とす
る比準価額の算定式を利益重視のものに大きく変えた改正さえなけれ
ば、現在までほぼ半世紀近くの間、この類似業種比準価額の算定式は
基本的に変わっていなかったことになる。では、その平成12年改正
から平成29年前期改正までの、比重割合が利益重視のものに傾いて
いた17年間の時間は何を意味しているのであろうか。

　その答えは、この平成12（2000）年という年が、就職氷河期といわ
れた平成3（1991）年から平成17（2005）年の間の経済上の大きな停
滞期のやや後半期に位置しており、バブル経済の崩壊後に訪れた「失
われた10年」といわれた期間の末期の頃にあたっていたことを想起
すれば、自ずと見えてくる。経済史上の出来事でいえば、4月に消費

税率が3％から5％に引き上げられた平成9（1997）年後半期におけ
る三洋証券、北海道拓殖銀行、山一證券の相次ぐ経営破綻、翌平成10
（1998）年後半期における日本長期信用銀行（現新生銀行）、日本債券
信用銀行（現あおぞら銀行）の一時国有化、翌平成11（1999）年2月
に決定された日本銀行による短期金利（無担保コール翌日物金利）を
史上最低（当時）の0.15％に誘導するゼロ金利政策の導入といった歴
史的な事件があり、こうした事象が雪崩のように起きた直後の時期に、
この類似業種比準方式の比準価額の算定式における〈利益重視〉を旨
とする改正が行われていることになる。ちなみに、完全失業率、有効
求人倍率といった雇用指標において、高度経済成長期以降、最悪の数
値を記録したピークは下記グラフのとおり、平成11（1999）年（4.7%・
0.48倍）と平成21（2009）年（5.1%・0.47倍）である。

■参考資料：完全失業率、有効求人倍率（1948年〜2019年）年平均

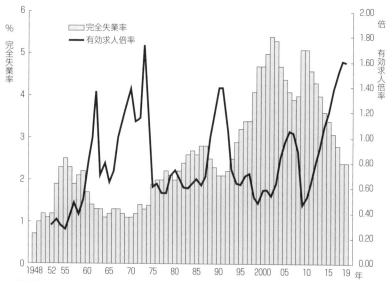

※労働政策研究・研修機構作成（総務省「労働力調査」厚生労働省「職業安定
業務統計」より）

　この平成 12 年改正においては、別の項で述べる平成 2 年改正にて、行き過ぎた節税対策に対してこれを防止する観点から導入された複数の特定会社概念のうち、「開業後 3 年未満の会社等」の一つである「2 要素以上 0 の会社」を「比重要素数 1 の会社」と「比準要素数 0 の会社」に区分した上で、前者に関して、それまで純資産価額方式のみしか認めていなかった評価方法につき、L の割合を 0.25 とする類似業種比準方式との併用方式を認める旨の改正が同時に導入されている。この時に、このような〈節税対策封じの改正項目の一部緩和〉ともいえる改正項目が同時に導入されたことも、当然ながらこの平成 12 年という年が、完全失業率、有効求人倍率といった雇用上の指標が最悪の数値を迎えた一つのピークの時期にほぼ重なっており、上述したような未曾有の経済危機の最中における国の政策上の転換期にあたっていたことと無関係ではない。換言すれば、10 年前に導入された強化税制を見直さなければならないほど減税推進圧力が強かったのだ。

　ここで、具体的に平成 12 年改正以前及び平成 29 年前期改正以後に

■参考資料：評価会社の利益の変化に応じた二つの比準算式の算定結果

Ⓑ／B	Ⓒ／C	Ⓓ／D	1 : 1 : 1 算式	1 : 3 : 1 算式 (17 年間のみ)		
評価会社の年配当金額／類似業種の年配当金額	評価会社の年利益金額／類似業種の年利益金額	評価会社の純資産価額／類似業種の純資産価額	S47.1.1〜 H11.12.31；H29.1.1〜	H12.1.1 〜H19.12.31 (分母:3or5)	H20.1.1. 〜H28.12.31 (分母:常に 5)	改正の影響
1.00	0.00	1.00	0.66	0.66	0.40	課税緩和 (政策減税)
1.00	0.25	1.00	0.75	0.55	0.55	
1.00	0.50	1.00	0.83	0.70	0.70	
1.00	0.75	1.00	0.91	0.85	0.85	
1.00	1.00	1.00	1.00	1.00	1.00	－
1.00	1.25	1.00	1.08	1.15	1.15	課税強化
1.00	1.50	1.00	1.16	1.30	1.30	
1.00	1.75	1.00	1.25	1.45	1.45	
1.00	2.00	1.00	1.33	1.60	1.60	

適用された配当・利益・純資産価額の比重割合を 1 ： 1 ： 1 とする算式と、その間の 17 年間に適用されたこれを 1 ： 3 ： 1 とする算式の違い、さらに後者については平成 20 年改正にて「ⓒの金額がゼロの時、分母の 5 を 3 とする」旨の規定が削除される前後の違いによる評価会社の利益の変化に応じた二つの比準算式の算定結果（論点を単純化するため、配当と純資産価額の比率は常に定数 1 とした）を見てみよう。前ページに掲げた表のとおり、1 ： 3 ： 1 の算式が適用されていた期間においては、評価会社の利益が上場会社より優れている（1 より大きい）場合には課税強化が、逆に評価会社の利益が上場会社より劣っている（1 より小さい）場合には課税緩和がなされるようになっていることが分かる。

　そして、ここでハッキリしていることは、**通常、上場会社と比較して 1 株あたりの利益を多く上げているような非上場会社はごく一部の優良企業のみであり、実際には大半の非上場会社が上場会社のようには利益を上げられないことを考えると、この改正は経済の危機的状況における一種の政策減税の様相を呈している側面が強いということである。**また、この 17 年間年はインターネットが飛躍的に普及し、IT 企業の台頭が顕著になってきた時期とも重なっており、これにより課税強化を受ける企業は、恐らくそれらの IT 企業が中心となっていたものと推測され、さらにそれらの IT 企業の創業者や経営者はこの時点では未だ若く、相続とは無縁の存在であったことも考慮すべきなのかも知れない。

　さらにいえば、この 17 年間にのみ適用された 1 ： 3 ： 1 の算式を廃して 1 ： 1 ： 1 の算式に戻した平成 29 年改正は、完全失業率が 2.8％、有効求人倍率が 1.5 倍にまで回復し、日本経済が「失われた 10 年」あるいは「失われた 20 年」の低迷時期を克服し、危機的な状況から脱して活気を取り戻したことから、もはや政策減税を行う必然性が乏しく

なっていた時期に重なっている。加えて、この頃になると、IT企業も成熟期を迎え、その創業者や経営者の相続あるいは相続対策を視野に入れる必要が生じたためであったものとも考えられる。いずれにしても、このように類似業種比準方式における比準価額の算定式は、この平成12年から平成28年までの17年間のみ、特殊な時代背景と政策意図によって、いわば租税特別措置的な目的でなされていたものと推測され、恐らく、他の改正とは明らかに目的を異にしていたものであったと考える必要があるように思う。

Ⅳ 景気対策・経済対策の観点からの事業承継上の要請に対応したもの

Ⅰ 事業承継円滑化対応①〜昭和58（1983）年改正〜

昭和58（1983）年改正（平成58年5月20日直評9）

❶ 主な改正点

- 小会社につき、それまでの純資産価額方式単一の評価方式に加え、Lの割合を0.50とする類似業種比準方式と純資産価額方式の併用方式を選択できることとした…［改正点1］
- 類似業種比準方式における類似業種の選択にあたり、それまでの「評価会社の事業が該当する業種目」（小分類区分業種の場合には、小分類の業種目、中分類区分業種の場合には、中分類の業種目）に加え、納税義務者の選択により、小分類区分業種の場合には中分類の業種目、中分類区分業種の場合には大分類の業種目をそれぞれ選択できることとした…［改正点2］
- 類似業種比準方式のおける比準価額の算定式上の類似業種の株価（A）につき、それまでの課税時期の属する月以前3ヶ月間の月中終値平均株価のうち、最も低い価額による取扱いに加え、納税義務者の選択により、前年の平均株価を採用できることとした…［改正点3］

❷ 改正の背景

　昭和58年改正の際には、既にⅡの項目の冒頭に挙げた「会社規模判定基準の見直し」がなされているが、当該内容は元々、上記［改正点1］に呼応してなされたものであり、本来的な順序からすれば、上記［改正点1］の方がメインであり、この時に会社規模判定基準におけるLの割合0.25の中会社の小に区分される会社をLの割合0.50の中会社の中の区分に格上げしたのは、その副産物の如き位置づけに過ぎな

いものであったといえる。つまり、それまで純資産価額方式のみしか認めていなかった小会社につき、ここでＬの割合を 0.50 とする類似業種比準方式と純資産価額方式の併用方式を選択できることとしたこととの均衡上、小会社より大きな規模の中会社につき、Ｌの割合 0.25 の評価方式を残すわけにはいかなくなり、いわばその辻褄合わせのためになされたのが、Ⅱの項目で挙げた同年における「会社規模判定基準の見直し」であったものと考えられる。

　さて、この年の改正経緯を辿って行くと、まず昭和 56 年 3 月に中小企業庁の委託を受けて全国商工連合会に設置された中小企業承継税制問題研究会が提出した報告書の存在がある。この報告書における提案と、この当時、各種中小企業の経営者団体でなされていた議論を元として、**通商産業省（中小企業庁）は、政府税制調査会に対して、取引相場のない株式に関して、収益還元方式を織り込んだ評価方式の導入と個人の事業用土地及び居住用土地の評価の軽減に関する改正意見を提出する。**この改正意見は、当時、多くの中小企業が経営者の世代交替期を迎えていたことや、地価の上昇に伴う相続税負担の重税感が意識されていたことが背景となっており、中小企業の事業承継の円滑化を主眼とするものであったが、これを受けて、政府税制調査会は（前年にあたる昭和 57 年改正に関して）以下のような答申を行う。

「相続税の課税の基礎となる相続財産のあり方については、従来から各種の論議が行われてきているところであるが、最近においてはいわゆる中小企業の事業承継といった観点から議論が行われている。この問題は、取引相場のない株式等をどのように評価するかという技術的な側面と富の再分配機能を有する相続税の性格との関連をどう考えるかという基本的問題を含んでいるので、専門家の意見等を徴する等により幅広く検討を加えるべきものと考える。」（昭和 56 年 12 月に取りまとめられた「昭和 57 年度の税

制改正における答申」より）

　この答申を受けて昭和57年6月、政府税調内に「中小企業株式評価問題小委員会」が設置されて、取引相場のない株式の相続税の評価の問題に関する審議が本格的に始められることになるが、今井武志氏（国税庁・資産評価企画官補佐）による改正通達の解説文（国税速報3577（昭和58年5月30日）号掲載）によれば、実際に課税データを持っている国税庁はこの審議に先立って、当時、全国の相続税課税案件の40％を占める事案を扱っていた東京・関東信越・大阪・名古屋の4国税局管内の105の税務署において、中小企業経営者に係る昭和55年分の相続税事案に関する広範な実態調査を実施したという。この国税庁による調査結果を踏まえ、上記小委員会の審議内容を元として、税府税調は昭和58年の税制改正における非上場株式の評価に関して、当時は未だ個別通達（昭和50年6月20直資5-17）であった小規模宅地等の課税価格の特例のあり方の問題に絡めて、次のような方向付けを提示した。

　「相続税については、最近、中小企業の事業の円滑な承継の観点から、各種の議論が行われているが、中小企業経営者の相続税の課税の実態等からみても過度の負担を求めているとは認められず、税制上特別の措置を講ずることは適当でない。ただ、小規模な会社の株式は、現在、いわゆる純資産価額方式のみにより評価されていることから、株式価格の形成要素の一つである収益性についても評価上配慮する余地があるのではないかとする意見があること、大・中規模の会社の株式に適用されるいわゆる類似業種比準方式においては既に収益性が織り込まれていること等に留意すれば、現行の株式の評価体系の枠組みの中で収益性を加味することとするのが適当である。また、いわゆる類似業種比準方式についても類似業種のとり方等

その合理化を図るべきである。株式評価について改善合理化を図ることとの関連で、個人が事業の用又は居住の用に供する小規模宅地等についても所要の措置を講ずることが適当である。」(昭和 57 年 12 月に取りまとめられた「昭和 58 年度の税制改正に関する答申」より)

　本通達改正は上記政府税調における審議及び答申の趣旨に沿って、非上場株式の評価の改善合理化を主眼として行われたものである(前掲の今井武志氏(国税庁・資産評価企画官補佐)による改正通達の解説文の文意より)が、[改正点 1]に関しては、通産省(中小企業庁)より提案された収益還元方式の導入につき、還元の元となる利益概念や資本還元率の定め方の困難性、欠損会社の評価額がゼロとなってしまうことなどを理由として退けた上で、上記答申の「現行の評価体系の枠組みの中」に納めることを優先して、それまで純資産価額のみしか認めていなかった小会社の評価に、初めて中会社と同様の類似業種比準方式との併用を認める評価方法に舵を切ったものである。同時にこの年の税制改正において、それまで個別通達であった小規模宅地等の課税価格の特例が旧租税特別措置法第 70 条(その後、同法第 69 条の 3 となり、現在は同法第 69 条の 4)として、新たに法制化された。

❸ 改正内容の分析とその影響

　この昭和 58 年の通達改正は、非上場株式の評価の歴史の中でも特筆に値するものであり、評価方法の「改善合理化」といいながら、その真の目的は事業承継の円滑化のため、小会社に分類される非上場会社の株式の評価を引き下げることにあったものと考えられる。2 年間にわたる政府税調の答申に至る経緯や、国税庁が独自に三大都市圏を擁する主要国税局に命じて「中小企業経営者に対して過度な相続税の負担を求めていない」旨の結論を導き出すために、わざわざ大量の相

続事案の調査を行ったこと、最終的な改正内容が通商産業省側の要求を「蹴りながら受け容れる」（採用根拠が乏しい収益還元方式は認めないが、中会社に採用している既存の類似業種比準方式と純資産価額方式の併用なら認める）が如き結果となっていることなどから考えて、国の政治上の要請から、必達目標とされた政策減税を非上場株式の評価体系の中で何とか具現化していくために、その背後で省庁間の熾烈な綱引きが行われていた様子が伺える。

　そもそも、類似業種比準方式はサントリーや竹中工務店などに代表される上場会社と何ら変わらない規模の会社でありながら、現実には非上場である一群の大会社の株式を評価するために導入されたものであり、その指標の本質は〈投資価値〉と考えられる。一方の純資産価額方式は、個人事業や家族経営の延長で営まれているような規模の小さい小会社につき、単に同族会社を通じて資産を間接的に保有しているに過ぎない面が強いことから採用されており（昭和47（1972）年改正以降、含み益に対する法人税等の控除を認めている点などから考えても）、その指標の本質は〈換金価値〉であると言っていいだろう。そして、それらの中間的な存在の会社、すなわち、大会社の規模には至らないものの、明らかに小会社の規模を超えるものに該当する中会社に対しては、それらの折衷方式を採ることにより、両者の評価方法の弱点を補完することとして成立していた本改正前の評価体系の考え方には、一定の合理性が認められる。

　この年の改正によって、たとえ一部であっても、小会社に対して本来、上場会社に匹敵する規模の会社の株式価値の指標となるはずの〈投資価値〉の要素を認めるように改めたことにより、そうした大元の評価体系が崩れてしまったという意味で、この時、他の年になされた見直しとは次元の異なる非上場株式の評価体系における極めて大きな転換がなされたものと位置付けてよいのではなかろうか。

　ただ、40年近くが経過した現在から見ると、この時に要請された事業承継円滑化のための政策減税を何故、小規模宅地等の課税価格の特例と同様に、租税特別措置法等で対処しなかったのだろうか、との疑問は残る。既に、Ⅱの「会社規模判定基準の見直し」の項でも述べたとおり、**相続税法第22条（評価に関する時価課税の原則）の法令解釈通達でしかない財産評価基本通達に政策減税の目的を担わせるのは、そもそも根本的に方法論を誤っているのではないか**、といわれても仕方がないように思える。殊に［改正点1］の内容は小会社の時価概念を変容させるものであり、果たして「小会社に該当する非上場株式の時価とは？」という問いに対して「〈投資価値〉と〈換金価値〉の平均値である」と回答をする専門家がどれだけいるのだろうか。

2　事業承継円滑化対応②～平成12（2000）年改正～

平成12（2000）年改正（平成12年6月13日課評2-4）

❶ 主な改正点

- 会社規模判定基準について、小会社の従業員数基準を10人以下から5人以下に、中・小会社の総資産簿価基準を若干引き下げることにより、いずれも緩和…［改正点1］（再掲）
- 類似業種比準方式における比準価額の算定式を利益に重点を置いたものに改めると共に、流動性が低いことに伴い乗じる斟酌割合につき、会社規模に応じて逓減…［改正点2］（再掲）
- 特定会社の一つである「2要素以上0の会社」を「比準要素数1の会社」と「比準要素数0の会社」に区分した上で、前者に関して、それまで純資産価額方式のみしか認めていなかった評価方法につき、Lの割合を0.25とする類似業種比準方式との併用方式を認める…［改正点3］

❷ 改正の背景・改正内容の分析とその影響

　本改正の背景やその内容の分析等については、既に前項のⅡで、あらかたのことを述べてしまっており、ここで敢えて同じ内容を繰り返すことはしないが、この平成 12 年という年は、完全失業率、有効求人倍率といった雇用上の指標が最悪の数値を迎えた一つのピークの時期にほぼ重なっており、未曾有の経済危機の最中における国の政策上の転換期にあたっていた。これに加えて、その直前の 2 年間に所得税の特別減税（平成 10 年＝定額減税；平成 11 年＝定率減税）や法人税の実効税率の引下げ（46.36％から 40.87％へ）が実施されたことからも分かるとおり、この時期の税制は経済の立て直しが急務であるとされたことから、減税一色に傾いており、当時の小渕恵三首相や宮沢喜一蔵相がそれらの一連の緊急経済対策の実施に関する記者会見の中で、一種のアドバルーンとして、相続税の減税（最高税率の引下げや税率構造の見直し）に関しても言及していたことについても触れておく必要があるかも知れない。

　次表に示す通り、実際に相続税の最高税率や税率構造の見直しが行われたのは、3 年後の小泉内閣時代の平成 15（2003）年であり、小渕内閣時代には実現しなかったのだが、**小渕総理が平成 11 年の夏頃、日本の相続税の最高税率の 70％が国際水準から見て異常に高いことを述べた上で、その引下げの実施を明言していたことは事実であった。**しかしながら、当時の与党税調あるいは政府税調が最終的にはこれを採用しなかったことから、もう一つの相続税制における課題とされた中小企業対策の促進に専らスポットがあてられることになった経緯がある。そのように考えていくと、この時に行われた非上場株式の評価に関する通達改正は、昭和 58 年改正と同様に経済産業省の要請による政策面の影響が強いことに加えて、政府が相続税減税の実施を見送ったことの代償措置としてなされた面もあったように思われる。

■参考資料：相続税の遺産に係る基礎控除・税率構造等の改正経緯

改正年度		昭和63年改正	平成4年改正	平成6年改正
適用時期		昭和63.1.1〜	平成4.1.1〜	平成6.1.1〜
基礎控除	定額控除	4,000万円	4,800万円	5,000万円
	法定相続人数比例控除	800万円×法定相続人数	950万円×法定相続人数	1,000万円×法定相続人数
課税遺産総額に法定相続分を乗じた額に適用する税率	10%	400万円以下	700万円以下	800万円以下
	15%	800万円以下	1,400万円以下	1,600万円以下
	20%	1,400万円以下	2,500万円以下	3,000万円以下
	25%	2,300万円以下	4,000万円以下	5,000万円以下
	30%	3,500万円以下	6,500万円以下	1億円以下
	35%	5,000万円以下	1億円以下	—
	40%	7,000万円以下	1億5,000万円以下	2億円以下
	45%	1億円以下	2億円以下	—
	50%	1億5,000万円以下	2億7,000万円以下	4億円以下
	55%	2億円以下	3億5,000万円以下	—
	60%	2億5,000万円以下	4億5,000万円以下	20億円以下
	65%	5億円以下	10億円以下	—
	70%	5億円超	10億円超	20億円超
内閣総理大臣		竹下登	宮澤喜一	細川護熙
政権政党		自民	自民	日本新・さきがけ他

改正年度		平成15年改正	平成25年改正
適用時期		平成15.1.1.〜	平成27.1.1〜
基礎控除	定額控除	5,000万円	3,000万円
	法定相続人数比例控除	1000万円×法定相続人数	600万円×法定相続人数
課税遺産総額に法定相続分を乗じた額に適用する税率	10%	1,000万円以下	1,000万円以下
	15%	3,000万円以下	3,000万円以下
	20%	5,000万円以下	5,000万円以下
	25%	—	—
	30%	1億円以下	1億円以下
	35%	—	—
	40%	3億円以下	2億円以下
	45%	—	3億円以下
	50%	3億円超	6億円以下
	55%	—	6億円超
	60%	—	—
	65%	—	—
	70%	—	—
内閣総理大臣		小泉純一郎	安倍晋三
政権政党		自民・公明・保守	自民・公明

3 事業承継円滑化対応③〜平成 29（2017）年前期改正〜

平成 29（2017）年前期改正（平成 29 年 4 月 27 日課評 2-12）

❶ 主な改正点

- 類似業種比準方式の評価につき、次の見直しを行う…［改正点 1］
  （再掲）
  - イ　類似業種の株価（A）につき、課税時期の属する月以前 2 年間の平均株価を加える
  - ロ　類似業種の年配当金額（B）、年利益金額（C）、純資産価額（D）につき、連結決算を反映させたものとする
  - ハ　利益に比重を置いた比準価額の算定式を廃し、配当：利益：純資産価額＝ 1：1：1 とする
- 会社規模判定基準に関して、法人企業統計調査等に基づき、従業員数・総資産簿価・年取引金額の全てにつき全面的に見直しを行い、大会社・中会社の適用範囲を拡大…［改正点 2］（再掲）

❷ 改正の背景・改正内容の分析とその影響

　上記平成 12 年改正と同様に、本改正の背景やその内容の分析等については、既に前項の Ⅱ で、あらかたのことを述べてしまっているが、上記［改正点 1］のイ及びロの内容に関して、前項では余り詳しく触れていなかったため、最初にこの点について補足的に記載することとしたい。

　まず、平成 29 年 4 月 28 日資産評価企画官情報第 3 号には、［改正点 1］のイの改正趣旨として「従来から、類似業種の株価については、類似業種比準価額の計算において、上場会社の株価の急激な変動による影響を緩和する趣旨から、一定の選択肢を設けていたところであるが、最近の株価の動向を踏まえると、株価の急激な変動を平準化するには、2 年程度必要と考えられること及び現行においても課税時期が

12月の場合には、前年平均株価の計算上、前年の1月までの株価を考慮しており、実質的に2年間の株価を考慮していることから、課税時期の属する月以前2年間の平均株価を選択可能とした」と書かれている。その背景に、平成24（2012）年の第二次安倍内閣の発足や平成28（2016）年のイギリスの欧州連合（EU）離脱などを契機とした株価の急激な上昇に対応する必要が生じていたという事情があるにせよ、本改正は非上場会社の株価算定に関して〈評価の安全性〉というファクターにつき、その許容範囲を広げたという意味で、極めて全うなものであるといえる。

　一方、［改正点1］のロの改正趣旨として、以下のような内容が記載されている。

「上場会社については、連結決算に係る財務情報を公表することが原則義務付けられており、投資判断に当たりその情報も重視されて株価の形成要素となっていると考えられることから、より適切な時価を算出するため、類似業種の比準要素の数値について、連結決算を反映させることとした。この場合、上場会社は、原則として監査義務が課されており、利益計算の恣意性は排除されていることを考慮し、類似業種の比準要素については、財務諸表の数値を基に計算することとした上で、連結決算を行っている場合には、その数値を反映させたものとすることとした。具体的には、類似業種の1株当たりの利益金額については、市場において当期純利益が株価の分析対象とされていること及び課税所得金額が税引前当期純利益に基づき計算されていることとのバランスから、税引前当期純利益（連結決算を行っている場合には税金等調整前当期純利益）を基に計算することとした。また、類似業種の1株当たりの純資産価額（帳簿価額によって計算した金額）（以下「簿価純資産価額」という。）については、企業会計上の純資産が資産と負債の差額に基づく概念であることを踏まえ、財務諸表における資産と

負債の差額である純資産の部の合計額を基に計算することとした。」

　この ［改正点 1］ のロの内容は、裏を返せば、これまで類似業種である上場会社の「1 株当たりの利益金額」につき、評価会社の計算方法と同様に、法人税法上の課税所得金額を元として、これに非経常的な利益金額の減算、受取配当等の益金不算入額（対応する所得税額を控除したもの）の加算、損金算入された繰越欠損金の控除額の加算等の調整を加えたものを、「1 株当たりの純資産価額」につき、資本金等の額に法人税法上の利益積立金額を加算したものを、各々採用していたことを意味する。**非上場株式の評価を行うにあたり、上場会社と比準するからには、「利益」や「純資産」という概念に関して、本来、比較対象のベースを同一とするべきであり、この平成 29 年改正まではその大原則が守られていたわけだが、この時に国税庁はその法人税法上の課税所得金額なり、純資産価額なりを基として、同じベースのものを採用するという考え方を放棄し、類似業種についてのみ、財務諸表上すなわち、会計上の「税引前当期純利益」（連結決算を行っている場合には税金等調整前当期純利益）及び「純資産の部」を採用する方針に舵を切ったことになる。**

　これはどういうことを意味するのか。ここで、そうした方針に変更した旨の理由付けとして挙げられている「上場会社については、連結決算に係る財務情報を公表することが原則義務付けられており、投資判断に当たりその情報も重視されて株価の形成要素となっている」とか、「上場会社は、原則として監査義務が課されており、利益計算の恣意性は排除されている」といった記述自体は、いうまでもなく、何ら間違っているわけではない。しかしながら、我が国において、上場会社につき、連結決算が義務付けられたのは昭和 53（1978）年 3 月期から（これが本格的に進んだのは、証券取引法（現金融商品取引法）が

改正されてディスクロージャー制度が抜本的に見直され、連結決算中心主義に移行した平成12（2000）年3月期以降）であり、監査制度に至っては、評価通達制定前の昭和26（1951）年から開始されていることを考えると、平成29年改正の理由付けとしては、どうにも唐突かつ〈取って付けたような〉物言いであると感じてしまう。

　さらにいえば、そうした会計基準の連結決算中心主義への移行の問題や、監査制度によって上場会社の利益計算の恣意性が排除されているといった論点が、そもそも非上場株式の評価にあたり、比準する類似業種の「1株当たりの利益金額」や「1株当たりの純資産価額」のベースを税法主義の金額から会計主義の金額に改め、ベースの異なるものを比較することを正当化する根拠になり得るのであろうか。例えば、その背景に課税庁サイドの作業の簡便化といった理由があったにせよ、そうした金融商品取引法や会計制度に依拠した唐突に出てきた観のある理由が、昭和39年の通達制定以降、長年維持されてきた非上場株式の評価制度を抜本的に変える合理的な根拠になるとは考えられず、そこには直ちに説明のつかない一種の〈論理の飛躍〉があるように思えてならない。

　なお、この年の経済産業省が作成した「平成29年度税制改正のポイント」には「事業承継促進のための税制措置の強化等」というタイトルの後に「取引相場のない株式の評価について、中小企業等の実力が適切に反映されるよう見直す（平均で1割程度の評価減）」といった記述がなされており、評価通達の改正を要請したと思われる経済産業省が、それまでの非上場株式の評価基準が「中小企業等の実力が適切に反映されていなかった」との認識に立った上で、平均1割の評価減を実現させるため、評価基準を見直すように財務省・国税庁側に要求していたことが分かる。

V 経済実態を無視した節税対策を封じ、これを無効化する趣旨により行われたもの

Ⅰ 行き過ぎた節税対策封じ①〜平成 2（1990）年改正〜

> 平成 2（1990）年改正（平成 2 年 8 月 3 日直評 12）

❶ 主な改正点

- 純資産価額方式の評価につき、以下の見直しを行う…［改正点 1］
  - イ　評価会社が課税時期以前 3 年以内に取得・新築した土地等・家屋等につき、通常の取引価額（時価）により評価する
  - ロ　負債計上する課税時期の属する事業年度に係る法人税等に新設された消費税を加える
  - ハ　評価会社が所有する非上場株式の純資産価額の計算上、評価差額に対する法人税等を控除しない旨の措置を講じる
- 一般の評価会社とは区分して評価する会社として、既存の純資産価額により評価する「開業前、休業中の会社」及び残余財産分配見込額を元として評価する「清算中の会社」に加え、原則として純資産価額もしくはその修正額（$S_1 + S_2$）により評価する三つの特定の評価会社（株式保有特定会社・土地保有特定会社・開業後 3 年未満の会社等）を定義し、新設した…［改正点 2］

❷ 改正の背景

　バブル崩壊前夜ともいえるこの時期に、課税庁は節税対封じとして位置づけられる課税強化税制を次々と創設している。その最初のものが、昭和 63 年改正における「相続税の総額計算等における養子の数の算入制限」（税制改革法第 9 条第 2 項、相続税法第 15 条第 2 項・第 63 条）及び「相続開始前 3 年内に取得・新築した土地等・建物等の取得価額課税」（旧租税特別措置法第 69 条の 4 、平成 8 年廃止）制度であり、翌平成元年には、個別通達「負担付贈与又は対価を伴う取引によ

り取得した土地等及び家屋等に係る評価並びに相続税法第7条及び第9条の規定の適用について」（平成元年3月29日直評5）を発遣している。これらの税制の創設により、当時流行していた節税対策のうち、養子縁組をその手段とするもの（基礎控除額の拡大、相続税の総額計算の圧縮、生命保険金・退職手当金の非課税枠の拡大目的）と、相続開始直前における不動産の購入や負担付き贈与をその手段とするもの（相続・贈与財産の時価と評価額の乖離を利用して財産の圧縮を図るもの）は、ほぼ完全に息の根を止められたかに見えたが、これら以外にも法人に対して不動産を現物出資する手法や、「A社B社方式」といわれる株式の現物出資を行って含み益を人為的に作り出すスキームなどが散見される事態となっており、少なくともこの時点では、そうした節税対策などに関しては、何ら対応がなされておらず、未だ手付かずともいえる状態にあった。

　そこで、課税庁が上記昭和63年改正、平成元年改正に続き、これを補完すると共に、殊に非上場株式の評価のメカニズムを利用した対策及び上場株式の負担付き贈与等による対策をターゲットとして、その守備範囲をさらに広げる目的で発遣したのが、この平成2年改正であったものと位置づけられる。ちなみに、当時の国税速報（4288（平成2年8月13日）号）の「税の視点」には、その冒頭部分に「**今回の通達改正は、相続税の財産評価額と実際の取引金額との差、あるいは相続という特殊要因の発生に基づき税負担を求めるという相続税の性格からくる財産評価に対する斟酌といった点を利用した、経済実態を無視した目に余る相続税の節税対策に対処するために行われたものである**」との記述があり、これらの言葉の裏側に存在していたものと推測される課税庁の本気度や、その対応策を講じる際に注がれたエネルギーの光量を窺い知ることができる。

　まず、［改正点1］のイに関して、山田弘氏（国税庁・資産評価企画

官補佐）による改正通達の解説文（国税速報 4301（平成 2 年 9 月 27
日）号掲載）には、法人税の取扱いにおいて、相続税の評価通達を援
用して純資産価額の計算を行う際に、土地及び上場有価証券に限り、
時価評価する定め（法人税基本通達 9-1-14）がある点を根拠として挙
げた上で、「純資産価額方式において会社が所有する土地等の「時価」
を算定する場合、（中略）適正な株式評価の見地からは、むしろ通常の
取引価額によって評価するべきである」旨が述べられ、さらに課税時
期の直前に取得した土地等につき、路線価等の相続税評価額により洗
い替えを行うことの不合理性を指摘した上で、「その「時価」の把握が
容易であることなどを考慮し、更に個人事業者等に適用されている措
置法第 69 条の 4 との権衡をも考慮して、上記のような改正を行った
ものである」と記載されている。さらに、この「取得」には売買のみ
に留まらず、交換、買換え、現物出資等によるものも含まれる旨が注
記されている。また、［改正点 1］のハに関しては、子会社・孫会社等
を次々と設立して重複適用する当時流行った相続対策を視野に入れ
て、評価差額に関する法人税等の控除規定につき「個人対評価会社と
の関係において考慮すれば足りるのであって、評価会社と評価会社が
所有する株式の発行会社との関係において、さらに重ねて考慮する必
要はないものと考えられる」旨が述べられている。

　次に、［改正点 2］で創設された三つの特定会社の方に目を向けたい。
まず、株式保有特定会社の内容を見ていくと、この特定会社の創設背
景として、前掲の山田弘氏（国税庁・資産評価企画官補佐）による解
説文には「最近、会社の総資産のうちに占める各資産の保有状況が、
類似業種比準方式における標本会社である上場会社に比して、著しく
株式等に偏った会社が見受けられるようになった。このような会社の
株式については、一般の評価会社に適用される適用される類似業種比
準方式により適正な株価の算定を行うことは期し難いものと考えられ

■株式（等）保有特定会社・土地保有特定会社に関する定義の変遷

特定会社の種類		大会社	中会社	小会社			
				総資産価額 （帳簿価額） 大会社規模 （※4）	総資産価額 （帳簿価額） 中会社規模 （※5）	左記以外	
株式保有 （※2）	平成2年創設時点	株式保有割合（※1） 25％以上	株式保有割合（※1） 50％以上				
	平成25年改正時点	株式保有割合（※1）50％以上					
	平成29年改正時点 （現行通達）	株式等保有割合（※2）50％以上					
土地保有	平成2年創設時点 平成6年改正時点 平成12年改正時点 平成29年改正時点 （現行通達）	土地保有割合（※3） 70％以上	土地保有割合（※3） 90％以上	対象外			
				土地保有割合 （※3） 70％以上	土地保有割合 （※3） 90％以上	対象外	

［上記各用語に対する注記］

※1：株式及び出資の価額の合計額／総資産価額（相続税評価額ベース）

※2：平成29年9月改正にて新株予約権付社債が規制対象に加えられたことに伴い、特定会社の名称が「株式等保有特定会社」に、「株式保有割合」が「株式等保有割合」に、判定算式の分子の名称が「株式等の価額」に改められた

※3：土地等の価額の合計額／総資産価額（相続税評価額ベース）；この「土地等」には、通常の土地等とは評価方法の異なる棚卸資産としての土地や、被相続人の所有地に会社所有の建物が建っており、その賃貸借に際して「土地の無償返還に関する届出書」が提出されている場合等に資産に計上される20％の擬制借地権を含む

※4：平成6年改正時点；簿価総資産価額が卸売業で20億円以上、卸売業以外で10億円以上

平成12年改正時点：簿価総資産価額が卸売業で20億円以上、小売・サービス業およびその他の業種で10億円以上

平成29年改正時点：簿価総資産価額が卸売業で20億円以上、小売・サービス業およびその他の業種で15億円以上

※5：平成6年改正時点：簿価総資産価額が卸売業で8千万円以上20億円未満、卸売業以外で5千万円以上10億円未満

平成12年改正時点：簿価総資産価額が卸売業で7千万円以上20億円未満、小売・サービス業で4千万円以上10億円未満、その他の業種で5千万円以上10億円未満

平成29年改正時点：簿価総資産価額が卸売業で7千万円以上20億円未満、小売・サービス業で4千万円以上15億円未満、その他の業種で5千万円以上15億円未満

る」旨の記述がなされている。さらに、新たに「株式保有特定会社」
という会社概念を定義した上で、一般の評価会社の株式とは区分し、
原則として純資産価額により評価することとしつつも、納税者の選択
により、「S₁の金額」（類似業種比準価額については、受取配当金等収
受割合（＝直前 2 期の受取配当金等の金額の合計額／直前 2 期の営業
利益の合計額）という概念を用いて評価会社の配当・利益・純資産の
3 要素の計算上、株式・出資の保有に起因するものを除外し、純資産
価額については、同様に資産の構成要素から株式・出資等を除外した
上で、一般の評価会社に該当するものとして評価した金額）と「S₂の
金額」（株式・出資等のみにつき、評価差額に対する法人税等の控除を
行った上で、純資産価額により評価した金額）の合計額により評価す
ることを許容することにより、「その会社の実態に応じ実質的に類似
業種比準方式の適用も受けられる」よう配慮した旨が述べられている。

　この課税庁サイトの説明だけでは、少々、その改正意図が分かりに
くいように思えるが、先に挙げた「税の視点」には、この「株式保有
特定会社」及び「開業後 3 年未満の会社等」の双方の特定会社の創設
目的として「この改正は、上場株式を大量に保有し、相続に当たって
の評価が巨額になると予想される場合、その上場株式を自己が支配す
る会社（持株会社）に移転させ保有し、その会社の株式の評価を持株
会社の営む業種に類似する類似業種比準方式を適用することにより、
その評価額を大幅に引き下げることによる節税対策に対処するための
ものである」旨が記載されている。これも当時、上場会社のオーナー
経営者の間で盛んに行われていた相続対策の一つであり、殊に大会社
や L の割合の高い中会社などに大量の上場株式を保有させることに
より、上場株式の資産価値がほとんど反映されない類似業種比準方式
を適用し、相続税の評価額を圧縮するスキームに対応したものであっ
たことを窺い知ることができる。

　ただ、この株式保有特定会社の制度を巡っては、納税者と課税庁との間で度々争いがあり、創設から22年余り経った頃、大会社の株式保有割合に関する25％基準が厳し過ぎる旨を東京高裁が認めて課税庁敗訴の判決（平成25年2月28日；TAINS Z263-12157）を下したことを契機として、平成25（2013）年改正（平成25年5月27日課評2-20）にて、会社規模にかかわらず、一律50％基準を採用するよう改められた。また、直近の平成29（2017）年の秋には、新株予約権付社債につき「株式に転換することのできる権利を有しており、市場では予約権を行使して取得される株式の価格と連動して、その価格が形成されていること及び金融商品取引法等において株式と同等に取り扱われる規定があること等を踏まえると、株式保有特定会社に該当するか否かの判定においては、「株式及び出資」と同等に取り扱うことが相当と考えられる」（平成29年10月3日資産評価企画官情報第3号）ことから、平成29年後期改正（平成29年9月20日課評2-46）にて、これを規制対象に加えた上で、特定会社の名称が「株式等保有特定会社」に、「株式保有割合」が「株式等保有割合」に、判定算式の分子の名称が「株式等の価額」に各々改められた。

　続いて、土地保有特定会社であるが、同様に課税庁サイドの説明では分かりにくいため、前掲の「税の視点」に目を向けると「土地の現物出資による評価額の圧縮への対処」とのタイトルが付された解説の末尾に「この改正は、個人所有の土地を現物出資して会社を設立し、その会社の株式の評価を土地保有会社が営む業種に類似する類似業種比準方式を適用することにより、その評価額を大幅に引き下げる（土地保有会社が利益もなく配当もなければ株式の評価額は持っている土地の価額に比べ非常に低いものとなる。）ことによる節税策に対処するためのものである」との記載がなされており、こうした節税対策に踏み込んだ会社をターゲットとして、新たに「土地保有特定会社」と

いう会社概念を定義した上で、一般の評価会社の株式とは区分し、原則として純資産価額により評価することにより、その効果を封じることを目的として講じられたものであることが分かる。

　さらにいえば、仮に土地保有割合につき、大会社の70％基準、中会社の90％基準に満たないことから、この「土地保有特定会社」に該当しない場合であっても、「開業後3年未満の会社」または「2要素以上0の会社」に該当し、もう一つの特定会社である「開業後3年未満の会社等」に区分された場合には、同様に純資産価額により評価されるという別の網を用意したことに加えて、その純資産価額の計算においても、［改正点1］のイで新たに定められた課税時期以前3年内に取得・新築した土地等・建物等を所有していれば、これを時価で評価する旨の対処が講じられていることにより、土地の現物出資のケースだけでなく、金銭出資をした上での購入や、借入れによる購入なども視野に入れた上で、二重三重の節税対策封じのための手当がなされていることになる。

　なお、この「土地保有特定会社」の概念に関して、平成2年の創設当初においては、資本金が1億円未満かつ総資産簿価・年商共に零細企業の規模と考えられる小会社は規制対象とはされていなかったが、平成6年改正以降、会社規模区分の判定基準の一つであった資本金基準が廃止され、従業員数基準に改められたことに伴い、従業員数もしくは年商基準により、小会社に判定される会社のうち、総資産簿価が大会社または中会社の規模である会社についても、判定対象に加えられることとなった。

　一方、いずれも純資産価額により評価することとされる「開業後3年未満の会社」と「2要素以上0の会社」からなる「開業後3年未満の会社等」については、上記でも述べたとおり、「株式保有特定会社」や「土地保有特定会社」に該当しない会社であっても、同様の目的に

より、相続開始直前に設立された営業実態の乏しいプライベートカンパニーを規制し、二つの特定会社の概念を補完する目的で創設されたものと推測される。ただし、前記Ⅱ及びⅢでも述べたとおり、事業承継円滑化対応の一環として、平成12年改正にて「2要素以上0の会社」が「比準要素数1の会社」と「比準要素数0の会社」に区分され、前者に関して、Lの割合を0.25とする類似業種比準方式との併用方式を認める旨の改正がなされたため、この時点でその一部が緩和された。

❸ 改正内容の分析とその影響

　長い評価通達の改正の歴史の中で、この平成2年改正のポジションは極めて特殊な位置づけにあり、そこでは、昭和の末期から継続している地価の異常な高騰に対処するため、平成元年に制定された土地基本法の理念（土地の投機的取引を排除し、その公共福祉優先性、土地取引による価値増加部分や土地所有者に対する応益負担義務、土地評価及び価格形成の適正化などに関する理念を定めたもの）が強く意識されている。この流れは、この翌年、平成3年の税制改革（土地譲渡益課税の強化や地価税の導入、特別土地保有税の課税強化など、一連の土地税制の抜本改革）において、その具体策として結実していくのだが、一方で、土地や上場株式を現物出資もしくは売買により保有する営業実態の乏しいプライベートカンパニーが相続税の節税対策に盛んに利用される事態となり、課税サイドから見れば、許容しがたい租税回避行為として映っていたことに加えて、そこで行われた土地取引が地価の高騰の一因にすらなっていたことも含め、そうした一連の相続税の課税環境を巡る状況が、国や課税庁にとって、看過できないほど、特殊かつ歪な状態にあるという問題意識を持たせる原因を作っていたことが大きく作用している。その意味において、本改正は専ら節税対策のために人為的になされた経済取引により生じた歪みを是正す

るという点で、極めて常識的な改正であり、節税対策封じを主眼とした課税サイドが講じた対応策としては、これ以上ないというくらいの徹底した様相を見せており、いずれの項目も基本的によく練られた改正内容であったものと考えることができる。

〈参考：土地基本法（平成元年法律第 84 号）に記載された理念〉

（土地についての公共の福祉優先）
第 2 条　土地は、現在及び将来における国民のための限られた貴重な資源であること、国民の諸活動にとって不可欠の基盤であること、その利用及び管理が他の土地の利用及び管理と密接な関係を有するものであること、その価値が主として人口及び産業の動向、土地の利用及び管理の動向、社会資本の整備状況その他の社会的経済的条件により変動するものであること等公共の利害に関係する特性を有していることに鑑み、土地については、公共の福祉を優先させるものとする。

（円滑な取引等）
第 4 条　土地は、土地の所有者又は土地を使用収益する権原を有する者（以下「土地所有者等」という。）による適正な利用及び管理を促進する観点から、円滑に取引されるものとする。
2　土地は、投機的取引の対象とされてはならない。

（土地所有者等による適切な負担）
第 5 条　土地の価値がその所在する地域における第 2 条に規定する社会的経済的条件の変化により増加する場合には、土地所有者等に対し、その価値の増加に伴う利益に応じて適切な負担が求められるものとする。
2　土地の価値が地域住民その他の土地所有者等以外の者によるまちづくりの推進その他の地域における公共の利益の増進を図る活動により維持され、又は増加する場合には、土地所有者等に対し、その価値の維持又は増加に要する費用に応じて適切な負担が求められるものとする。

（土地所有者等の責務）
第 6 条　土地所有者等は、第 2 条から前条までに定める土地についての基本理念（以下「土地についての基本理念」という。）にのっとり、土地の利用及び管理並びに取引を行う責務を有する。

> 2　土地の所有者は、前項の責務を遂行するに当たっては、その所有する土地に関する登記手続その他の権利関係の明確化のための措置及び当該土地の所有権の境界の明確化のための措置を適切に講ずるように努めなければならない。
> 3　土地所有者等は、国又は地方公共団体が実施する土地に関する施策に協力しなければならない。
>
> **（社会資本の整備に関連する利益に応じた適切な負担）**
> **第15条**　国及び地方公共団体は、社会資本の整備に関連して土地所有者等が著しく利益を受けることとなる場合において、地域の特性等を勘案して適切であると認めるときは、その利益に応じてその社会資本の整備についての適切な負担を課するための必要な措置を講ずるものとする。
>
> **（税制上の措置）**
> **第16条**　国及び地方公共団体は、土地についての基本理念にのっとり、土地に関する施策を踏まえ、税負担の公平の確保を図りつつ、土地に関し、適正な税制上の措置を講ずるものとする。
>
> **（公的土地評価の適正化等）**
> **第17条**　国は、適正な地価の形成及び課税の適正化に資するため、土地の正常な価格を公示するとともに、公的土地評価について相互の均衡と適正化が図られるように努めるものとする。

　しかしながら、問題はこの後、平成3年の土地税制の抜本改革の成果を確認する間もないほど、急激な速度でバブル経済が崩壊してしまったことにある。地価公示の価格推移で見ると、住宅地の平均価格は平成3（1991）年をピークとして、平成17（2005）年〜19（2007）年まで、15年前後の期間にわたり、3分の1から半値程度まで下がり続けた。一方、株価に目を転じると、日経平均株価は平成元（1889）年12月29日の38,915.87円をピークとして、平成21（2009）年3月10日のバブル後最安値7,054.98円まで、さらに長期間の20年間にわたり、2割を切る水準まで落ち込んでいる。相続対策のため、金融機関や不動産業者、税理士などに薦められるままに土地や株式を購入し

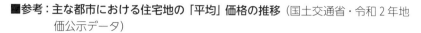

■参考：主な都市における住宅地の「平均」価格の推移（国土交通省・令和 2 年地
　　　　価公示データ）

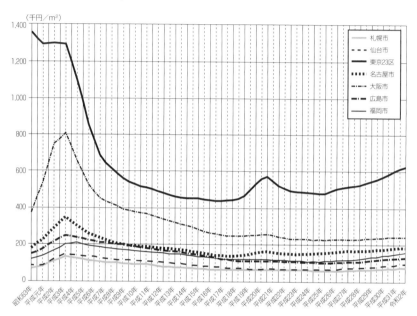

た者たちが、思いの外、節税効果を上回るような実損を被り、極端な
場合には債務超過状態にすら陥って、いわゆる〈相続破産〉との言葉
に象徴されるような地獄を見ることになったのは、皮肉であったとし
か言いようがない。

　そして、そうした経済状況の大きな変化の中で、この年の通達改正
の内容はその大元の契機であった「看過し難い目に余る節税対策」の
流行が霧散した後も、平成 12 (2000) 年改正における「2 要素以上 0
の会社」を「比準要素数 1 の会社」と「比準要素数 0 の会社」に区分
し、前者につき L の割合を 0.25 とする類似業種比準方式との併用方
式を認める緩和措置、平成 25 (2013) 年改正における大会社の株式保
有特定会社の 50％基準の廃止・緩和措置を除いて、ほとんど手を付け
られることなく現在に至っている。節税対策封じを主眼として行われ

た改正内容が、大元の「看過し難い目に余る節税対策」が下火になった後も、ほとんど手付かずに残存していることに関して、不合理を感じている者も少なくないと思うのだが、どうであろうか。少なくとも、この年に改正は当時の経済状況、課税状況に照らせば、正当な根拠を持ったものであったといえる、だが、その後の経済環境の変化に応じて、何も変えようとしないことには違和感を持たざるを得ない。「歪んだ経済事象」に対して「歪な評価制度」（特に純資産価額方式における３年内取得等不動産の時価課税制度・株式等保有特定会社・土地保有特定会社の３点）により、徹底した対抗策を講じたこと自体は特段間違っているわけではないと思うが、これをいつまでも残しておいて本当によいのであろうか。

2　行き過ぎた節税対策封じ②～平成６（1994）年改正～

平成６（1994）年改正（平成６年６月27日課評2-8）

❶ 主な改正点

> ● 純資産価額方式の評価に関し、評価会社が所有する非上場株式につき、現物出資により人為的に作り出された含み益（現物出資時から課税時期の間に生じた正常な経済活動により生じた含み益を除く）に対する法人税等の控除を認めないこととする措置を講じる。

❷ 改正の背景・改正内容の分析とその影響

　本改正は、平成２年改正において手当がなされていなかった「Ａ社Ｂ社方式」と呼ばれる株式の現物出資によって含み益を人為的に作り出すスキームを封じるため考案されたものであり、この前年に同趣旨に基づく平成５年10月15日資産評価企画官情報第１号が出されて課

■参考：A社B社方式節税スキーム概念図

個人 貸借対照表（第 1 段階）

（時価）	（相続税評価額）	（時価）	（相続税評価額）
現金 10 億円	現金 10 億円	借入金 10 億円	借入金 10 億円

個人 貸借対照表（第 2 段階）

（時価）	（相続税評価額）	（時価）	（相続税評価額）
A社株式 10 億円	A社株式 10 億円	借入金 10 億円	借入金 10 億円

［金銭出資］
A 社貸借対照表（第 2 段階）

（相続税評価額）	（帳簿価額）	（相続税評価額）	（帳簿価額）
現金 10 億円	現金 10 億円	資本金等 10 億円	資本金等 10 億円

個人 貸借対照表（第 3 段階）

（時価）	（相続税評価額）	（時価）	（相続税評価額）
B社株式 10 億円	B社株式 4.95 億円 （評価圧縮額） 5.05 億円	借入金 10 億円	借入金 10 億円

［現物出資］
B 社 貸借対照表（第 3 段階）

（相続税評価額）	（帳簿価額）	（相続税評価額）	（帳簿価額）
A社株式 10 億円	A社株式 1 千万円 （人為的含益） 9.9 億円	資本金等 10 億円−9.9 億 × 51％＝ 4.95 億円 （評価圧縮額） 5.05 億円	資本金等 1 千万円 （債産受入差益） 9.9 億円

　税庁としての姿勢が明確になっていたとおり、本改正以前においても、個別具体的事案ごとに、財産評価基本通達総則第 6 項（この通達の定めによって評価することが著しく不適当と認められる財産の価額は、国税庁長官の指示を受けて評価する）を適用して法人税等の控除を否認する旨の対処を行う方針が明示されていたが、本改正の発遣によっ

て、平成 6 年 8 月 1 日以降の課税時期より、そうした例外的な対処方法に代えて、この新通達による原則的なルールとして適用されることとなった。

　この改正の内容につき、国税速報 4679（平成 6 年 8 月 18 日）号掲載の下野博文氏（国税庁資産税課・課長補佐）による改正通達の解説文には「純資産価額方式による株式の純資産価額の算定上、評価差額に対する法人税額等に相当する金額を控除することとしているのは、個人が財産を直接所有する場合と株式という形態を通じて間接的に支配している場合との差を考慮した相続税課税上の斟酌であるから、上記の事案（筆者注：図のような A 社 B 社方式のスキームのこと）のように経済的合理性のない行為により恣意的に時価を圧縮している場合までも、その圧縮額に対応する法人税等相当額の控除を行うことは適当でないことによるものである」と記載され、さらに本規制の対象とする現物出資資産の範囲につき、非上場株式のみならず、出資と転換社債をこれに含む旨が補記されている。

　この改正通達の発遣当時の評価差額に対する法人税等の控除税率は51％であり、上記の下野氏の解説文に「B 社株式を純資産価額で評価する場合、評価差額に対する 51％相当額が控除されるため、A 社株式を現物出資により備忘価額で受け入れたときは、A 社株式が B 社株式振り替わっただけで評価額が半減するという極めて不合理な結果となる」と記載されているとおり、株式評価における斟酌のメカニズムを悪用する者たちによって「評価額の半減」という極端な結果が起きていることにつき、これを許容し難いと考えた当時の課税庁の立場はよく理解できる。

　その後、国際的な競争力を付ける（タックスヘイブンと呼ばれる海外の法人税率が免税もしくは低税率の地域に日本企業の拠点が流出していくことを防止する）といった目的から、元となる法人税率は下落

■参考：評価差額に対する法人税等の控除税率の変遷

控除税率	適用開始時期	適用終了時期	発遣改正通達
47%	昭和 47 年 1 月 1 日	昭和 49 年 4 月 30 日	昭和 47 年 6 月 20 日 直資 3-16
53%	昭和 49 年 5 月 1 日	昭和 56 年 3 月 31 日	昭和 49 年 11 月 14 日 直資 5-14
56%	昭和 56 年 4 月 1 日	昭和 59 年 3 月 31 日	昭和 56 年 9 月 29 日 直評 18
57%	昭和 59 年 4 月 1 日	昭和 62 年 3 月 31 日	昭和 59 年 6 月 21 日 直評 5
56%	昭和 62 年 4 月 1 日	平成 1 年 3 月 31 日	昭和 62 年 9 月 17 日 直評 11
53%	平成 1 年 4 月 1 日	平成 2 年 3 月 31 日	平成元年 4 月 7 日 直評 7
51%	平成 2 年 4 月 1 日	平成 10 年 3 月 31 日	平成 2 年 4 月 5 日 直評 4
47%	平成 10 年 4 月 1 日	平成 11 年 3 月 31 日	平成 10 年 6 月 12 日 課評 2-5
42%	平成 11 年 4 月 1 日	平成 22 年 9 月 30 日	平成 11 年 7 月 19 日 課評 2-12
45%	平成 22 年 10 月 1 日	平成 24 年 3 月 31 日	平成 22 年 6 月 16 日 課評 2-18
42%	平成 24 年 4 月 1 日	平成 26 年 3 月 31 日	平成 24 年 3 月 2 日 課評 2-8
40%	平成 26 年 4 月 1 日	平成 27 年 3 月 31 日	平成 26 年 4 月 2 日 課評 2-9
38%	平成 27 年 4 月 1 日	平成 28 年 3 月 31 日	平成 27 年 4 月 3 日 課評 2-5
37%	平成 28 年 4 月 1 日	現行税率	平成 28 年 4 月 6 日 課評 2-10

の一途を辿り、これに伴って上表のとおり、この評価差額に対する控除税率（当初は清算所得課税、平成 22 年改正以後は通常課税）も逓減し続けた結果、現行の控除税率は 37％となっている。仮に現在の控除税率であれば、相続対策としての効果も「評価額の半減」という結果にまでは至らなかったはずであり、これに最高税率が 70％から 55％

に下がっている現在の相続税の限界税率を乗じた税効果はさらに少なくなるであろう。当時、仮にそうした状況であった際にも同様の改正がなされていたのであろうか。もちろん、こうした疑問は仮定の話ゆえ、誰にも分からないとは思うものの、恐らく、課税庁もここまで強硬な態度には出なかったのではないだろうか。

　なお、本改正の段階においては、規制対象となる取引態様は「現物出資」のみ、対象資産は「非上場の株式・出資・転換社債」のみに限定されていたが、5年後の平成11（1999）年改正（平成11年3月10日課評2-2）において、これが前者は「現物出資又は合併」に、後者は「全資産」に拡大されたため、この時から評価明細書様式の第5表（1株当たりの純資産価額（相続税評価額）の計算明細書）の資産の部の最下段の表示が「現物出資受け入れ株式等の価額の合計額」から「現物出資等受け入れ資産の価額の合計額」に変更されて、現在に至っている。

　こうしたさらなる規制の強化の実施を5年後まで引っ張らねばならなかった理由は判然としないものの、前掲の下野博文氏の解説文に「例えば、現物出資資産が上場株式等の場合や、行為の態様が異なる場合であっても、その現物出資等に経済的合理性が認められないなど、評価基本通達の定めによって評価することが著しく不適当と認められる場合には、評価基本通達6項の適用があり得ることに留意する必要がある」旨の記載があるため、既に平成6年の時点においても、この平成11年改正が対象とするようなスキームは、当然ながら、課税庁の視野に入っていたものと推測される。

　最後に、この改正の〈行き過ぎた節税対策封じ〉の趣旨や狙い自体は、いうまでもなく正当なものであり、課税庁がこうした規制を行うに至ったこと自体は理解できないわけではないものの、「非上場株式の相続・贈与課税における純資産価額方式による評価において、何らの経済的合理性もなく、人為的に作り出された含み益に対しては、通

常認めている法人税等の控除を認めない」ということは、裏を返せば「人為的に作り出された含み益に対して、相続税と法人税等の二重課税の問題が起き得る」という派生問題を誘起させる懸念があることを意味する点を指摘しておきたい。つまり、その現物出資等の取引を行った動機が、いかに不純かつ脱税・脱法的であったとしても、将来、その資産を売却する際には、その人為的に作り出された含み益に対して、評価会社が通常よりも遙かに多額となる法人税等を負担しなければならないことを考えると、相続税の課税段階において、この将来における法人税等の負担額（税効果会計における繰延税金負債的なもの）を何ら考慮しないということは、課税庁がそうしたことを分かった上で、敢えて二重課税を行う選択に踏み切ったことになる。その点に関して、納税者側から何の不満も出ないのだろうか、との疑問、あるいは、それは法の下の平等や財産権の保障を定めた日本国憲法に抵触しないのだろうか、との疑問は残る。

第 **3** 章

非上場株式所有者の
相続対策において
直面せざるを得ない問題点

I 生前贈与を行う際の事前の株価予測の困難性

I 非上場株式の贈与という法律行為の実効性・客観性を担保するための前提条件

　本章の冒頭では、非上場株式の贈与対策を実行する際、一般的に余り触れられることが少ない「贈与という法律行為の実効性」という問題について、あえて一歩踏み込んで述べてみたい。

　そもそも、相続対策としての贈与を行う場合には、当事者が実際にその贈与という法律行為に関与しており（なりすましでない）、なおかつ贈与した時期を客観的に立証する必要があるため、贈与契約書を作成する際には、贈与者・受贈者双方の実印を押印し、印鑑証明書を添付した上で、これに公証人役場の確定日付印などを受けることが望ましい。逆にいえば、そうした厳密な当事者性、契約書作成時期の客観性を備えた贈与契約書だけが、真の意味で信憑性のある「贈与という法律行為の実効性」を具備したものといえるのだが、現実にはそうした厳密性・客観性のある贈与契約書を作成している者は極めて少ないのが実情なのではないかと思われる。なぜなら、贈与は通常、第三者間ではなく、親族間で行われることが圧倒的に多いためだ。

　一般的に、親族間の取引は〈緩い関係性〉の中で行われることが多く、通常は第三者間のように〈利害の対立〉が前提となっていないことから、そのような厳密性や客観性を求めていく土壌が存在しない。そのため、しばしば贈与者、もしくは受贈者の一方のみがこれを起案し、他方の当事者に事後的にそうした契約行為を行うことを追認させたり、ケースによっては、他方の当事者が全く関与しないまま（起案者が他方の当事者になりすまして）、私文書偽造ともいえるような方

法で、一種の辻褄合わせのためだけに贈与契約書が作成されたりすることすらある。さらにいえば、定款により株式の譲渡制限を定めており、贈与契約書の作成以前に、取締役会の譲渡承認とこれを証する議事録の作成が必要となる閉鎖会社の株式を贈与する場合であっても、株式の譲渡（贈与）取引自体が登記事項ではなく、いわゆる利益相反関係も存在しないものと考えられており、議事録の押印は全員認印であっても差し支えないものとされているため、贈与契約書のみならず、取締役会議事録など、贈与行為を補完する全ての書類が〈緩い関係性〉の中で作成されてしまうことになる。

　しかしながら、非上場株式に限らず、株式の贈与はそもそも「贈与という法律行為の実効性」があって初めて成立するものであり、さらにいえば、贈与時期によって贈与税の課税対象となる株式の評価額が変動するものである以上、課税時期を確定させるためのエビデンスには、当然ながら、第三者にも説明することが可能であるような客観性が求められる。したがって、相続対策のために株式の贈与を行う際には、前述したように、贈与契約書に贈与者・受贈者双方の実印を押印し、印鑑証明書を添付した上で、これに公証人役場の確定日付印などをもらうことが望ましく、その法律行為の信憑性を担保するためにも、当事者の双方に対して、そのような厳しさを要求していくことが必要となろう。税理士たるもの、親族間の〈緩い関係性〉を黙認し、少なくとも、贈与時期をねつ造したり、後追いで、辻褄合わせのような贈与契約書を当事者の一方のみが作成するような行為を許容したりしてはならない。それは、贈与行為そのもののねつ造、課税時期の操作を許容することであり、間接的に脱税・脱法行為に関与することに他ならないからだ。

2 非上場株式の贈与を行う際、正確な贈与税額は数ヶ月後に後追いでしか出せない

　上述のように「贈与という法律行為の実行性」やその客観性、信憑性が確保されていることを前提に考えた場合、未上場株式の贈与を行う際に、正確な贈与税の課税価格・贈与税額は、常に後追いでしか算定することができない。なぜなら、類似業種比準方式による株式評価額を算定する際に必要とされる各要素（類似業種の各月の月中平均終値・前年終値平均・各月以前２年間の平均終値・配当金額・利益金額・簿価純資産価額）が国税庁より発表されるのは、課税時期の翌月〜最大５ヶ月後になるためだ。下表は課税時期ごとにその発表時期をまとめたものだが、さらにもう一つ、考えておかなければならない問題として、類似業種の標本会社自体が、年ごとに見直されて入れ替えられる可能性があり、特に11月と12月の類似業種株価は課税時期が翌年になった場合、しばしば前年に発表された時とは数値が変わってしまうという点である。

■類似業種比準価額の各要素に関する課税時期別の個別通達の発遣時期

課税時期	1月	2月	3月	4月	5月	6月	7月	8月	9月	10月	11月	12月
発表時期	6月				8月		10月		11月		翌年1月	

　例えば、建設業を例に取ると、令和2年1月に発表された令和元年11月・12月の「課税時期の属する月の月中終値平均額」は、各々「302円」と「314円」である。これに対して、令和2年6月発表の令和2年の1月を課税時期とした場合の令和元年11月（課税時期の属する月の前々月の月中終値平均）・12月（課税時期の属する月の前月の月中終値平均）の発表値は、各々「309円」と「320円」となっており、一致しない。これは、国税庁が年ごとに標本会社の入れ替えをしているためであり、どの数値を採用するかは、飽くまで課税時期を元として判断しなければならない。

〔参考〕

業種目別株価等一覧表(令和元年11・12月分)

(単位:円)

業 種 目 大 分 類 中 分 類 小 分 類	番号	B 配当金額	C 利益金額	D 簿価純資産額	A(株価)										
					11月分					12月分					
					① 課税時期の属する月以前2年間の平均株価	② 前年平均株価	③ 課税時期の属する月の前々月	④ 課税時期の属する月の前月	⑤ 課税時期の属する月	① 課税時期の属する月以前2年間の平均株価	② 前年平均株価	③ 課税時期の属する月の前々月	④ 課税時期の属する月の前月	⑤ 課税時期の属する月
建 設 業	1	5.7	46	333	299	314	275	286	302	298	314	286	302	314
総 合 工 事 業	2	5.0	46	307	275	291	250	261	277	274	291	261	277	289
建築工事業(木造建築工事業を除く)	3	5.2	60	279	280	302	251	263	294	279	302	263	294	321
その他の総合工事業	4	5.0	42	314	274	288	250	260	273	273	288	260	273	281

〔参考〕

業種目別株価等一覧表(令和2年1・2月分)

(単位:円)

業 種 目 大 分 類 中 分 類 小 分 類	番号	B 配当金額	C 利益金額	D 簿価純資産額	A(株価)										
					1月分					2月分					
					① 課税時期の属する月以前2年間の平均株価	② 前年平均株価	③ 課税時期の属する月の前々月	④ 課税時期の属する月の前月	⑤ 課税時期の属する月	① 課税時期の属する月以前2年間の平均株価	② 前年平均株価	③ 課税時期の属する月の前々月	④ 課税時期の属する月の前月	⑤ 課税時期の属する月
建 設 業	1	6.7	50	353	301	285	309	320	324	301	285	320	324	313
総 合 工 事 業	2	6.2	53	329	284	267	294	305	307	283	267	305	307	298
建築工事業(木造建築工事業を除く)	3	9.3	92	362	422	388	468	490	482	421	388	490	482	467
その他の総合工事業	4	5.4	43	320	249	235	249	258	262	248	235	258	262	254

　いずれにしても、このように類似業種比準方式における株式評価額
を算定する際に必要とされる各要素は、課税時期の数ヶ月後にしか発
表されないため、実際に贈与税の課税価格・贈与税額を算出するため
の評価額の算定が可能なのは、常に贈与対策を実行した後になってし
まう。もちろん、贈与直前に既に発表されている数値を近似値と仮定
して、事前に贈与税の試算をすることは差し支えないと思われるもの
の、そのように予測に基づき試算した贈与税額と、実際に贈与税の申
告をする際に確定した贈与税額との間に大きな乖離が生じてしまい、
「こんなに多額の贈与税を払わなければならないのなら、そもそも、贈
与などしなかった」と納税者からクレームを付けられてしまうことも、
あり得ないことではない。筆者も以前に、そのようなクレームを受け
たことがあり、その時には標本会社の入れ替えがあったことから、事
前の予測値と比べて、最終確定値の評価額が3割強も上昇してしまい、
「こんな不合理なことがあってたまるか」と怒りに震えた納税者が、自
ら税務署に掛け合いに行ったものの、全く取り合ってもらえなかった
という苦い経験がある。

　このように、非上場株式の贈与対策はその評価方法の仕組みと算定
要素の発表時期の問題から、どうしても事前に正確な株価予測を行う
ことが困難な側面があり、ある意味で、納税者に多少のアローアンス
（予測値とのズレが生じる旨の許容）を飲み込んでもらわなければな
らない。その意味において、（贈与に限らず）相続対策はどうしても「予
定通りに行かない」ことを覚悟した上で、実行するしかない面がある
のだが、だからと言って、私文書偽造に手を染め、「バックデータ」の
贈与契約書を作成して贈与時期（課税時期）を事後的に調整するなど
もっての他であり、納税者としても（それを黙認するとしたら）税理
士としても、恥ずべき行為であることはいうまでもない。この点につ
いては、課税庁に対しても「実効性・客観性を持たない辻褄合わせの

ような書類が提出されたとしてもエビデンスとして認めない」という
峻厳さを貫いてもらいたいとすら考えているのだが、この問題はある
いは元々、法制度の不備に起因することであり、本来は法律なり政令
なりで規制すべきことなのかも知れない。

II　2種以上の兼業会社における評価額制御の困難性

1　類似業種比準方式における兼業会社の業種判定のルール

　類似業種比準方式における業種判定や株価の具体的な計算方法については、現在、平成 29 年 6 月 13 日資産評価企画官情報第 4 号・資産課税課情報第 12 号「類似業種比準価額計算上の業種目及び類似業種の株価等の計算方法等について」によることとされている。そこには過去の先例通り、別表「日本標準産業分類の分類項目と類似業種比準価額計算上の業種目との対比表（平成 29 年分）」により、基本的な業種の判定を行うことに加え、二種類以上の業種を営んでいる場合の業種判定は、まず売上シェア 50% 超の業種があればその業種とし、さらにこれがない場合に関するルールが以下のように詳細に定められている。

〈取引金額の割合か 50% を超える業種目かない場合の業種目の判定方法（評価通達 181-2）〉

---

　①　評価会社の事業が一つの中分類の業種目中の 2 以上の類似する小分類の業種目に属し、それらの業種目別の割合の合計が 50% を超える場合
　　⇒その中分類の中にある類似する小分類の「その他の○○業」
　②　評価会社の事業が一つの中分類の業種目中の 2 以上の類似しない小分類の業種目に属し、それらの業種目別の割合の合計が 50% を超える場合（①に該当する場合を除く）
　　⇒その中分類の業種目
　③　評価会社の事業が一つの大分類の業種目中の 2 以上の類似する中分類の業種目に属し、それらの業種目別の割合の合計が 50% を超え

> る場合
> ⇒その大分類の中にある類似する中分類の「その他の○○業」
> ④　評価会社の事業が一つの大分類の業種目中の2以上の類似しない
> 　　中分類の業種目に属し、それらの業種目別の割合の合計が50%を超
> 　　える場合（③に該当する場合を除く）
> 　　⇒その大分類の業種目
> ⑤　上記①から④のいずれにも該当しない場合
> 　　⇒大分類の業種目の中の「その他の産業」

※上記判定の際、小分類又は中分類の業種目中「その他の○○業」が存在する
　場合には、原則として、同一の上位業種目に属する業種目はそれぞれ類似す
　る業種目となる。ただし、「無店舗小売業」（中分類）については、「小売業」
　（大分類）に属する他の中分類の業種目とは類似しない業種目であることか
　ら、他の中分類の業種目の割合と合計することにより50%を超える場合は、
　④により「小売業」となる。

　これらのルールは、技術的にはよく考えられていると思えるものの、
事業年度ごとの売上構成比が余り変わらないことを前提に組まれてい
る面があることに加え、無理矢理一つの業種に決めようとしていると
いう点で、企業の多様性を正確に反映させることより「型に当てはめ
る」ことを優先しているように思えてならない。例えば、三つの業種
を兼業している場合、何らかの方法で税務上の損益計算書や貸借対照
表から業種ごとの判定要素を抜き出し、類似業種比準価額を3種類算
定した上で、これを売上構成比により加重平均する、といった方法を
採ってもよさそうなものだと思うのだが、ここではそのような発想は
採用されておらず、「50%超基準」を重視しようとするあまり、2位以
下の業種による企業活動を事実上ないものとして扱い、それらが混在
した不純物の多い財務諸表をまるで単業会社のものであるかのように
扱おうとしているのが実情であるように思われる。さらに極めつけは
「50%超基準」を満たさない、どこにも行き場のない会社は、全て「そ
の他の産業」に持って行く旨の補完的なルールが末尾に添えられてい

る点である。これでは、**多様な業種をいくつも営んでいる先進的な会社はどれも「その他の産業」になってしまうことになる。**

2　2種類以上の業種を営んでいる場合、売上構成比をコントロールすることは難しい

　近年、製造業を主体に営んでいながら、一方で小売業など、別の事業を並行して行っているような兼業会社も珍しくない。そうした会社において、一方の業種の売上シェアが圧倒的に多い状態であれば何ら問題ないものの、例えば売上シェアが拮抗しており、50％を超える売上シェアを占める業種が年によって入れ替わってしまうような状況になっている場合、これを人為的にコントロールし、一つの業種の売上構成比を常に50％超に固定することは極めて困難になってくる。なぜなら、そもそも会社は相続税対策のために事業を営んでいるわけではなく、各業種の好況・不調の波は多分に外的な要因や制御不能な〈時代の流れ〉のようなものによって左右されてしまう側面があり、さらにいえば、会社は多くの人間が関与することにより変容する〈生き物〉だからだ。

　筆者も、過去にそのような2種類の業種の売上構成比が拮抗しており、年によって、過半数となる業種が入れ替わってしまう会社の株価算定をしたことがあり、ちょっとした売上構成比の変化により、3割前後も株価が変わってしまうことに理不尽を感じざるを得なかった。ただ、税理士として、そうした状況を黙って見ているわけにもいかず、何らかの対策を講じる必要性を感じたため、その時にはリスク分散のための分社（二業種の加重平均的な株価への固定）と、株価が高くなる業種の側の一部業務の関連会社への営業譲渡（株価が高くなる業種の売上シェア引下げによる株価が低くなる業種の50％超基準の確保）等を提案した。**このように、各事業年度の売上構成比が毎年入れ替**

わっているような兼業会社の場合、各業種の年商の実績によって株価が大きな影響を受けてしまうことから、現在の加重平均を認めない株価制度の中では、これに対して我々税理士も知恵を絞り、少しでも有効と思われる対策を実行することを検討していく必要が出てくることになる。

Ⅲ　役員所有の土地を会社が借り受けている場合に留意する必要のある論点

1　借地権の帰属の問題〜基本的には4つのケースのいずれかとなる〜

　同族会社は、創業時から不動産などの資産を所有しているわけではないことが通常であり、実際には役員個人の資産を有償もしくは無償で借り受けて利用しているのが実情であることが多く、むしろそうした姿こそが一般的である、ともいえる。その中で、土地・建物とも役員が所有しており、同族会社が単なる借家人であるケースの場合は、税務上、比較的シンプルな状態にあるため、そこにはさしたる論点もないと考えてよいものの、土地を役員個人が、建物を同族会社が所有しているケースの場合、そこに〈借地権の帰属〉という税務上厄介な問題が関係するため、非上場会社の株式の評価を行う際は元より、オーナー経営者が相続対策を講じようとする際にも、会社に借地権が帰属しているのか否か、帰属しているとしたら、その評価割合はどうなっているのか、といったことを見極めていかなければならない。

　この時、その〈借地権の帰属〉に関する税務上の判定要素として、実務上、まず以下の事実関係を確認していく必要がある。

---

① 　建物は遮風性を備えた堅固なものであるか（構築物に該当するものではないか）
② 　建物は不動産登記法上の表示・保存登記がされたものか
③ 　②で登記されている場合、同族会社が所有権者として適正に甲区に記載されているか
④ 　②で登記されている場合、「登記の目的」欄の記載は「所有権保存」か「所有権移転」か

---

⑤　④の記載が「所有権保存」である場合、建物の建築代金は適正に同族会社が拠出しているか

⑥　④の記載が「所有権移転」である場合、売買契約金額の中に建物代金とは別に借地権価額に相当する代金が含まれているか

⑦　同族会社が役員に支払う地代の年額は、その土地の固定資産税・都市計画税額を安定的に上回っているか

⑧　⑦で安定的に上回っているとして、固定資産税・都市計画税額の何倍程度になっているか

⑨　地代につき、役員個人の所得税、同族会社の法人税の申告上、各々不動産所得の収入金額・損金経理された経費として、損益計算書等において、適正に会計・税務処理されているか

⑩　役員・同族会社間の土地の賃貸借契約書は適正に作成されているか

⑪　⑩の賃貸契約書上、契約の目的は「堅固な建物の所有」となっているか

⑫　⑩の賃貸借契約上、契約期間は何年で、契約終了時の借地の返還に関する定めはあるか

⑬　土地の賃貸借の開始時期から評価（課税）時期まで、どの程度の期間が経過しているか

⑭　土地所有者である役員個人の所轄税務署に対して、同族会社と連名で「相当の地代の改訂方法に関する届出書」もしくは「土地の無償返還に関する届出書」を提出しているか

⑮　過去に同族会社がいわゆる「借地権の認定課税」を受けており、これにより、会計・税務上の貸借対照表に認定された借地権価額が計上されているか

　上記の判定要素には、いくつかの論点が複合的に含まれているが、最初に認識しておかねばならないのは、**所得税・法人税の世界においては、建物・構築物の双方の敷地につき、借地権の存在を認識する**（所得税法施行令第79条、法人税法施行令第138条など）のに対して、**相続税の世界においては、財産評価基本通達そのものが「借地権＝建物の所有を目的とする地上権または土地の賃借権」である旨を定義している借地借家法第2条の規定を援用している**（財産評価基本通達9な

ど）ことから、建物の所有を目的としたものに限定して借地権概念を捉えており、構築物の敷地については、最初からその対象外としている点にある。

　この建物の定義については、不動産登記法の関連法規に「屋根及び周壁又はこれらに類するものを有し、土地に定着した建造物であって、その目的とする用途に供し得る状態にあるもの」（不動産登記規則第111条）との記載がなされており、一般的には雨風をしのげる遮風性を持った建造物を指す。したがって、自走式駐車場や機械式立体駐車場などの敷地については、通常、借地権を認識しない。また、同族会社に借地権が帰属していると認められる旨の判定がなされたとした場合、その取得経緯が無償による（権利金等の対価の支払いがない）のか、有償であった（権利金等、あるいは借地権そのものの対価を支払って、権利を購入している）のかということ、さらに過去に借地権の認定課税を受けているか否か、土地所有者の所轄税務署に対して、この認定課税を受けることを回避するために通達上、是認されている届出書を提出しているか否かも重要な問題になってくる。

　さらに、そもそも同族会社がこの土地を賃貸借（有償かつ土地の固定資産税・都市計画税等を超える地代の収受がある）により借り受けているのか、使用貸借（無償もしくは固定資産税・都市計画税等以下の地代しか収受していない）により借り受けているのかという点、さらに借地契約の期間や賃貸借の開始時期から評価（課税）時期までの経過期間、借地契約終了時の借地の返還に関する定めの有無なども、借地権の帰属・評価割合の判定上、確認を要する事項となる。その他、地代に関する個人・法人の所得申告の状況、建物登記の状況についても、併せて把握していく必要があるのだが、これらの事項を全て確認し、税務上、その判定要素を検証した上で、その借地権の態様を区分すると、必ず次の4つの類型のいずれかに分類されることになる。

■相続税・贈与税の課税上の借地権の４区分

	借地権割合	実務上、考えられるケース
A	路線価等の借地権割合	①　賃貸借の開始時期が古く、地代の金額、個人・法人の所得申告の状況、建物登記の状況、所轄税務署に何ら届出書の提出がないこと等の事実から、法人に借地権が帰属していると考えて差し支えないケース ②　通常の権利金を収受するケース ③　他から借地権を購入したケース ④　過去に認定課税を受けたケース ⑤　使用貸借契約かつ無償返還の届出を提出していないケース
B	相当地代通達２の算式割合	①　権利金の収受がなく、相当の地代を収受し、かつ地代を据え置く旨を選択したケース ②　相当の地代を収受せず、無償返還の届出を未提出のケース（Ａに該当しない場合） ③　権利金を一部収受するケース（Ａに該当しない場合）
C	20%擬制借地権	①　権利金の収受がなく、相当の地代を収受し、かつ地代の改訂を行う旨を選択したケース ②　相当の地代を収受せず、賃貸借契約かつ無償返還届出を提出しているケース ③　Ｂに該当し、その計算結果が20%以下となるケース
D	なし（ゼロ）	使用貸借契約かつ無償返還の届出を提出しているケース

2　路線価等の借地権割合となるケース（表中Ａのケース）

　実務的に最も多いのは、表中のＡの「路線価等の借地権割合」に該当するケースである。この中でも、①の賃貸借の開始時期が古いケースが大半であり、逆にいえば、賃貸借の開始時期が何十年も前であり、地代の金額、個人・法人の所得申告の状況、建物登記の状況等から見て、適正な賃貸借契約が存在しており、これが長年継続していると認められる場合、申告実務においては、所轄税務署に対して特段の届出書の提出がなされていない限り、通常、このＡに区分するものと判断して差し支えない。

　また、②の通常の権利金を収受するケースを見ることは極めて少ないものの、③の他から借地権を購入しているケース、④の過去に同族会社が所轄税務署より借地権の認定課税を受けていることが決算書や法人税の申告書等により類推可能なケースは稀に見ることがある。

　さて、我々税理士にとって、少々厄介なのは、Aの⑤として記載した使用貸借契約かつ「土地の無償返還に関する届出書」を提出していないケースである。この「提出していない」という事実には「提出を失念している」ケースを含む。要は**使用貸借契約により、同族会社が役員所有の土地に建物を建築して利用している場合には、自発的に「土地の無償返還に関する届出書」を提出していない限り、同族会社に対して借地権の認定課税がなされているか否かにかかわらず、理論上、通常の路線価割合による借地権が移転しているものと考えるのだ**。この課税制度が形成された背景には、個人間であるならまだしも、個人と同族会社の間で借地借家法の保護の対象外である使用貸借契約を結ぶこと自体、経済的合理性に乏しく、一種の逸脱行為ともいえるため、これを是認せずに認定課税の対象とすることを原則としてきたという昭和 55 年以前における課税庁の実務慣行がある。

　さらに、その後、この使用貸借契約の存在を例外的に是認する条件として、昭和 55（1980）年の法人税基本通達の改正の際、借地権の移転を伴わない取引である旨を自己申告する手段として「土地の無償返還に関する届出書」の提出が求められることとなったことも密接に関係している。裏を返せば、この改正により、この届出書を提出していない使用貸借契約は全て「賃貸借契約の偽装取引」とみなされることとなり、借地権の認定課税の対象とされたことになる。だが、この時に課税庁によって外堀が埋められたかに見えたこの課税制度が定着した顛末として、殊に**借地権の認定課税が漏れてしまったケースに関しては、必ずしも財産課税と所得課税の厳密な連動性が要求されない課**

税実務の運用上、結果的に路線価割合による借地権が既に（無税で）移転しているものとみなして、相続税・贈与税の課税を考えてよいという一種のエアスポットの存在が黙認されることになったのだ。ただ、この A の⑤のケースの場合、税理士として、借地権の帰属を認識して実務処理をするのは、少々勇気が要ることかも知れない。

3　相当地代通達 2 の算式割合となるケース（表中 B のケース）

　続いて個別通達「相当の地代を支払っている場合等の借地権等についての相続税及び贈与税の取扱いについて」（昭和 60 年 6 月 5 日発遣；課資 2 -58・直評 9 、以下「相当地代通達」という）の 2 に定められた以下の算式によって借地権割合を認識することになるケースだが、このタイプの実例はほとんどの場合、①の権利金の収受がなく、相当の地代を収受し、かつ地代を据え置く旨を選択したケースであると考えてよい。

　殊に地価が上昇局面にあった昭和の末期の頃、「課税時期以前 3 年間の自用地評価額の平均額×6 ％」という異常に高い地代を払ってまで、このような不自然な経済行為が実行されたのは、現在から見れば、その本質が〈地価上昇時にしか効果のない相続対策〉に過ぎないものであったことに気付かず、バブル崩壊が目前に迫っているとは夢にも考えていなかった税理士やコンサルタント、金融機関等によって積極的に薦められていた〈相続対策の潮流の大きなうねり〉が容易に止められないほど大きなものになっていたことを意味している。そこには、この〈相続対策の潮流の大きなうねり〉に乗れば、合法的に借地権価額の全てを借地権者に移転することが可能であると信じた多くの資産家たちによって、当時、盛んにこの対策が実行に移されていたという歴史的な背景がある。

〈相当地代通達 2 に定められた算式割合〉

$$借地権割合 \times \left(1 - \frac{実際地代年額 - 通常地代年額^{※2}}{相当地代年額^{※1} - 通常地代年額^{※2}} \right)$$

※ 1：課税時期以前 3 年間の自用地評価額の平均額× 6 ％
※ 2：課税時期以前 3 年間の自用地評価額の平均額×（ 1 －借地権割合）
　　　× 6 ％

　当時、この相続対策は「自然発生借地権」と呼ばれ、上記算式の「実際地代年額」を定額とし、地価の上昇によりやがてこれを上回る程の水準にまで「通常地代年額」が上昇すれば、分子がマイナスとなり、当初、地主の側に存在していた借地権の全てが借地権者に全て移転するというものであった。また、相続税の評価の世界においては、借地権割合のスタート割合は 20％であるのに対して、法人税の世界ではゼロをスタート地点としているという違い、あるいは上記算式の中にある「借地権割合」や「通常地代年額」の概念が法人税の世界にはない（法人税基本通達 13-1-3 など）といった細かい差異はあるものの、「自然発生借地権」そのものの考え方は、いずれの税法においても、地価の上昇が継続していけば、やがて算式上、 1 から控除するものがゼロ（相続税の場合）、もしくは底地割合（法人税の場合）になった時点で、全ての借地権が無償かつ自然発生的に地主から借地人に対して合法的に（認定課税の対象となることなく）移転するものと考えられていた。

　無論、この対策は地価の上昇時にしか意味をなさないものであり、現実に平成 2 （1990）～ 3 （1991）年にかけて、バブル経済が崩壊した後、地価が大幅かつ壊滅的に下落する事態が発生するに及んで、同族法人に移転していたはずの借地権割合の一部が個人に戻ってしまうという、想定外の逆行が生じた。さらに、それまでは何とか支払えていた法外ともいえる「相当の地代」が、景気の悪化と地価下落時の 3 年平均のメカニズムの不条理（地価の上昇を前提として、地代額を緩

■地価上昇時の自然発生借地権の概念図（路線価等の借地権割合が 70％の場合）

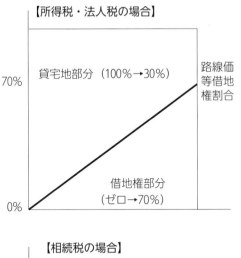

【所得税・法人税の場合】

70%

貸宅地部分（100%→30%）

路線価
等借地
権割合

借地権部分
（ゼロ→70%）

0%

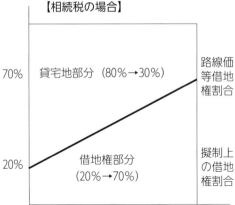

【相続税の場合】

70%

貸宅地部分（80%→30%）

路線価
等借地
権割合

20%

借地権部分
（20%→70%）

擬制上
の借地
権割合

和するために設けられた措置が、逆に地価下落時にはこれを不相当に
引き上げる要因となった）により、とても支払えないという事例が多
数発生するに及び、この「自然発生借地権」による相続対策は平成10
年（1998）年頃に至って、その存立根拠を失い、完全に終焉を迎えた
といえよう。なお、実務上、Ｂの②と③に該当するケースはほとんど
目にしたことがないものの、一応、あり得なくはないケースとして押
さえておく必要があろう。

4　20％擬制借地権となるケース（表中 B のケース）

　本書では、相続税の課税体系独自の考え方である 20％の借地権を〈擬制借地権〉と呼ぶこととする。これは、所得税・法人税の世界ではゼロとして認識されているものを、相続税の世界においてのみ、評価の体系上、「本来ないものをあえて擬制して認識しているもの」だからである。この 20％の擬制借地権割合の大元の根拠は財産評価基本通達 25（貸宅地の評価）にある。そこには、同通達 27（借地権の評価）において、その価額を「評価しない」とした「借地権の設定に際しその設定の対価として通常権利金その他の一時金を支払うなど借地権の取引慣行があると認められる地域以外の地域にある借地権」の目的となっている土地を評価する際「借地権割合を 100 分の 20 として計算した価額とする」旨の定めが置かれている。ここでは、借地権そのものは「評価しない」のに対して、貸宅地は「80％相当額によって評価して差し支えない」旨の納税者有利の配慮がなされている。

　さらにいえば、評価体系の根幹にこの「足して 100％にならなくてもよい」とする貸宅地所有者に対する配慮が存在している（後述する非上場株式のオーナーの相続の時は別として）ため、この取扱いとのバランスを取る都合上、相当地代通達における借地権割合のスタートは常に 20％になる（相当地代通達 6 ～ 8 ）。

　バブル経済の崩壊に伴い「相当の地代」を支払うことによる「自然発生借地権」の仕組みに依拠した相続対策が概ね終焉を迎えたと考えて差し支えない状況にある現在、この 20％の擬制借地権割合を見るケースは、通常、C の②の相当の地代を収受せず「土地の無償返還に関する届出書」を提出しているケースであると考えてよい。無論、その大前提として、地代年額が土地の固定資産税・都市計画税等を上回る賃貸借契約が締結されている必要がある。

5　なし（ゼロ）となるケース（表中Dのケース）

　最後に借地権割合がゼロとなるケースは極めてシンプルであり、使用貸借かつ「土地の無償返還に関する届出書」を提出しているケースのみである。これについては、特段の解説を要しないと思われるが、Cの②としたつもりで、知らぬ間に地代額が土地の固定資産税・都市計画税等以下となっているケースや、資金繰りの関係で地代を支払ったり、支払わなかったりといったケースなどもこれに含まれることに留意する必要がある。逆に言えば、Cの擬制借地権割合を確保して相続対策を実行したつもりで、それが不本意ながらゼロとなってしまうリスクを考えると、我々税理士にとって、**地代年額と土地の固定資産税・都市計画税等との関係は、相続対策上、常にチェックしておく必要がある項目の一つになっている**、ということを認識しておかなければならない。

6　非上場株式の評価において20％の擬制借地権の計上を要するケース

　ここで、非上場会社の株式の評価における純資産価額の算定上、同族会社に帰属する20％の擬制借地権割合の計上要否に関して、念のために実務上の留意点に触れておこう。

　結論からいうと、この20％の擬制借地権を純資産価額に計上するのは、土地と非上場株式の双方を被相続人または贈与者が所有していた場合に限られる。逆にいえば、非上場株式が相続財産または贈与財産になっていた場合であっても、被相続人または贈与者がその同族会社が所有する建物の敷地を所有しておらず、別の親族なり他人なりがこれを所有していた場合には、20％の擬制借地権を計上する必要はない。この点に関しては、元々、昭和の時代に発遣されたかなり古い個別通

達（相当地代通達 8 なお書きが留意を促している昭和 43 年 10 月 28 日直資 3 － 22）がその計上根拠となっているが、この通達自体は相続の場合にしか触れていないものの、平成 27 年 3 月 25 日裁決（TAINS F0-3-419）等の判断により、贈与の場合にも適用され得ることが明示されている点を確認しておく必要がある。

　また、被相続人または贈与者が土地を相続人や親族と共有していた場合には、その共有持分に応じて借地権を計上すればよく、例えば土地を被相続人が 1/2 しか所有していなければ、擬制借地権の計上についても 1/2 相当額だけでよいこととされている。この点については、平成 16 年 12 月に作成された東京国税局課税第一部資産税課・資産評価官による「資産税審理研修資料」（TAINS 相談事例 707122）に明示されているものの、こうした枝葉ともいえる論点につき、詳しく記載している解説は見当たらない。

　なお、このように**非上場株式の純資産価額の算定上、資産の部に擬制借地権を計上するか否かが問題となるのは、この借地権が飽くまで相続税の世界における擬制概念に過ぎず、所得税や法人税の世界では認識されないものであって、事実上、経済的価値を伴う実体がないためである。**換言すれば、A の路線価等の借地権割合、B の相当地代通達 2 の算式割合によるべきケース（このケースにおいて、スタート地点が 20％である点のみは相続税独自のものだが、最高で A の路線価等の借地権割合を認識する点においては、全税目とも共通の考え方である）においては、それらの借地権自体に経済的価値を伴う実体があるため、被相続人または贈与者がその同族会社が所有する建物の敷地を所有しているか否かにかかわらず、常にこれを純資産価額の資産の部に計上しなければならない。つまり、非上場株式の評価において、その計上を要するか否かが論点となるのは、常に C の擬制借地権の場合のみとなる。

7　20％の擬制借地権上の建物が貸家である場合、20％を14％に改定する

　もう一つ見落とされがちな論点として、20％の擬制借地権上にある同族会社が所有する建物が貸家であった場合、この借地権につき、「貸家建付借地権」としての評価を行ってよいか否かという問題がある。

　このケースは、実務上の基準が相当地代通達などに明記されていないため、判断に迷う向きもあるかも知れないが、結論からいうと、擬制借地権割合の20％をこれに（１－借家権割合30％）を乗じた14％に改訂して評価することとなる。これは、擬制であるか否かにかかわらず、財産評価上、借地権として認識された瞬間に、それが貸家の所有を目的としたものであれば、借地借家法の制限を受けるものとなることから、あえて自用借地権と同じ評価額として借家権控除を行わない理由がないためである。

　この点についても、課税庁の内部文書である平成16年12月に作成された東京国税局課税第一部資産税課・資産評価官による「資産税審理研修資料」（TAINS評価事例708046）に明示されており、「第三者に貸し付けられている貸家の敷地たる借地権には、借家人の敷地利用権（自用地の価額×借地権割合×借家権割合）が生じていることから、自用の借地権とは、当然に価値が異なると考えられ、あえてその土地の価値を個人と法人とを通じて100％顕現させる必要はない」旨が記載されている。

Ⅳ 土地保有・株式等保有特定会社制度による対策実行上の制限

I 元首相・田中角栄の相続税の税務調査において、国税局は河川敷の測量を断行した

　既に四半世紀を過ぎた過去の話であるが、平成 5 （1993）年に亡くなった元首相・田名角栄の相続税の期限内申告において、その支配下にあった同族会社・越後交通及び長鉄工業（親会社）の株式は、いずれも大会社かつ一般の評価会社として、いわゆる類似業種比準方式によって評価され、申告されたという。これに対して、東京国税局の資料調査課は、それらの子会社が保有する信濃川河川敷を測量して（あるいは、何らかの方法で測量図を入手して）、17％弱の縄伸びがある旨の事実を掴み、これを元に子会社株式を再評価することにより、2 社の親会社の株式保有割合がいずれも 25％以上となることから、株式保有特定会社に該当する（8 億円→ 51 億円）ものと認定し、他の財産も含め、78 億 3,000 万円もの申告漏れを指摘した、といわれている。

　上記はノンフィクション・ルポ、立石勝規著『田中角栄・真紀子の「税金逃走」』（講談社文庫）からその税務調査の概要をまとめたものに過ぎず、田中角栄の相続税の申告書や取引相場のない株式の評価明細書そのものが公開されているわけではないため、多少、事実と異なっている点もあるかも知れない。だが、見逃せないのは、**当時 25％以上**（現在は平成 25 年 2 月 28 日東京高等裁判所による課税庁敗訴判決により、中会社・小会社と同様に 50％以上となっている）**とされていた大会社の株式保有割合による株式保有特定会社の判定基準が元となり、現実に 43 億円もの評価増となる事例が実在した**という事実である。株式保有特定会社（現在は「株式等保有特定会社」）に該当するか

否かで、これだけ評価額が変わってしまうというのは驚きであり、この「行き過ぎた節税対策を封じる」ことを主眼として導入された税制の怖さを如実に表しているものといえよう。

　さらにいえば、元大蔵大臣でもあった田中角栄は、当然、この25％基準を意識してグループ会社の運営を行っていたに違いなく、国税局がその盲点を突いて、過去の為政者・管轄大臣に対して、一種の意趣返しを図ったと思われる側面がある点も興味深い。同書の著者・立石勝規氏（元毎日新聞社編集委員・論説委員）によれば、「長く政治権力を手中にしていた田中角栄は、私の世界では、逆さ合併など、殊に同族会社を絡めた所得税・法人税に関する巧妙な租税回避行為に手を染める常習犯であり、その生前、税理士並みの知識と知恵を駆使して、旧大蔵省・国税庁に何度も悔しい思いをさせていたことに対して、本人の死後、遺族に対して一種の復讐を図ったもの」とされている。

　その後、平成9（1997）年に持株会社を「子会社の株式の取得価額の合計額の会社の総資産の額に対する割合が50％を超える会社」と定義することとした独占禁止法の改正があり、これを一つの根拠として、前記平成25年の東京高裁判決が「会社の株式保有に関する状況が、株式保有特定会社に係る評価通達の定めが置かれた平成2年の評価通達改正時から大きく変化していることなどから、株式保有割合25％という数値は、もはや資産構成が著しく株式等に偏っているとまでは評価できなくなっていた」と判示したことにより、この25％基準は廃止された（TAINS Z263-12157）。

　元首相の税務調査の実施時期直後に独禁法の改正があった事実を考慮すると、この歴史に残る税務調査は、一歩間違えば、その課税根拠を失う可能性がある中で行われたことになり、極めて限定的な時期にしか有効性を持たない内容であった。だが、土地の測量によって、非上場株式の評価額が大きく変わり得るという事実を示している点で

は、今後も実効性を持つ側面を有しており、土地という価格変動資産を課税客体とする相続税の申告実務に携る立場からすれば、重要な先例として、記憶に留めるべき内容といえるだろう。

2　土地保有特定会社の判定上、20％の擬制借地権も判定要素に含める（確定判決）

「土地保有特定会社の判定上、20％の擬制借地権も判定要素に含める」という論点は取引相場のない評価明細書の記載上、本来、迷いようのないことではないかと思えなくもない。だが、現実に争訟事案があったため、念のために、土地保有特定会社の判定上、前項のⅢでも紹介した20％の擬制借地権割合を含めるべきか否か、という論点について触れておく。

まず、例えば役員である被相続人所有地の上に同族会社所有の建物が建っており、その土地の賃貸借に関して、当該役員の所轄税務署に対して同族会社と連名にて「土地の無償返還に関する届出書」が提出されている場合において、被相続人の所有地は個別通達「相当の地代を支払っている場合等の借地権等についての相続税及び贈与税の取扱いについて」（昭和60年6月5日発遣；課資2-58・直評9、以下「相当地代通達」という）の8の取扱いにより、自用地評価額の80％相当額で評価し、同時にそのなお書きの規定により、個別通達「相当の地代を収受している貸宅地の評価について」（昭和43年10月28日直資3-22）が援用されて、同族会社の株式の純資産価額の算定上、資産の部に20％の擬制借地権が計上されることとなる。

この20％の擬制借地権は、この時点で既に純資産価額の評価上、資産として算入されているものであり、これを土地保有特定会社の判定から除外する余地はないのではないかと思われるものの、平成21年の芝税務署を所轄とする相続事案において、これをその判定に含める

べきか否かが争われた。その結果、平成 27 年 7 月 30 日東京地方裁判所判決（平成 25 年（行ウ）第 186 号相続税更正処分取消請求事件、納税者敗訴、確定判決; TAINS Z265-12706）により、「土地保有割合の計算上、分母及び分子のいずれにも算入されるべきものである」旨が判示された。

　この争訟において、原告の納税者は一方で相当地代通達がその 5 で「借地権が設定されている土地について、『土地の無償返還に関する届出書』が提出されている場合の当該土地に係る借地権の価額は、零として取り扱う」旨を定めていることを根拠として争ったようだが、この 5 の取扱いは擬制借地権が同族会社に帰属するケースではなく、被相続人に帰属するケースを想定しているものであり、こうした論法は、都合よく納税者有利の規定を援用した一種の「いいとこ取り」の考え方に過ぎないため、失当といわれても仕方がないであろう。

　しかしながら、このように 20％の擬制借地権をめぐって、様々な税務争訟が起きてしまうのは、これが相続税独自の概念であり、あくまで所得税・法人税の世界ではゼロ（無価値）でしかないものを、相続税の世界においてのみ、あたかも存在しているかのように擬制して、その貸宅地の評価額を自用地評価額の 80％とする取扱いとしているためである。次項でも触れるが、その大元の根拠は財産評価基本通達 25（貸宅地の評価）にあり、そこに同通達 27（借地権の評価）において、その価額を「評価しない」こととしている「借地権の設定に際しその設定の対価として通常権利金その他の一時金を支払うなど借地権の取引慣行があると認められる地域以外の地域にある借地権」の目的となっている土地を評価する際に「借地権割合を 100 分の 20 として計算した価額とする」旨が定められているためなのだが、こうした納税者を有利とするための取扱いが、一方でしばしば争訟の材料もしくは論拠になってしまうのは、ある意味で皮肉としかいいようがない。

3 土地保有特定会社の判定上、棚卸資産としての土地も判定要素に含める（質疑応答）

　もう一点、土地保有特定会社の判定上、留意すべき論点に触れておこう。購入した土地に区画形質の変更や建物の建築等の加工を行った上で、販売業者やエンドユーザーに販売することを業とする開発業者や建売業者などの法人にとって、仕入れた土地は固定資産ではなく、棚卸資産として位置付けられることとなる。この棚卸資産としての土地が、土地保有特定会社の判定上の土地に含まれるか否かについては、評価通達のどこにも明確に記載されていない。棚卸資産としての土地に関する評価については、従来から「土地、家屋その他の不動産のうちたな卸資産に該当するものの価額は、地価税の課税価格計算の基礎となる土地等の価額を評価する場合を除き、第6章≪動産≫第2節≪たな卸商品等≫の定めに準じて評価する」旨の取扱いがある（評価通達4-2）ため、路線価等による評価は行わず、事実上、正常な取得原価（評価通達133(1)を分かりやすく要約して言い換えたもの）で評価されることとなり、必ずしも一般的な固定資産としての土地の評価額とは一致しないことから、判断に迷う向きも多いのではないだろうか。

　この点に関しては、国税庁の質疑応答事例の「不動産販売会社がたな卸資産として所有する土地等の取扱い」に明確な回答があり、「判定の基礎となる土地等（土地及び土地の上に存する権利）は、所有目的や所有期間のいかんにかかわらず、評価会社が有している全てのものを含むこととしていますので、たな卸資産に該当する土地等も含まれることになります」との記載があり、その他、大阪国税局の資産評価官による研修資料「誤りやすい事例」（財産評価関係平成30・平成29年）など、課税庁の内部（恐らくは職員の研修のための）資料にも同様の記載があることから、事実上、この考え方が課税庁の指針となっているものと考えて差し支えないだろう。

　逆にいえば、なぜ、このような単純なことを評価通達の中に（改正事項として）織り込まず、わざわざ質疑応答事例で補完する必要があるのか不思議でならない。税務の指標は、「幹」（本法・基幹通達）に付け足された多くの「接ぎ木」（措置法・情報・質疑応答事例）によって、全体の体系が維持形成されているため、「幹」の部分だけを見ても、その全貌が分からないようになっているものが多い。その意味において、素人にとっては、極めて理解しにくい状態で運営されているといわざるを得ず、だからこそ「幹」と「接ぎ木」の関係や、その全体の体系に精通した我々税理士の存在意義があるのだろう。

V　役員・会社間の長期性の債権・債務がある場合に留意する必要のある論点

I　役員が同族会社に対して長期性の債権（科目は役員借入金）を有している場合（1）

　一般的に同族会社は、事業遂行のための運転資金などにつき、金融機関から融資を受けるという方法を採らずに、資本金とは別に役員から借入れを起こすことにより調達していることも多く、さらにいえば、役員から事業の遂行上必要な不動産を購入し、その資金を長期未払いの状態のままにしているといった事象も散見される。その結果、貸借対照表の負債の部には、多額の役員借入金が計上されることとなり、その金額が千万単位、億単位となることも決して珍しいことではない。こうした同族会社は、不動産の時価と相続税評価額との間に乖離があることも影響し、よほど事業そのものの収益性が良い場合は別として、しばしば相続税評価額ベースでは債務超過の状態になっていることも多く、その帰結として、非上場会社の株式評価額はゼロと算定されてしまうことになる。

　無論、こうした財務諸表の内容を示した同族会社が、決して健全な経営状態にあるとはいえないことも確かなのだが、問題は、このような非上場会社の株式が、その評価額だけに着目した場合には、相続税の重税感とは無縁に見える一方で、実は極めて厄介な事象を内包していることにある。それは、**役員借入金の債権者が被相続人でもある場合、多額の貸付金がそのまま相続財産となり、一朝一夕には回収することができない「絵に描いた餅」に過ぎない債権に対して、その同族会社が経営破綻状態にあることが客観的に証明できない限り、極めて重い課税がなされてしまうことにある**。相続が発生してから次の相続

までの期間は、世代交代の一般的な年数から考えると、通常、30年程度である。仮に同族会社が経営破綻の状態になく、細々と利益を上げていたとしても、その債権額から見れば「焼け石に水」の収益に過ぎず、この30年の期間ではとても回収することができない債権が額面で評価されてしまうことに対して、感覚的に抵抗を持つ者も少なくないのではないだろうか。自分自身が生きているうちに回収できない債権を課税対象とし、次の世代にその回収義務を先送りすることを前提に、そうした「絵に描いた餅」に対して、相続税の課税がなされてしまうことに承服できる納税者の方がむしろ少ないように思われる。

〈貸付金の回収可能額を巡る通達や裁決事例・判例等の疑問点〉

> ①　通達が例示するような確定的な経営破綻状態にある会社は、ほとんど存在しない。
> ②　審判所や裁判所は、回収可能額を100（全額回収可能）かゼロ（全額回収不可能）の二分法でしか見ておらず、それらの間にある中間値を許容しようとしない。
> ③　零細企業が億単位に及ぶ貸付金を回収しようとすれば、極めて長期の時間が掛かり、それは世代交代の一般的な年数である30年を遙かに超えてしまう可能性がある。
> ④　債権の時価という観点、納税者の担税力の観点から考えても、回収に極めて長期の時間を要するような債権を額面で課税するのは明らかに不合理であり、酷である。

　この問題に関しては、評価通達205に一応の指標があり、「貸付金債権等の評価を行う場合において、その債権金額の全部又は一部が、課税時期において次に掲げる金額に該当するときその他その回収が不可能又は著しく困難であると見込まれるときにおいては、それらの金額は元本の価額に算入しない」と記載されているとおり、一応は回収可能額で評価してよいとする基準があるものの、この文章の前半部分で

は手形交換所の取引停止処分や更生債権・破産債権等として法的な手続が開始されている場合が例示として挙げられており、通常、そのようなあからさまな経営破綻状態にある会社は、相続実務においては、ほとんど存在しない。問題は、その後半部分の「その他その回収が不可能又は著しく困難であると見込まれるとき」に該当するか否かに関する事実認定について、福岡高等裁判所平成28年7月14日判決（平成28年（行コ）第10号相続税更正処分取消請求控訴事件、TAINS Z266-12880）、東京国税不服審判所平成29年3月9日裁決（東裁（諸）平28-99、TAINS Z267-12992）、大阪国税不服審判所平成31年1月11日裁決（大裁（諸）平30-42、TAINS F0-3-672）など、実務の世界で多くの争いがあるものの、納税者が勝っている争訟事例がほとんど見当たらないことにある。

　基本的に、この論点に関する裁判所や審判所の判断は、全て100（全額回収可能）かゼロ（全額回収不可能）の二分法でしか見ておらず、中間値を全く許容しない発想でしか判断していないように見える。だが、果たして、裁判官や審判官たちは、いわゆる零細企業が億単位に及ぶ貸付金を回収しようとすれば、極めて長期の時間が掛かり、それは場合によって、世代交代の一般的な年数である30年を遙かに超えてしまう可能性があることに気付いているのであろうか。極端な言い方をすれば、**100年掛かってようやく回収できるような（恐らく、第三者は誰も買わないような）債権を全額回収可能であるとして額面金額により課税対象とするのは、担税力の観点から見ても、明らかに酷な課税をしている**ことを理解しているのだろうか。また、そのような特殊な状況にある同族会社に対する貸付金を杓子定規に額面で評価することについて、合理的な根拠があるのか否かは甚だ疑問であると言わねばならず、少なくとも一部回収可能、一部回収不可能というのが、実際の納税者の感覚に近いのではないだろうか。実務的な判断とし

て、回収可能額を 100 でもゼロでもなく、例えば 30 や 50 や 70 といった中間値的な数値として求めていくといった余地は全くないのであろうか。

　この論点に関して、実務上、回収可能額を算定する指標が何もないため、一種の理論値を検討していくしかないわけだが、例えば下記のような算式によって得られた理論値を回収可能額とみなすという方法も一考に値しよう。

〈回収可能額の簡便的な算定方法の例示〉

> ①　B/S ベースの回収可能理論値
> 　　＝「実質総資産時価※1×役員借入金／総負債時価」
> ②　P/L ベースの回収可能理論値
> 　　＝「単年予想利益※2×（1−実効税率）×30 年」※3
> 　　※1　総資産時価−含み益に対する繰延税金負債
> 　　※2　キャッシュフローベース（減価償却費は加算、借入金の元金返済は減算）
> 　　※3　一般的な世代交代の平均周期は 30 年とされているため
> ③　（①＋②）×1/2 を回収可能額とみなす

　筆者は過去に①の方法のみを用いて回収可能額を算定した更正の請求事案において、某税務署においてこれを是認されたことがあるが、どうもその後の実務の判断は厳しくなる一方であり、その後、認められた事例は皆無である。また、争訟に至ると、通達列挙事由と同視できる程度に「債務者が経済的に破綻している」、「債務者の経済状態等の悪化が著しい」、「債務者の資産状況及び営業状況等の悪化が著しい」ことから「回収の見込みがないことが客観的に明白である」ことが求められてしまうため、結果的に納税者が勝つ余地はほとんどないこととなる。したがって、上記の回収可能額の簡便的な算定方法の例示が、現段階において課税庁に認められる可能性は極めて低く、その意味に

おいては、何ら実務の指標にはならないものに過ぎないかも知れないが、この問題に関する**中間値を許容しない実務の運用は明らかに不合理である**との思いを払拭することができないため、**筆者なりのバランス感覚から、ここにあえて問題提起をしておく。**

　もちろん、税理士として、このような厄介な債権をそのまま額面で課税されないよう、事前に①同族会社の繰越欠損金の範囲で行う債権放棄、②代物弁済、③デッド・エクイティスワップなどの対策を講じることも重要なことであり、被相続人が生存中にその同族会社の関係者等から相談を受けていれば、そのような対策を実行できる場合も少なくない。だが、残念ながら、相続事案はそれまで関与していない納税者と初めて出会い、課税時期が到来した後になって事後的に委任を受けることも多いのが現実である。こうしたケースは非上場会社の株価はゼロとなる一方、申告書の第11表の貸付金の評価額をどのような数値として申告していくかは極めて悩ましい問題であり、現状の実務や争訟の状況をきちんと説明した上で、納税者とよく話し合って申告する必要があろう。

2　役員が同族会社に対して長期性の債権（科目は役員借入金）を有している場合（2）

　ここで、同族会社ゆえに起こり得る負の側面にスポットを当てつつ、上記と同様に役員が同族会社に対して長期性の債権を有している場合の別の論点について、考えてみたい。

　一般的に、同族会社と役員との間の取引によって生じた債権債務は、必ずしも実体があるものばかりとは限らず、いわゆる架空取引の辻褄合わせの結果でしかないこともあるため、その資金の流れや返済の状況等を確認しつつ、それらが実体を伴ったものか否かの確認を行う必要がある。具体例を挙げると、租税回避の手段としての架空経費の相

手勘定として役員借入金が使われているようなケースでは、「外注加工費／役員借入金」といった通常ならあり得ないような仕訳が切られていることがある。

　いうまでもなく、このようにして生じた役員借入金には実体がないため、たとえ貸借対照表に数値が入っていたとしても、純資産価額の計算上、これを減額して考えるべきであり、これをそのまま計上してはならない。もちろん、その債権者が同時に被相続人でもあった場合、相続財産としての債権にも実体がないこととなり、そもそも貸付金として財産に計上する必要がないこととなる。ただし、このように**財務諸表の信憑性そのものに異議を唱えるような変則的な処理を行うためには、当然ながら、課税庁に対して合理的な説明をしなければならず、さらにこうした処理を行うこと自体が過去の同族会社の租税回避行為を納税者自ら自白することを意味するため、事前に（委任契約を解除される覚悟で）納税者との調整を行う必要があろう。**

3　役員が同族会社に対して長期性の債務（科目は役員貸付金）を有している場合

　同様に、同族会社ゆえの負の側面にスポットを当てつつ、今度は役員が同族会社に対して長期性の債務を有している場合について、考えてみたい。よく見かけるのは、建設業などにおいて、公共事業の入札資格（基本的に黒字企業しか参加できない）を得るために粉飾決算が行われており、その粉飾の相手勘定として役員貸付金が使われているようなケースである。こうした例では「役員貸付金／売上」といった意味不明の仕訳が切られることによって、意図的に売上高が水増しされているわけだが、先程と同様にこのようにして形成された役員貸付金には実体がないため、非上場会社の株式評価における純資産価額の計算上、貸借対照表上の数値をそのまま移記してしまうのは、正しい

処理とはいえない。もちろん、その債務者が被相続人でもあった場合、その同族会社からの借入金を相続債務と認めてしまったら、それは架空債務を計上したことに他ならないこととなる。

　ただし、こうしたケースの事案を手掛けることになった場合、このように正しい処理をすることについて、納税者（相続人）なり、同族会社の現経営者の協力を得られないことも多く、彼らが頑として粉飾の事実を認めないスタンスに立ってしまった場合、残念ながら、税理士としてできることは自ずと限られてしまうのが実情である。その意味において、**相続事案というのは、良くも悪くも否応なしに被相続人等の過去の「生き様」を晒してしまう側面があり、さらに「触れてはならないタブー」をむき出しにしてしまう側面があることを認識しておく必要があるのかも知れない。**

第 4 章

非上場株式の評価上、必ず押さえておきたい論点・間違えやすい論点

I　総論

1　「超」基準が採用されている場合の判定要素の端数の取扱い

　非上場株式の評価に際して、国税庁が定めた様式「取引相場のない株式（出資）の評価明細書」の記載にあたって、大多数の税理士がこれを会計ソフトに入力することを通じて作成しているものと思われるため、通常は意識することなく正しい処理を行っているものと推測されるものの、明細書の中の端数処理の問題に関して、やや見落とされがちな論点が二つある。その二つの論点を明確にするため、仮に手書きでこれを記入する状況を想定して、この点について述べてみたい。

　「取引相場のない株式（出資）の明細書」には、評価方法の判定のた

明細書様式	記載欄	判定要素	判定の内容	端数の取扱い
第1表の1	⑤⑥	議決権割合	株主区分（50％超）[50％超51％未満の時のみ]	1％未満切上げ
			株主区分（50％超［原則］・30％以上・15％以上）	1％未満切捨て
第1表の2	上段右	従業員数	会社規模とLの割合（35人超・20人超・5人超）	小数点2位を切上げ、1位まで記入
			会社規模等とLの割合（5人以下）	
第2表	③	株式等保有割合	株式等保有特定会社の判定（50％以上）	1％未満切捨て
第2表	⑥	土地保有割合	土地保有特定会社の判定（70％以上・90％以上）	1％未満切捨て

め、あるいは評価額の算定要素とすることを目的として、様々な数値を記入する欄があり、大原則として、大半の欄は「表示単位未満切捨て」によって記載することになっている。ただし、「表示単位未満切捨て」で記載してしまうと、具合の悪いものが二つだけ存在する。それは、いずれも評価方法などの判定に関わる部分であり、なおかつ、「以上」、「以下」基準ではなく「超」基準が採用されているものである。

　具体的には、左記の表のとおりなのだが、まず、株主区分の判定を行う際の議決権割合のうち、筆頭株主グループの議決権割合が50%超の場合、納税義務者の属する株主グループが同族株主等に該当するか否かの判定は、議決権割合が50%超となっている（すなわち、納税義務者の属する株主グループが筆頭株主グループとなっている）か否かにより行う。この際に、例えば納税義務者の属する株主グループの議決権割合が50.3%となっているとしたら、これを切り捨てて表示してしまうと、50%となってしまい「50%超」基準を満たさないものと判定されてしまうリスクがある。そこで、国税庁が定めた評価明細書の「記載方法等」では、**第1表の1⑤・⑥欄の割合は、原則として1%未満の端数を切り捨てて表示することとしながら、「なお、これらの割合が50% 超から51% 未満までの範囲内にある場合には、1 % 未満の端数を切り上げて「51%」と記載します」**との補記がなされている。

　また、会社規模とLの割合の判定を行う際の従業員数基準は、小会社に該当する場合の「5人以下」基準以外は「35人超」、「20人超（35人以下）」、「5人超（20人以下）」と全て「超」基準が採用されている。このため、ここでは週30時間以上勤務条件を満たす継続勤務従業員以外の者、すなわち中途入社の者や、この条件を満たしていないアルバイトやパートなどの非正規雇用の従業員につき、総労働時間を1,800時間で除して換算することによって生じる（常に整数とならない）「みなし従業員数」がこれらの基準の運用上、無視できない影響を

及ぼすことになる。具体的には、この「みなし従業員数」が加算された人数を第2表の上段右側の「従業員数」欄に記載する際、小数点第2位以下を切上げた上で第1位までの端数を記入する（例、5.01人→5.1人、4.99人→5.0人）ようにしないと正確な判定ができないのだ。

　この点につき、同様に評価明細書の「記載方法等」では**第1表の2の従業員数**につき、「上記により計算した評価会社の従業員数が、例えば5.1人となる場合は従業員数「5人超」に、4.9人となる場合は従業員数「5人以下」に該当します」との注記がなされており、これによりそうした直接的な記載はなされていないものの、間接的に**小数点第2位以下を切り上げた上で、小数点第1位までの端数を記入すること**を要請しているものと推測される。

POINT 「超」基準が採用されている場合の判定要素の端数の取扱い

> 　非上場株式の評価において、評価上の株主区分・会社規模とＬの割合・特定会社の判定を行う際、「超」基準が採用されている判定要素の記載を行う場合は、原則とおり「表示単位未満切捨て」とせず、例外的に50%超51%未満の時のみ「表示単位未満切上げ」とする場合（議決権割合）、もしくは「小数点第2位以下を切上げた上で、小数点第1位までの端数を記入」する必要がある場合（従業員数）がある。

2　株主区分の判定〜株式が未分割の場合、課税価格が最大となる評価方法を選定する〜

　通常、非上場株式の評価を行う際には、最初に「取引相場のない株式（出資）の評価明細書」の第1表の1における株主区分の判定を行う必要があるが、非上場株式を含む遺産が未分割であった場合に、これを議決権数のカウント上、どう扱うかという点については、評価通達上に明確な記載がない。これは、やや見落とされがちな項目である

ことに加え、未分割事案の実務で我々がよく馴染んでいる相続税法第
55条との整合性の問題もあり、どうしても誤解が生じやすい論点であ
るため、ここではこの点に触れてみたい。

❶ 相続税法第55条における未分割財産に関する考え方

　相続税法において、遺産の全部もしくは一部が未分割であった場合
には、その未分割財産については、同法第55条の規定により、「民法
の規定による相続分に従って財産を取得したものとして」各相続人の
課税価格を計算することとされている。これは、一種の仮計算的な考
え方を採用したものであり、相続の開始後、遺産分割が確定するまで
の間は、被相続人の遺産は相続人全員の共有財産となることに加えて、
その権利割合は法定相続分になっているものと推認することが最も合
理的であり、現場の相続実務もこれに従って行われていることを根拠
としている。

　例えば、相続を原因とする名義変更登記を行う際、被相続人所有の
不動産は、遺産分割協議書がなくとも、法定相続分に従って相続人全
員の共有名義とすることが可能であり、さらに平成30年に公布され
た民法第909条の2においても、被相続人の預貯金債権の払戻しに関
して、各相続人に（相続開始の時の債権額の1/3をベースとして）法
定相続分を基準とする単独行使権が容認されたため、現在、各相続人
は相続開始後、遺産分割が確定するまでの間、このルール（ただし、
一行あたり1人150万円を限度とする）に従って、預貯金の払戻し請
求を行うことが可能となっている。

相続税法第55条（未分割遺産に対する課税）
　相続若しくは包括遺贈により取得した財産に係る相続税について申告書
を提出する場合又は当該財産に係る相続税について更正若しくは決定をす
る場合において、当該相続又は包括遺贈により取得した財産の全部又は一部

が共同相続人又は包括受遺者によってまだ分割されていないときは、その分割されていない財産については、各共同相続人又は包括受遺者が民法（第904条の2（寄与分）を除く。）の規定による相続分又は包括遺贈の割合に従って当該財産を取得したものとしてその課税価格を計算するものとする。

ただし、その後において当該財産の分割があり、当該共同相続人又は包括受遺者が当該分割により取得した財産に係る課税価格が当該相続分又は包括遺贈の割合に従って計算された課税価格と異なることとなった場合においては、当該分割により取得した財産に係る課税価格を基礎として、納税義務者において申告書を提出し、若しくは第32条第1項に規定する更正の請求をし、又は税務署長において更正若しくは決定をすることを妨げない。

❷ 株主区分の判定における未分割財産に関する考え方

前述のとおり、相続税の申告実務においては、民法が定めた各相続人の権利割合に従って課税価格計算を行うことが、いわば大前提となっているわけだが、非上場株式の評価における株主区分の判定の際には、この考え方は採用されていない。では、具体的にどうすればよいかというと、納税義務者が未分割である全ての株式を取得したものとした場合の株式数、すなわち最大の株数を相続したことを前提として、これに応じた議決権数によって株主区分の判定を行う。ただし、このルールは財産評価基本通達に記載されているわけではなく、「取引相場のない株式（出資）の評価明細書」の「記載方法等」の中で、いわば手引き的に解説されているに過ぎない。

また、財産評価に関する「質疑応答事例」の中で、国税庁はその理由として、「遺産未分割の状態は、遺産の分割により具体的に相続財産を取得するまでの暫定的、過渡的な状態であり、将来、各相続人等がその法定相続分等に応じて確定的に取得するとは限りません。そこで、その納税義務者につき特例的評価方式を用いることが相当か否かの判定は、当該納税義務者が当該株式の全部を取得するものとして行う必要があります」との解説をホームページ上で公開している。

設例 1　非上場株式が未分割の場合の株主区分判定に関する具体例

前提条件 1：非上場株式の株価

会社規模区分	中会社
L の割合	0.6
発行済株式数	10,000 株
額面金額	500 円
配当還元価額	1,000 円
類似業種比準価額	22,740 円
純資産価額	71,640 円
相続税評価額	42,300 円

前提条件 2：評価会社の株主構成の前提条件

株主または株主グループ	所有株数	議決権割合
被相続人甲	1,500 株	15.0%
被相続人の子A（相続人）	300 株	3.0%
被相続人の兄F（相続人外）	1,800 株	18.0%
被相続人の兄の妻G（相続人外）	1,000 株	10.0%
被相続人の兄の子H（相続人外）	500 株	5.0%
被相続人の同族関係者グループ	5,100 株	51.0%
筆頭株主グループ	5,100 株	51.0%

■非上場株式が未分割だった場合における被相続人の子 A ～ E（相続分各 1/5）の株主区分の判定と採用評価額

区分	相続人	相続前所有株数	相続取得見込株数	相続後所有株数	議決権割合	株主区分の判定	採用評価額	考え方
誤解	A	300 株	300 株	600 株	6.0%	同族等	42,300 円	相続税法第55条
	B	0 株	300 株	300 株	3.0%	同族等以外	1,000 円	
	C	0 株	300 株	300 株	3.0%	同族等以外	1,000 円	
	D	0 株	300 株	300 株	3.0%	同族等以外	1,000 円	
	E	0 株	300 株	300 株	3.0%	同族等以外	1,000 円	
正解	A	300 株	1,500 株	1,800 株	18.0%	同族等	42,300 円	記載方法等質疑応答事例
	B	0 株	1,500 株	1,500 株	15.0%	同族等	42,300 円	
	C	0 株	1,500 株	1,500 株	15.0%	同族等	42,300 円	
	D	0 株	1,500 株	1,500 株	15.0%	同族等	42,300 円	
	E	0 株	1,500 株	1,500 株	15.0%	同族等	42,300 円	

※上記の前提条件として、相続人A～Eは全て評価会社の特定役員ではなく、（誤解の場合において）各人ともに中心的な同族株主に該当せず、同族関係者グループ内に他に中心的な同族株主（F・G・H）が存在している。

※正解では、元々、被相続人の同族関係者グループの議決権割合が51%で、被相続人が15%の株式しか所有していないにもかかわらず、各相続人の相続後の（みなし）議決権割合が78%となるという不条理な状態が現出する。

　しかしながら、なぜ全部の株式を取得するものとして株主区分の判定を行わなければならないのか、ここにはその背後にある課税庁の意図がきちんと書かれておらず、何が言いたいのか、少々分かりにくくなっているように思われる。

　ここでは、相続税法第55条とは反対の立場が採られており、その狙いは、株主区分の判定の際には、遺産分割の結果により、「同族株主等」に該当する可能性と「同族株主等以外の株主」に該当する可能性の双方が存在する、すなわち、財産評価額の最終値に振れ幅が想定される場合には、より大きく振れる方を採用することを主眼として課税価格計算をさせることにあるものと考えられる。つまり、**設例1の誤解と正解の採用評価額を対比すれば分かる通り、財産の権利割合に関しては、法定相続分による取得を前提としていながら、一方で評価方法を決定する判定要素を抽出する際には、課税価格が最も大きくなる方法を採用する**ことをルール化しているということである。

　前者が相続税法の定めであり、後者は「記載方法等」や「質疑応答事例」にしか掲載されていないことを考えると、その法的根拠や納税者に対する強制力には明らかな違いがあるが、このルールは未分割遺産が実際に分割された際、基本的に課税価格の合計額は（小規模宅地等の特例の追加適用や、遺産分割の結果により、土地・非上場株式について取得者ごとに細分化して評価を行った結果）減少することはあっても、決して増加することはないような保守的な申告をさせることを主眼としており、「納税者に現時点で最大となる税額を法定相続分に応じて負担してもらう」といった趣旨により定められているものと推測される。

　ただし、気になるのは、この取扱いは通達にすら書かれておらず、ルールとしての周知度が今一つ低い点である。仮に、このルールに従わない設例1の誤解のような申告が出てきたときに、課税庁は果たし

て質疑応答事例等を根拠として、これに対して増額更正処分を行える
のだろうかとの疑問は残る。

POINT　未分割財産の相続税の申告における仮計算の基準		
区分	ベースとなる基準	背景にある考え方
[原則] 未分割財産の 取得割合	民法上の法定相続分により、遺産分割がなされたものと仮定[相法55]	未分割財産は法定相続分に基づく権利割合により各共同相続人が共有している状態であると推認されるため、課税価格の仮計算上、この割合を用いるのが最も合理的
[例外] 非上場株式の評価における株主区分判定	各相続人が被相続人所有の全ての株式を取得したものと仮定[質疑応答等]	土地や非上場株式など、取得者ごとに細分化して評価する場合と、これを一体で評価する場合とで、評価額が異なるケースがある財産が未分割である場合、課税価格が最も大きくなる評価方法を採用することで、現時点で最大額となる税額を法定相続分に応じて負担してもらう

3　株主区分の判定〜「同族株主等」の「等」とは？〜

❶ 評価明細書第1表の1のみに存在する「同族株主等」の概念

　ところで、「取引相場のない株式（出資）の評価明細書」の第1表の
1における株主区分の判定が終了すると、納税義務者の株主区分が「同
族株主等」と「同族株主等以外の株主」のいずれに該当するかが決定
され、前者であれば原則的評価方式等、後者であれば配当還元方式に
よって、非上場株式の評価を行うことになるわけだが、ここで用いら
れている「同族株主等」という言葉に「等」という語彙が付されてい

ることの意味について、非上場株式の評価体系を整理する上でも一定の意義があるものと思われるため、この場で改めて考えてみたい。ちなみに、この「同族株主等」という語彙は評価通達にはなく、評価明細書第1表の1にのみ記載されている概念である。

　まず、「同族株主」の定義については、評価通達の188(1)に以下のように記載されている。

相財産評価基本通達188(1)における同族株主の定義

　この場合における「同族株主」とは、課税時期における評価会社の株主のうち、株主の1人及びその同族関係者（法人税法施行令第4条（(同族関係者の範囲)）に規定する特殊の関係のある個人又は法人をいう。以下同じ。）の有する議決権の合計数がその会社の議決権総数の30%以上（その評価会社の株主のうち、株主の1人及びその同族関係者の有する議決権の合計数が最も多いグループの有する議決権の合計数が、その会社の議決権総数の50%超である会社にあっては、50%超）である場合におけるその株主及びその同族関係者をいう。

　要は、筆頭株主グループの議決権割合が50%超である場合には、納税義務者の属する同族関係者グループ（以下、簡略化して「株主グループ」という）がこの筆頭株主グループに該当し、筆頭株主グループの議決権割合が30%以上である場合においては、納税義務者の株主グループの議決権割合が30%以上である時にのみ、納税義務者が「同族株主」に該当することになる。では、評価明細書の第1表の1の株主区分の判定結果欄に「同族株主」と書かず、敢えて「同族株主等」と表記しているのは、なぜであろうか。

　その答えは、この評価明細書の第1表の1そのもの（右側上段）にある。評価通達188(3)を裏読みすると、筆頭株主グループの議決権割合が30%未満であり、評価会社が「同族株主のいない会社」である場合において、納税義務者の株主グループの議決権割合が15%以上であ

■第1表の1・右側上段＝評価通達188⑴及び⑶の裏読みを表現したもの

判定基準	納税義務者の属する同族関係者グループの議決権割合（⑤の割合）を基として、区分します。			
	区分	筆頭株主グループの議決権割合（⑥の割合）		株主の区分
		50％超の場合	30％以上50％以下の場合	30％未満の場合	
	⑤の割合	50％超	30％以上	15％以上	同族株主等
		50％未満	30％未満	15％未満	同族株主等以外の株主
判定	同族株主等 （原則的評価方式等）		同族株主等以外の株主（配当還元方式）	
	「同族株主等」に該当する納税義務者のうち、議決権割合（㋑の割合）が5％未満の者の評価方式は、「2．少数株式所有者の評価方式の判定」欄により判定します。			

■第1表の1・右側下段＝評価通達188⑵と⑷の裏読みを表現したもの

	2．少数株式所有者の評価方式の判定	
判定要素	項　　目 氏　　名	判　定　内　容
	㊁　役　　　員	である〔原則的評価方式等〕・でない（次の㋭へ）
	㋭　納税義務者が中心的な同族株主	である〔原則的評価方式等〕・でない（次の㋬へ）
	㋬　納税義務者以外に中心的な同族株主（又は株主）	がいる（配当還元方式）・がいない〔原則的評価方式等〕 （氏名　　　　　　　　）
判　　　定		原則的評価方式等　・　配当還元方式

　る場合には、配当還元方式とはならない旨が記載されており、この「同族株主のいない会社」において、議決割合が15％以上となる株主グループのことを想定して「等」という表記が使われているのだ。

　したがって、この明細書の「筆頭株主の議決権割合」の区分の左側の「50％超の場合」と中央の「30％以上50％以下の場合」において、

各々「50％超」「30％以上」基準を満たした場合には「同族株主」に、右側の「30％未満の場合」において「15％以上」の基準を満たした場合に「等」に該当し、これらを包含する概念として「同族株主等」という表記が用いられていることになる。

　また、評価明細書の第1表の1の右側下段には、実務的には例が少ない「少数株式所有者の評価方式の判定」について記載する欄があるが、ここには配当還元方式によって評価することとなる納税義務者の定義について定めた評価通達188の(2)と(4)を裏読みした内容が表現されている。

　このように見ていくと、一読しただけでは極めて分かりにくい評価通達の内容を、実務的かつ簡便的に表にまとめていかなければならない国税庁・資産評価関係の担当者の苦労を想像することができる。殊に、この配当還元方式の適用範囲に関しては、過去に何度か改正がなされており、初源の形態である「相続税財産評価に関する基本通達」制定時の昭和39（1964）年、及びその後の改正時の昭和47（1972）年、さらにいえば「中心的な同族株主」基準が導入された昭和53（1978）年当時の担当者は、これを実務的なものとして表現していくため、相当な苦心をしたものと推測される。

❷「同族株主等」の「等」に該当する株主グループが存在するケース

　次に具体的なケースを見ていこう。下表で「同族」と記載されているのは「同族株主」を、「同族等」と記載されているのは「同族株主等」を表しており、ケース1では51％の議決権割合を有するA株主グループだけが「同族株主」に、ケース2では40％の議決権割合を有するAグループと30％の議決権割合を有するB株主グループの2グループが「同族株主」に該当することになる。これに対して、ケース3ではA・B・C・D・Eの5つの株主グループの全てが30％未満かつ15％

株主グループ	ケース1		ケース2		ケース3	
	議決権割合	株主区分	議決権割合	株主区分	議決権割合	株主区分
Aグループ	51%	同族	40%	同族	20%	同族等
Bグループ	30%	同族等以外	30%	同族	20%	同族等
Cグループ	19%	同族等以外	15%	同族等以外	20%	同族等
Dグループ	−	−	15%	同族等以外	20%	同族等
Eグループ	−	−	−	−	20%	同族等

以上となる20%の議決権割合を有しており、この議決権割合の状況から全ての株主が「同族株主等」の「等」に該当することになる。

POINT 「等」は同族株主のいない会社の15%以上の議決権割合の株主グループ

株主区分の判定基準	筆頭株主グループの議決権割合		
	50%超の場合	30%以上50%以下の場合	30%未満の場合
納税義務者の属する株主グループの議決権割合	50%超＝同族	30%以上＝同族	15%以上＝**同族等**
	50%未満＝同族等以外	30%未満＝同族等以外	15%未満＝同族等以外

4　株主区分の判定〜「中心的な同族株主」の判定上の起点は納税義務者〜

❶ 中心的な同族株主に関する判定事例

　配当還元方式の対象となる株主の判定に際し、持株比率5％以上基準や役員該当基準に加え、中心的な同族株主等の存在の有無がファクターとされ、少数株主であっても原則評価の対象とされる場合がある現在の基準が定められたのは、今から43年前の昭和53（1978）年改正の時である。ここでは「同族株主のいる会社」における少数株主を対象とした「中心的な同族株主」の判定上の留意点について、詳述してみたい。この論点については、設例2に示した通り、相続・遺贈後の株数及び議決権割合を記載した親族図を基に検討する。

設例2 中心的な同族株主の判定に関する具体例

■非上場会社の株式評価における前提条件

発行済株式数	20,000株
被相続人の同族関係者グループの所有株数	10,300株
同上の議決権割合（50%超かつ筆頭グループ）	51.5%
特定役員基準による同族株主該当者	A・B
議決権（5%以上）基準による同族株主該当者	C
議決権（5%未満）基準による判定必要対象者	D・E

■相続・遺贈に伴う株主の異動に関する前提条件

株主	続柄	役員	相続関係	遺贈関係	相続等前所有株数	相続遺贈取得株数	相続等後所有株数	相続等後議決権割合
A	妻	専務	相続人	－	2,400株	0株	2,400株	12.0%
B	長男	代表	相続人	－	1,000株	2,400株	3,400株	17.0%
C	二男	－	相続人	－	900株	900株	1,800株	9.0%
D	長女	－	相続人	－	0株	600株	600株	3.0%
E	義妹	－	－	受遺者	600株	300株	900株	4.5%
F	義妹夫	－	－	－	900株	0株	900株	4.5%
G	妻の甥	－	－	－	300株	0株	300株	1.5%
H	－	代表	被相続人	遺贈者	4,200株	-4,200株	0株	0.0%
合計					10,300株	0株	10,300株	51.5%

■相続関係図と相続・遺贈後の所有株数

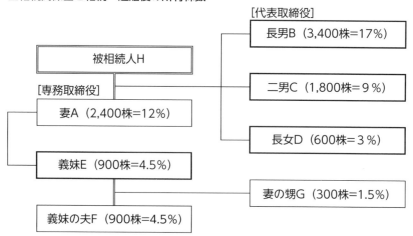

　本事例において、長男Ｂ（9％）は5％以上の議決権割合かつ特定役員、次男Ｃ（9％）は5％以上の議決権割合であるため、双方共に、即、原則的評価方式等が適用される同族株主に区分されるが、相続・遺贈後の議決権割合がいずれも5％未満となる長女Ｄ（3％）と義妹Ｅ（4.5％）の2名については少数株主に該当することから、株主区分を確定させるために、さらに「中心的な同族株主」の判定を行うことが必要となる。

　ここで改めて「中心的な同族株主」の定義について確認してみよう。この定義については、評価通達188⑵に「課税時期において同族株主の1人並びにその株主の配偶者、直系血族、兄弟姉妹及び1親等の姻族（これらの者の同族関係者である会社のうち、これらの者が有する議決権の合計数がその会社の議決権総数の25％以上である会社を含む。）の有する議決権の合計数がその会社の議決権総数の25％以上である場合におけるその株主をいう」とされている。

　本事例では、カッコ書きの会社のことは無関係であるため、これを単純化すると「納税義務者から見て、本人・配偶者・直系血族・兄弟姉妹・1親等の姻族の合計議決権割合が25％以上になるか否か」により、判定することになる。

　そこで、この事例において判定を要する長女Ｄと義妹Ｅの2名について見ていくと、下記の最終判定のとおり、長女Ｄについては「中心的な同族株主」に該当するのに対して、義妹Ｅについては、これに該当しないこととなる。この結果、長女Ｄは原則的評価方式等により評価を行う株主に区分されることが確定し、一方の義妹Ｅは本人が「中心的な同族株主」に該当せず、本人以外に「中心的な同族株主」が存在していることから、幾多のファクターをとおり抜けた結果、この時点でようやく配当還元方式により評価を行う株主に区分されることが確定することになる。

〈最終判定〉

長女D：8,200株（母A・長兄B・次兄C・本人D）／20,000株
　　　　＝41％≧25％　∴該当
義妹E：4,500株（姉A・本人E・配偶者F・子G）／20,000株
　　　　＝22.5％＜25％　∴非該当

❷ 中心的な同族株主と中心的な株主の判定方法の違い

　この判定において最も重要なことは「中心的な同族株主」に該当するか否かの判定は、個々の株主（納税義務者）ごとに行うということである。それは、この判定要素に納税義務者本人が入っているからであり、さらにいえば、その納税義務者から見た場合における本人・配偶者・直系血族・兄弟姉妹・1親等の姻族の合計議決権割合を見る必要があるためである。つまり、この判定においては、個々の株主（納税義務者）が起点者となる。

　これに対して、評価通達188⑷にその定義が記載されている同族株主のいない会社（筆頭株主グループの議決権割合が30％未満の会社）における「中心的な株主」の判定では、「納税義務者の属する同族関係者グループが15％以上の議決権割合を有しており、なおかつそのグループ内に単独で10％以上の議決権を有する株主が存在しているか否か」だけが問題とされており、納税義務者本人は元々5％未満の少数株主であって、単独で10％以上の議決権を有する「中心的な株主」に該当しようがないこともあり、そもそも自身が属する株主グループ内の誰をカウントするかを問題とする必要がなく、「中心的な同族株主」のように、個々の株主（納税義務者）ごとに判定を行わなければならない、という留意点自体が存在しない。

　つまり、「同族株主」及び「中心的な同族株主」については、各々、対象範囲として定められた複数株主の合計議決権割合によって判定を

■参考：昭和 53 年改正時における国税庁解説の図表

株主の態様					評価方式
同族株主のいる会社	同族株主	取得後の持株割合 5 ％以上			原則的評価方式 （純資産価額方式による評価額については、20％の評価減の特例が適用される場合がある。）
		取得後の持株割合 5 ％未満	中心的な同族株主がいない場合		
			中心的な同族株主がいる場合	中心的な同族株主	
				役員	
				その他	配当還元方式
	同族株主以外の株主				
同族株主のいない会社	取得後の持株割合の合計が 15 ％以上のグループに属する株主	取得後の持株割合 5 ％以上			原則的評価方式 （純資産価額方式による評価額については、20％の評価減の特例が適用される。）
		取得後の持株割合 5 ％未満	中心的な株主がいない場合		
			中心的な株主がいる場合	役員	
				その他	
	持株割合の合計が 15％未満のグループに属する株主				配当還元方式

(注) 上記表内の「役員」は次項「⑤会社規模と L の割合の判定～従業員に含める者と含めない者の取扱いの変容～」で詳述する特定役員を指し、さらに課税時期において特定役員である者と課税時期の翌日から申告期限までの間に特定役員となる者の双方を含んだ概念である。

(出所) 国税速報 3087（昭和 53 年 5 月 29 日）号

行うこととされているため、判定の起点者は常に個々の株主（納税義務者）となるのに対して、「中心的な株主」の場合、対象範囲として定められた複数株主の合計議決権割合は問題とされておらず、単純に対象範囲の中に単独で 10％以上の議決権を有する「中心的な株主」が存在するか否かだけが問題となるため、結果的に判定の起点者という概念自体が存在せず、強いていえば「中心的な株主」そのものが判定の起点者となる。

POINT 配当還元方式を採用する株主を判定する際の対象範囲と判定の起点者

判定項目	同族株主	中心的な同族株主	中心的な株主
根拠通達	評価通達 188 (1)	評価通達 188 (2)	評価通達 188 (4)
対象範囲	本人 ＋その同族関係者 （法令4）	本人＋その配偶者・直系血族・兄弟姉妹・1親等の姻族	本人 ＋その同族関係者 （法令4）
判定基準	合計議決権割合	合計議決権割合	単独議決権割合
判定の起点者	個々の株主（納税義務者）	個々の株主（納税義務者）	なし（もしくは中心的な株主）

　したがって、相続税・贈与税の納税義務者である相続・遺贈・贈与取得後の議決権割合が5％未満の少数株主について、配当還元方式が採用される株主に該当するか否かの判定を行う際に登場するファクターである「中心的な同族株主」（同族株主のいる会社）と、「中心的な株主」（同族株主のいない会社）という二つの概念は、言葉としてはよく似ているものの、その意味合いや判定の起点者が全く異なっているということを、ここで押さえておいてもよいのではないだろうか。

5 会社規模とLの割合の判定～「従業員」に含める者と含めない者の取扱いの変容～

　本章冒頭の「1　『超』基準が採用されている場合の判定要素の端数の取扱い」においても触れたように、会社規模とLの割合の判定における従業員数は「週30時間以上勤務条件を満たす継続勤務従業員数」と「1年間の継続勤務をしていない中途入社の者や、週30時間以上勤務条件を満たしていないパートやアルバイトなどの非正規（有期）雇用の従業員につき、総労働時間を1,800時間で除して換算することによって得られるみなし従業員数」を合計して算定することとなっている。さて、ここで「継続勤務」であるか、「週30時間以上勤務条件」

を満たしているかとは別の問題として、そもそも「従業員」数に含めるべきか否かの基本的な考え方につき、近年公開されている課税庁の取扱いが、一般的な社会通念とは異なるように思われる点もあるため、会社規模とLの割合の判定における「従業員」の定義について、ここで改めて整理してみたい。

❶ 会社規模とLの割合の判定における役員の取扱い

　この論点の最初の留意点は、この判定上の「従業員」には特定役員は含まないものの、いわゆる平取締役・平理事等は含むということである。この特定役員とは、次に掲げる者を指す旨が、評価通達178の末尾に注記されている。

　　①　社長、理事長

　　②　代表取締役、代表執行役、代表理事及び清算人

　　③　副社長、専務、常務、その他これに準ずる職制上の地位を有する役員

　　④　取締役（指名委員会等設置会社の取締役及び監査等委員である取締役に限る）、会計参与及び監査役並びに監事

　ここでは法人税法上「使用人分」と認められる部分につき、定期同額給与や賞与の損金不算入の取扱いを受けない「使用人兼務役員」となることが認められていない者（ただし、評価通達においては、法人税法施行令第71条第1項第3号の「合名会社、合資会社及び合同会社の業務執行社員」と同じく第5号の「議決権割合等により判定されるみなし役員」は除かれている）が想定されている。要は、法人税法上、「従業員」と認める余地のない、特権的な地位を有するような特定役員は、会社規模とLの割合の判定においても「従業員」のカテゴリーから除外しているものの、一部でも「従業員」と認められる余地のある

平取締役・平理事等は、これに含めてよいということである。

　ちなみに、この特定役員の概念は、評価通達188(2)にも記載されており、配当還元方式が採用される株主に該当するか否かの判定を行う際の、「課税時期において評価会社の役員である者及び課税時期の翌日から法定申告期限までの間に役員となる者」の「役員」の概念も全く同じであることを、ここで併せて押さえておきたい。

❷ 特殊な位置付けにある出向者の取扱い

　次に、出向者の取扱いについて見てみよう。一口に出向と言っても、一般的にはベクトルが内向きの「雇用契約を結んでいる出向受入社員」と、ベクトルが外向きの「出向先で雇用されている出向中の社員」とがあるわけだが、結論からいえば、前者は会社規模とLの割合の判定上の「従業員」に該当し、後者は該当しないものとされている。この判断の大元には「賃金を支払っているのはどちらなのか？」というファクターがあり、評価会社が賃金を支払っていれば、出向受入社員であっても「従業員」に該当するし、評価会社の籍を離れて出向先で雇用されており、出向先の方で賃金が発生しているのであれば「従業員」に該当しないということになる。

　ここで判断に迷うのが、いわゆる〈在籍出向〉と呼ばれるもので、評価会社に雇用契約と籍を残したまま、出向先で勤務する者の賃金は、出向元（評価会社）が支払う場合もあれば、出向先の方で支払う場合もあり、さらに双方が一定の割合で分担するケースもあって、一概に決まっているわけではない。この〈在籍出向〉者が会社規模とLの割合の判定における「従業員」に該当するか否かについては、このように多様な雇用形態・賃金の支払形態があり得るため、雇用契約と賃金支給の実態により判断せざるを得ないものと思われる。

❸ 人材派遣会社から派遣されている者の取扱い

　ここで「人材派遣会社より派遣されている者」の取扱いについて述べてみたい。この項目に関して、少なくとも筆者が資産税の実務に携わり始めた平成初期の段階では、多くの実務書において、会社規模とＬの割合の判定上の「従業員」に該当しないものと説明されていた。ところが、近年公開されている国税庁の取扱いはこれとは異なる考え方を基としており、最新の財産評価に関する「質疑応答事例」では、「現在における労働力の確保は、リストラ、人件費などの管理コスト削減のため、正社員の雇用のみで対応するのではなく、臨時、パートタイマー、アルバイターの採用など多様化しており、派遣労働者の受入れもその一環であると認められ、実質的に派遣先における従業員と認めても差し支えないと考えられること等から、派遣労働者を受け入れている評価会社における従業員数基準の適用については、受け入れた派遣労働者の勤務実態に応じて継続勤務従業員とそれ以外の従業員に区分した上で判定しても差し支えありません」との説明がなされている。雇用契約や賃金の支払いのない派遣社員を「従業員」と考えることについては、一般的な社会通念とは異なるように思えるものの、非上場株式の評価体系の仕組み上、これは明らかな緩和措置であり、こうした判断をどの時点で行ったのかは判然としないものの、課税庁も

■参考：派遣労働者数とその全雇用者に占める比率の変遷

（上段：西暦'年、中段：万人、下段：%）

年	00	01	02	03	04	05	06	07	08	09	10
数	39	45	39	46	62	95	121	121	145	116	98
率	0.8	0.9	0.8	0.9	1.2	1.9	2.4	2.4	2.8	2.3	1.9

年	11	12	13	14	15	16	17	18	19	20
数	96	90	124	117	121	132	129	139	142	143
率	1.9	1.7	2.4	2.2	2.3	2.5	2.4	2.5	2.5	2.5

（出所）2001年までは総務省「労働力調査特別調査」（2月）2002年以降は同「労働力調査詳細集計」（1〜3月四半期平均）

設 例 3　会社規模とLの割合の判定における「従業員」に含める者の判定と従業員数の計算例

	役職・身分	役員	給与	契約種類	継続勤務	労働時間	備考
A	取締役会長	○	○	委任	○	管理外	前社長、取締役会にて就任
B	代表取締役社長	○	○	委任	○	管理外	
C	専務取締役	○	○	委任	○	管理外	
D	常務取締役本部長	○	○	委任	○	管理外	
E	取締役総務部長	○	○	雇用	○	2,200	
F	取締役営業部長	○	○	雇用	○	2,500	
G	人事部長		○	雇用	○	2,000	
H	技術部長		○	雇用		1,500	年の途中で採用
I	経理部長		○	雇用	○	1,800	
J	営業課長		○	雇用	○	2,400	
K	技術課長		○	雇用	○	2,100	
L	人事主任		○	雇用		1,300	年の途中で退職
M	営業主任		○	雇用	○	2,300	
N	技術主任		○	雇用	○	2,000	
O	経理社員		○	雇用	○	1,900	
P	営業社員1		○	雇用	○	2,200	
Q	営業社員2		○	雇用	○	2,400	
R	営業社員3		○	雇用		1,900	年の途中で採用
S	技術社員		○	雇用	○	2,300	
T	出向受入技術社員					管理外	出向元との雇用契約
U	出向受入営業社員		○	雇用		600	年の途中で出向受入
V	在籍出向者1		○	雇用	○	管理外	出向先からの給与支給なし
W	在籍出向者2		○	雇用	○	管理外	出向先からの給与支給なし
X	アルバイト1		○	雇用		1,300	
Y	アルバイト2		○	雇用		1,200	
Z	アルバイト3		○	雇用		900	
甲	人材派遣社員1			(外注)		1,000	派遣元との外注契約
乙	人材派遣社員2			(外注)		1,700	派遣元との外注契約
丙	人材派遣社員3			(外注)		400	派遣元との外注契約
					合計	11,800	継続勤務従業員以外の従業員

[判定]
■特定役員……A～Dの4名
■継続勤務従業員……E～G、I～K、M～Q、S・V・Wの14名
■継続勤務従業員以外の従業員…H、L、R、U、X～Z、甲～丙の10名
■特定役員以外で従業員に該当しない者……Tのみ1名
　直前期末以前1年間 における従業員数
　　＝ 14人＋11,800時間／1800時間＝20.6人　（20人超35人以下に該当）

「現在」の変化に応じて、非正規雇用者の一端を占める契約社員を「従業員」に含めるべきである、と考えたのであろう。

　ちなみに、総務省の労働力調査（詳細集計）によれば、令和元（2020）年（1〜3月四半期平均）における非正規（有期）雇用者2,153万人の内訳は、パート・アルバイト1,524万人（70.8％）、派遣社員143万人（6.6％）、契約社員・嘱託401万人（18.6％）、その他85万人（3.9％）となっており、正規（無期）雇用者3,508万人も含めた全雇用者5,661万人に占める派遣社員のシェアは僅か2.5％に過ぎないものの、その比率は2000年頃の0.8％と比較すると3倍以上に増えており、その存在意義は、バブル経済の崩壊とそれに続く就職氷河期を経て企業の雇用方針が転換したことに伴って大きく変容しており、特にここ10年は、派遣社員であっても重要かつ容易に代替の利かない業務を任されるようになるなど、その職制上のポジションや付加価値なども変わってきているものと考えられる。

　さて、具体的な事例として、前ページの設例3を見てもらうと、イメージが湧きやすいのではないだろうか。この事例では、A〜Zまでの社員等26名（出向者・アルバイトを含む）と、人材派遣会社から派遣されている甲・乙・丙3名の計29名が判定対象者となっている。まず、AからDまでの4名が特定役員に該当することから、無条件に従業員から除外される。さらに、雇用元との顧問契約が継続しており、当社において労働時間を管理していない出向受入社員のTが、雇用契約を有しないことから、同様に従業員の対象から除外される。

　つまり、この会社の従業員該当者は、これらの5名を除いた雇用契約のある者21名と、派遣社員3名の計24名ということになる。さらに、これを継続勤務従業員14名とその他の従業員10名に区分し、後者につき、1,800時間基準により「みなし従業員数」の換算を行って前者に加算し、これにより、20.6人の従業員数が求められることとなる。

POINT 会社規模とＬの割合判定上の「従業員」の該当基準

役員区分	具体例	判定上の区分
役員	社長・理事長等の特定役員（※１）	判定対象外
	平取締役・平理事等の一般役員（※２）	「従業員」に該当
役員以外	正社員（※２）	「従業員」に該当
	雇用契約を結んでいる出向受入社員（※２）	「従業員」に該当
	出向先で雇用されている出向中の社員	判定対象外
	出向元に雇用契約を残し、出向先で勤務する在籍出向者	雇用契約と賃金支給の実態により判断
	パート・アルバイト・契約社員・嘱託等の被雇用者（※２）	「従業員」に該当
	人材派遣会社より派遣されている者（※２）	「従業員」に該当

※１：社長、理事長並びに法人税法施行令第71条第１項第１号、第２号及び第４号に掲げる役員［評価通達178注記］

※２：週30時間以上かつ１年間継続して勤務した従業員以外の者は年間総労働時間を1,800時間で除して人数をカウント

6 医療法人の出資金の評価上の留意点

　相続の現場において、医療法人の出資金の評価を行う必要のあるケースに遭遇することは、一般的にそれほど多くはない。しかしながら、実務に携わる上で、この特殊な法人の出資金の評価を行う際にはいくつかの留意点があり、課税庁が独自に定めた内部ルールを納税者に周知するにあたって、比較的、その注意喚起を促す優先順位が低くなっていたことに加え、実際に会社規模とＬの割合の判定上の業種区分を「卸売業、小売・サービス業以外」としてしまうなど、初歩的な誤りも見受けられることから、ここで改めて、医療法人の出資金の評価を行う際、やや見過ごされがちな留意点について整理してみたい。

❶ 非営利性や公益性が求められる医療法人の特殊な位置付け

　そもそも、医療法人に対してはその特殊な事業の性格に鑑みて、従来から厳格な非営利性や公益性が求められており、第五次医療法改正（2007年4月施行）によって、既に14年ほど前から、**新規に設立可能な医療法人は、いずれも相続税・贈与税の課税対象とはなり得ない「出資持分の定めのない社団医療法人」と「財団医療法人」に限定されている。**

　さらにいえば、医療行政においては、国税庁長官の承認を受けて協同組合等とほぼ同様の軽減税率の適用が受けられる特定医療法人、医療提供体制に関して都道府県や市町村、公的病院の機能を代替するものとされている社会医療法人といった、より非営利性と公益性を強化した医療法人制度の活用やそれらの特殊法人への転換が長く推進されてきており、当然ながらこれらの特殊法人も相続税・贈与税の課税とは無縁の存在として位置付けられる。

■種類別医療法人数の内訳

区分	その他の医療法人			特定医療法人		社会医療法人		合計
	財団	社団		財団	社団	財団	社団	
持分	無	無	有	無		無		
数	289	14,578	39,263	52	307	33	268	54,790
率	0.53%	26.61%	71.66%	0.09%	0.56%	0.06%	0.49%	100.00%

（厚生労働省：平成31年3月31日現在のデータ）

　ただ、現実にそれらの法人数が医療法人の全体数に占めるシェアは、特定医療法人、社会医療法人ともに1％に満たないような状況にあり、大半の医療法人は2007年3月以前に設立された出資持分の定めのある社団医療法人となっていて、そのシェアは最新のデータで見る限り、上表のとおり全体の約72％程度である。

　これらの医療法人は、国の政策上、持分の定めのない医療法人への移行を促される一方で、第五次医療法改正の後も、「当分の間」、出資持分の退社時の払戻請求権と解散時の残余財産分配請求権といった財産権が保全された「経過措置型医療法人」として存続することを許容されたものの、「当分の間」がいつまでなのかは判然とせず、その帰結として、その出資金が相続税・贈与税の課税対象となり得るこれらの医療法人（その大半は、開業医が法人化したいわゆる「一人医師医療法人」であるものと推測される）は、依然として、我が国に相当数存在していることとなる。

❷ 持分の定めのある社団医療法人の出資金の評価上の留意点

　このように経過措置として辛うじて存続しているに過ぎない持分の定めのある社団医療法人の出資金を評価する上で最も重要な点は、医療法上の制限を受けるがゆえに、通常の株式会社と同様には取り扱えないということである。その制限の一つは議決権の問題であり、医療法人の社員は出資持分の有無やその出資金額に関わりなく、1人1個の議決権を有するものとされている（医療法第46の3の3第1項）ため、まず、議決権割合という概念そのものが存在しない。さらにいえば、医療法人は（解散時の残余財産の分配は可能であるものの）剰余金の配当を行うことが禁じられている（医療法第54条）ため、この配当禁止制限がある以上、非上場株式に関する評価のルール上、存在している配当に関する規定を全て取り払って考えなければならない。

　これらの医療法の制限の帰結として、医療法人の出資金の評価を行う際には、まず、議決権割合の多寡をその指標とする**株主区分の判定そのものが不能**となってしまう。また、その判定結果によって導かれる評価方式の一つである（支配権のない少数株主等に対して適用される）**配当還元方式を選択する余地はなく**、同族株主等の議決権割合が

POINT　（持分の定めのある社団）医療法人の出資金の評価上の留意点

項目	医療法人独自の特殊な取扱い	根拠	明細書様式
株主区分の判定	不要（記載不能）	医療法上、議決権割合の概念が存在しないため	第1表の1
会社規模とLの割合の判定上の業種区分	小売・サービス業の区分	サービス業の一種であるため（質疑応答事例の回答）	第1表の2
比準要素数1の会社の判定基準	©・Ⓓのいずれかが0であり、©・Ⓓの1以上が0であるか否か	評価通達 194-2 本文後段；Ⓑ・ⓑの数値が存在しないため、これらがいずれも0であるものと仮定して考えれば、左記判定基準となる	第2表
比準要素数0の会社の判定基準	©・Ⓓのいずれも0であるか否か		第2表
配当還元方式	適用不可（考慮不能）	評価通達 194-2 で同通達 188 の適用が捨象されている	第3表
配当期待権		評価通達 194-2 で同通達 193 の適用が捨象されている	第6表
類似業種比準方式算定式の比準割合	「（Ⓑ/B+©/C+Ⓓ/D）/3」に代えて「（©/C+Ⓓ/D）/2」とする	評価通達 194-2(1) Ⓑの数値がないため	第4表
類似業種目	その他の産業	評価通達 194-2 及び平成 29 年以降の類似業種株価表	
純資産価額の計算上の負債の部	未払配当金計上不可（考慮不能）	医療法第 54 条にて剰余金の配当が禁じられているため	第5表
純資産価額の計算上の⑫欄80％評価	適用不可（考慮不能）	議決権割合の概念が存在しないため、議決権割合が50％以下であるか否かの判定そのものが実施不能	
株式等保有特定会社算定上のS₁の計算上の比準割合	「（Ⓑ-ⓑ）/B+（©-ⓒ）/C+（Ⓓ-ⓓ）/D）/3」に代えて「（©-ⓒ）/C+（Ⓓ-ⓓ）/D）/2」とする	評価通達 194-2(2) Ⓑ及びⓑの数値がないため	第7表

50% 以下の場合に許容されている**純資産価額の計算上、最終値に 80% を乗じる軽減措置が適用されることもあり得ない**。加えて、比準要素数 1 の会社や比準要素数 0 の会社の判定においては、B_1・B_2 の数値が存在しないため、これらがいずれも 0 であるものと仮定した状態で判定基準を考えていかざるを得ないことになり、さらに類似業種比準価額の算定式では「B / B」の値が、株式等保有特定会社の S_1 の算定式では「B - b / B」の値がいずれもないものとして各々の算式を組み直さなければ各々の価額を導き出せないこととなるため、評価通達 194-2 の(1)と(2)にこれらを除外した代替算式が記載されている。

　上記は、いずれも医療法上の制限に起因する内容であるが、これらとは性格の異なる特記事項として、**類似業種比準方式による評価を行う際の類似業種を「その他の産業」とする**旨の留意点がある。この内容は平成 11 (1999) 年 3 月改正にて評価通達 194-2 に加えられたものであるが、この通達は前半が既存通達番号の羅列であるため極めて読みにくくなっており、当該記載が本通達の中程にあることもあり、一般の納税者や税理士に周知されるのに時間がかかり、しばしば類似業種を「医療・福祉」(No.109) としてしまう誤りが散見された。そこで、国税庁は平成 29 (2017) 年の類似業種株価表から、この「医療・福祉」の項目に（医療法人を除く）と記載するように改めたものの、それまでの 18 年間は「その他の産業」を選択すべき点につき、決して充分に周知されているとは言い難かった。

　さらに、平成 29 年 6 月 13 日付資産評価企画官情報第 4 号末尾の「日本標準産業分類の分類項目と類似業種比準価額計算上の業種目との対比表（平成 29 年分）」（巻末〔参考資料 2 〕参照）において、「その他の産業」(No.113) の業種区分は「卸売業、小売・サービス業以外」と記載されているため、これにより、医療法人の業種区分を「卸売業、小売・サービス業以外」としてしまう誤りが起きかねないことについて

も、ここで触れておく必要があるだろう。

　実際には、国税庁の質疑応答事例において「医療法人そのものはあくまで「サービス業」の一種と考えられることから、「小売・サービス業」に該当することになります」と記載されているとおり、**医療法人はその業務の性格上「サービス業」に位置付けられており、会社規模区分の判定上は、「小売・サービス業」の基準が採用されることになる。**

7　非上場の外国法人の株式評価上の留意点

　この項の最後となるが、国外に本店又は主たる事務所を有しており、法人税法上、国内源泉所得のみが課税対象とされる外国法人の株式を課税対象とする相続事案は決して多くはないものの、被相続人が外資系企業である取引先の株式を引き受けていたり、あるいは、海外拠点を展開していく上で、現地法人を設立していたりするケースなども決してあり得ないことではない。こうしたことから、ここで非上場の外国法人の株式の評価方法について確認しておくことも、決して無意味なことではないだろう。

❶ 評価方式の論点

　非上場の外国法人の株式を評価する上での留意点は、大きく評価方式の問題と邦貨換算の問題の二つの論点に集約される。前者については、国税庁がその質疑応答事例において「類似業種株価等の計算の基となる標本会社が、我が国の金融商品取引所に株式を上場している内国法人を対象としており、外国法人とは一般的に類似性を有しているとは認められないことから、原則として、類似業種比準方式に準じて評価することはできません」と記載しており、**類似業種比準方式は採用される余地がなく、基本的に純資産価額方式のみしか採用し得ない**

ことが示唆されている。

　ただし、ここには配当還元方式の適用可否については触れられていないため、判断に迷うところであるが、この問題は前記の「6　医療法人の出資金の評価上の留意点」にも記述したように、議決権割合という概念が成立するか否かに掛かっており、**現地の会社法に類似する法律上、これが成立するのであれば、支配権のない非同族株主等に該当することを前提として、配当還元方式を採用する余地があり、成立**しないのであれば、恐らくその余地は排除されるものと推測される。

　また、前記の質疑応答事例では、末尾に（参考）として「純資産価額方式に準じて評価することは可能ですが、その場合に控除すべき「評価差額に対する法人税額等に相当する金額」は、その国において、我が国の法人税、事業税、道府県民税及び市町村民税に相当する税が課されている場合には、評価差額に、それらの税率の合計に相当する割合を乗じて計算することができます」との注記があり、いわゆる資産の含み益＝評価差額に対して外国法人税率等を乗じた額を控除しても差し支えない旨が示唆されている。

　しかしながら、上記の議決権割合の問題も含めて、こうした判断を正確に行うためには、現地の法律や税法等の規範を過不足なく把握していなければならず、さらにいえば、そこに評価会社が所有する土地・建物・有価証券等の価格変動資産の時価評価の問題も関係してくる。加えて、特許権や商標権等の知的財産の評価が絡んでくれば、純資産価額を算定するのも容易ではなくなる。それらの総体として求められる**相続税法第22条による時価、すなわちその外国株式の客観的交換価値自体が、上記の評価差額に対する外国法人税等を控除した純資産価額を下回る可能性もないとはいえないため、**当該国の法律・経済・税務の専門家にも相談した上で、その評価実務に取り組むことが無難であろうと推測される。

❷ 邦貨換算の論点

　外国法人の純資産価額を算定する上で、二つ目の論点である邦貨換算をどのようにするかという問題につき、国税庁はやはり、その質疑応答事例において、①原則として「1株当たりの純資産価額」を計算した後、その最終値を「TTB＝対顧客直物電信買相場」により邦貨換算することとしつつも、②資産・負債が2カ国以上に所在しているなどの場合には、資産・負債ごとに、資産については「TTB＝対顧客直物電信買相場」により、負債については「TTS＝対顧客直物電信売相場」によりそれぞれ邦貨換算した上で「1株当たり純資産価額」を計算する方法を採用することも許容する方針である旨を付記している。

　いずれも評価の安全性に配慮した取扱いであろうと考えられるが、納税者の利益を最優先するのであれば、上記の質疑応答事例の回答に拘泥することなく、相続税法22条との関係を考慮しつつ、（本店所在地のある）当該国に固有の情報を可能な限り多く収集しながら評価に臨むことが肝要であろう。

POINT　非上場の外国法人の株式評価上の留意点

項目		外国法人独自の特殊な取扱い	根拠
評価方式	類似業種比準方式	採用不可	質疑応答事例
	純資産価額方式	採用可能（評価差額に対する外国法人税等を控除）	
	配当還元方式	採用可能（議決権割合概念が成立することが前提）	－
邦貨換算	原則	最終値をTTBにて換算	質疑応答事例
	資産・負債が2カ国以上に所在	資産をTTB、負債をTTSにて換算	
最終的に課税価格に算入すべき評価額		上記にかかわらず、時価＝客観的交換価値による	相続税法第22条

Ⅱ　類似業種比準価額

Ⅰ　誤りやすい類似業種の判定
～特に複数の業態が混合している場合は要注意～

　国税庁が定めた様式「取引相場のない株式（出資）の評価明細書」の第 4 表により、類似業種比準価額等の計算を行う際、その入口で最も重要なのは、比準すべき類似業種を正しく判定することである。この点に関して、基本的には総務省が発表している日本標準産業分類（最新版は平成 25 年改訂の平成 26 年 4 月 1 日施行のもの）を基として、平成 29 年 6 月 13 日付資産評価企画官情報第 4 号末尾の「日本標準産業分類の分類項目と類似業種比準価額計算上の業種目との対比表（平成 29 年分）」（巻末〔参考資料 2 〕参照）によるべきことが示されているものの、元々、評価対象会社が認識あるいは公表している業種名自体が、日本標準産業分類と同様の業種になっているとは限らないこともあり、評価会社の業務の実態を見た上で、個別に判断をしていく必要がある。

❶ 業務用製品を販売している業種は卸売業に該当

　例えば、筆者の関与先に「建設材料販売業」と、法人税の申告書に記載していた会社があった。この業種は「販売業」とあるため、一見、小売業ではないかと考えがちだが、（今日では、個人向きに業務用の建築資材を販売する大型スーパーも存在しているものの）そもそも建築資材は本来、個人用もしくは家庭用消費のため、あるいは少量・少額しか購入しない法人に向けて作られている製品ではなく、これを大量・多額に購入する建設業等の法人向けに作られているものである。

　このように業務用製品を販売しているような業種は、たとえ対外的に「販売業」と公表している場合であっても、小売業ではなく卸売業に該当し、この「建設材料販売業」の場合、日本標準産業分類番号（以下「N番号」という）では「531 建築材料卸売業」に、類似業種比準価額の株価表番号（以下「R番号」という）では「73 その他の建築材料、鉱物・金属材料等卸売業」に該当することになる。同様に「医療機器販売業」も業務用製品を扱っていることから卸売業となり、N番号では「549」、R番号では「77」のいずれも「その他の機械器具卸売業」に区分される。冷静に考えれば分かることだが、医療機器を個人で、あるいは家庭用消費のために購入するといったことは基本的にあり得ないため、このように業務用製品を扱っている業態は、原則として全て卸売業に該当するものと考えてよい。

❷ 製造小売業は製造所と販売所の一体性で判断

　次に製造業と小売業のどちらなのか、判断に迷うケースとして、いわゆる町の小さなパン屋さんのような業態がある。このような業種は一般的に「製造小売業」と呼ばれ、製造した商品をその場所（調理場と隣接する同一家屋内の店舗）で個人又は家庭用消費者に販売する場合、製造業とはせずに、小売業に分類することとされている。この判断のポイントは、製造所と販売所が同一であるという点にあり、このようなケースは基本的に全て小売業と考えることとされているため、N番号では「586 菓子・パン小売業」に、R番号では「82 飲食料品小売業」に区分される。逆に言えば、製造所と販売所が異なる場所にあるか、あるいは製品を製造する事業所が、店舗を持たずに通信販売等により小売している場合には製造業に該当するものと考える。そのような業者がパンを製造している場合、N番号では「097」、R番号では「13」のいずれも「パン・菓子製造業」となる。

POINT　誤りやすい類似業種の判定
（日本標準産業分類の番号と業種を記載）

業種例	正　解	誤　解	理由・備考
建設材料販売業	531 建築材料卸売業	609 他に分類されない小売業	業務用製品のため
医療機器販売業	549 その他の機械器具卸売業	593 機械器具小売業	業務用製品のため
町の小さなパン屋	586 菓子・パン小売業	097 パン・菓子製造業	製造所と販売所が同一場所のため
ガソリンスタンド	605 燃料小売業	799 生活関連サービス業	主体は燃料小売、洗車等は従のため
医療法人（前項再掲）	999 分類不能の産業	854 老人福祉・介護事業	評価通達 194- 2 の取扱いによりその他の産業とする
介護サービス付賃貸業	売上構成比により、854 老人福祉・介護事業と 692 貸家業、貸間業のいずれかを判断する		
ソーラーパネル設置業	販売と設置を兼業している場合：593 機械器具小売業、設置のみを行う場合：084 機械器具設置工事業		

❸ 兼業業種は売上構成比によって判断

　それでは、小売業とサービス業の双方を兼業しているように見えるガソリンスタンドはどうであろうか。ガソリンスタンドの場合、主体は燃料小売であり、洗車等のサービス業的な事業は従たる性格のものであることが明らかであるため、業種としては小売業であると考えて、Ｎ番号では「605 燃料小売業」、Ｒ番号では「86 その他の小売業」に区分する。こうした**兼業業種の場合、基本的には主体となる事業は何かという観点から判断すればよい**。同様に、近年、増加傾向にある介護サービス付賃貸業の場合、Ｎ番号「854 老人福祉・介護事業」（Ｒ番号「109 医療、福祉」）とＮ番号「692 貸家業、貸間業」（Ｒ番号「94 不動産賃貸業・管理業」）の売上構成比によって、いずれか多い方の業種に区分することになる。

　なお、総務省が公表している「日本標準産業分類に関するよくある

お問合せについて」（平成 26 年 10 月作成）の中にソーラーパネル（太陽光発電システム）設置業に関する照会と回答があり、ソーラーパネルを販売し、設置も行う場合にはN番号「593 機械器具小売業」（R番号「83 機械器具小売業」）、ソーラーパネルの設置のみを行う場合にはN番号「084 機械器具設置工事業」（R番号「9 その他の設備工事業」）に該当する旨が記載されている。

2 非経常的な損益の取扱い ～評価会社の事業実態により判断～

❶ 非経常的な損益を通算した後、最終値がマイナスとなった場合

　非上場株式の評価を行う際、初心者がその判断に迷う論点の一つが「取引相場のない株式（出資）の評価明細書」の第 4 表の類似業種比準価額等の計算において「⑫非経常的な利益金額」欄に、どのような数値を記載するのかという点である。まず、⑫欄の字面だけを読むと、ここには一見、非経常的な利益の金額だけを書けばよいように思えるものの、実務上、この欄には非経常的な損失を控除した後の金額を記載することが想定されており、国税庁がそのホームページ上で公表している「記載方法等」には、「固定資産売却益、保険差益等の非経常的な利益の金額を記載します。この場合、非経常的な利益の金額は、非経常的な損失の金額を控除した金額（負数の場合は 0 ）とします」と書かれている。

　この欄が設けられている趣旨は、評価会社の各事業年度の利益を把握する上で、そこに臨時偶発的なものが含まれている場合には、これを除外することにより、評価会社が営む事業（いわゆる本業）に基づく経常的な利益金額のみを株価計算の計算要素の一つとすることにあるが、ここに「負数の場合は 0 」との注記があることにより、非経常

的な損益を通算した後、最終値がマイナスとなった場合においても「非経常的な損失を加算する必要はない」趣旨の取扱いとなっていることに留意する必要がある。つまり、この⑫欄の趣旨は「真の意味で正しい経常的な利益を把握すること」にあるわけではなく、（いずれも損益通算後の残額としての）「臨時偶発的な収益の存在により、利益金額の肥大化があった場合にはこれを正しく補正する」一方で、「臨時偶発的な損失の存在により、利益金額の矮小化があったとしても、その補正まではしない」ことにある。この「負数の場合は 0」との注記の存在は、評価会社の本業による経常的な収益力を把握することを建前としつつも、そこに一定の留保を付す役割を果たしており、ここで明らかに納税者有利の考え方が採用されていることが、この欄の重要なポイントの一つであるといえるだろう。

　なお、このように補正対象金額としての「非経常的な利益金額」を算定する前段階として、非経常的な損益を通算する際に、例えば、固定資産売却損と保険差益のように**種類の異なる非経常的な損益がある場合であっても、これらを通算しなければならない**旨が国税庁の質疑応答事例に書かれている。ここに示されている課税庁が定めたルールは、仮にこうした取扱いがなく、固定資産売却益と固定資産売却損のように同一種類の損益のみを通算するという前提に立って⑫欄の金額を考えた場合、固定資産売却損は加算する必要がなく、保険差益だけを減算できることとなってしまい、納税者有利になり過ぎることを考慮したものと推測される。つまり、「非経常的な損失を加算する必要はない」という判断は、飽くまで種類にかかわらず、全ての非経常的な損益を通算した後の数値がマイナスとなった場合のみの取扱いである、と考えなければならない。

　この点に関して、右表の設例 4 に具体例を示したが、このうち下段の【例 2】が損益通算後、最終値がマイナスとなるケースである。

設例 4 非経常的な利益金額の計算に関する具体例

【例1】タクシー業（N番号432：一般乗用旅客自動車運送業）を営むA社

損益計算書の表示場所	勘定科目	金額	備考
販売費および一般管理費	広告宣伝費	5,000,000円	インターネット広告料※1
営業外収益	雑収入	2,000,000円	持続化給付金
営業外費用	貸倒損失	1,500,000円	
特別利益	固定資産売却益	3,500,000円	毎期継続的に発生※2
特別利益	保険差益	4,000,000円	
特別損失	固定資産除却損	1,800,000円	毎期継続的に発生※2

※1：広告宣伝費……1事業年度の支出としては特別損益並みに多額であるものの、販売費として必須のものであるため、経常費用に該当する。

※2：タクシーの車両……毎期継続的に新車を購入すると同時に、除却または売却を行っているため、非経常的な損益に該当しない。

非経常的な利益金額＝ 2,000,000円＋ 4,000,000円－ 1,500,000円
＝ 4,500,000円

【例2】芸能プロダクション（N番号802：興業団）を営むB社

損益計算書の表示場所	勘定科目	金額	備考
販売費および一般管理費	支払報酬	2,500,000円	弁護士報酬、毎期継続的に発生※3
営業外収益	受贈益	3,000,000円	寄付型クラウドファンディング
特別利益	保険差益	4,000,000円	公演中止保険
特別利益	債務免除益	1,500,000円	債権放棄によるもの
特別損失	CM違約金	10,000,000円	タレントの不祥事によるもの

※3：顧問料以外の弁護士報酬……通常、臨時性・個別性が強いものの、事業の性格上、毎期継続的に発生していれば、経常費用に該当する。

非経常的な利益金額＝ 3,000,000円＋ 4,000,000円＋ 1,500,000円－ 10,000,000円
＝－ 1,500,000円→ 0

❷ 経常的であるか非経常的であるかの判断は事業実態による

　前掲の「記載方法等」に「固定資産売却益、保険差益等」と書かれていることから、この「非経常的な」という言葉は、多分に損益計算書の特別損益の部に計上される勘定科目を意識したものであることが読み取れる。では、評価会社の決算書に記載されている特別損益の部に書かれているものだけを機械的に抽出し、これらを通算すればよいかというと、そうとは限らない。まず、このような非経常的な損益が「特別損益の部」ではなく「営業外損益の部」に書かれることもないわけではない。さらに、たとえ「営業外損益」や「特別損益」に書かれていたとしても、実際には非経常的なものとは言い難い場合もある。例えば、大量に車両を保有する運送業の会社にとって、固定資産売却損益は毎期必ず発生するものであり、経常的なものといってよい。つまり、**その損益が経常的であるか、非経常的であるかは、勘定科目や損益計算書の表示場所ではなく、評価会社の事業の実態により判断されるべきである**点に留意する必要がある。

　この点に関連して、国税庁ホームページ上の質疑応答事例の中には「継続的に有価証券売却益がある場合」に関する質疑が紹介されており、その回答には「ある利益が、経常的な利益又は非経常的な利益のいずれに該当するかは、評価会社の事業の内容、その利益の発生原因、その発生原因たる行為の反復継続性又は臨時偶発性等を考慮し、個別に判定します」と書かれており、有価証券売却損益であっても、非経常的な損益に該当しない場合がある旨が示唆されている。また、東京地裁平成30年（行ウ）第90号相続税更正処分等取消請求事件等において、クレーン事業を営む会社におけるクレーン車売却益が非経常的な利益に該当するか否かが争われ、同社においては、当該事業がクレーン車を毎期継続的に売却することにより初めて利益を生じる仕組みとなっていたことから、非経常的な利益とは認められない旨が判示され

た（東京地裁令和元年 5 月 14 日判決（TAINS Z888-2258）により棄却、納税者は控訴しなかったため一審で確定）。

POINT　非経常的な損益の取扱い

> 　非上場株式の評価において、類似業種比準価額等の計算要素のうち、1 株あたりの年利益金額の計算上、第 4 表の⑫欄に記載する「非経常的な利益金額」は、勘定科目や損益計算書の表示場所ではなく、評価会社の事業の実態により、経常・非経常の判断をした上で、真に非経常と認められるものを抽出し、損益の種類にかかわらず、その全てを損益通算し、その数値がプラスの時（利益超過）にのみこれを記載することとし、マイナスとなる時（損失超過）には 0 と記載する。

3 非経常的な損益の取扱い 〜別表調整項目がある場合〜

　第 4 表の類似業種比準価額等の計算における「⑫非経常的な利益金額」欄の記載を行う上で、税理士としてもう一つ留意すべき点があることに触れておきたい。それは、法人税申告書別表四において、非経常的な損益に関して加算・減算処理が行われている場合であり、この欄で把握すべき金額が「⑪法人税の課税所得金額」を起点としており、既に（会計上の数値に税法特有の加減算の処理が行われることにより）別表調整がなされた状態となっているものである以上、こうしたケースにおいては、会計上の損益計算書における特定の勘定科目の金額だけを抽出したとしても、当然ながら、正確な数値を導き出すことができないこととなる。

　では、具体的に非経常的な損益に該当しており、なおかつ別表調整が行われる可能性がある項目には、どのようなものがあるのだろうか。そもそも非経常的な損益科目に該当し、さらに別表四にて加減算の調整が行われるものがそれほどたくさんあるわけではないため、事例と

設 例 5　別表調整がある場合の「非経常的な利益金額」の記載例

【例1】役員の退職に際し、慰労金の金額が過大であると認定されたケース

会計上の勘定科目	金額	別表別表四上の調整項目	金額	備考
役員退職慰労金	45,000,000 円	過大役員退職慰労金	5,000,000 円	税務調査において否認

非経常的な利益金額に算入する控除金額＝ 45,000,000 円－ 5,000,000 円
= 40,000,000 円（損金是認額）

【例2】取引先への売掛金が回収不能であると判断して債権放棄し、その全額を寄附金と認定された場合

会計上の勘定科目	金額	別表別表四上の調整項目	金額	備考
貸倒損失	3,000,000 円	寄附金の損金不算入	2,550,000 円	税務調査において否認

非経常的な利益金額に算入する控除金額＝ 3,000,000 円－ 2,550,000 円
= 450,000 円（損金算入限度額）

【例3】土地の収用に際し、補償金収入があり、これに対して5,000万円の特別控除を適用した場合

会計上の勘定科目	金額	別表別表四上の調整項目	金額	備考
固定資産売却益	78,000,000 円	収用等による特別控除額	50,000,000 円	代替資産の圧縮記帳は選択せず

非経常的な利益金額に算入する加算金額＝ 78,000,000 円－ 50,000,000 円
= 28,000,000 円（特別控除後の売却益）

【例4】経理処理の誤りにつき更正の請求を行った結果、過年度の法人税・法人住民税等が還付された場合

会計上の勘定科目	金額	別表別表四上の調整項目	金額	備考
過年度還付法人税等	2,600,000 円	益金経理した法人税等	2,600,000 円	事業税等は含まれてないものとする

非経常的な利益金額に算入する加算金額＝ 2,600,000 － 2,600,000 円
= 0（考慮しない）

して設例 5 に思いつくものを記載してみたが、要は税法独自の考え方
が採用されている項目のうち、通常、会計処理に反映されないものを
考えていけばよいことになる。例えば、税法の特例の中でも、保険金
等や交換により取得した資産につき、圧縮記帳を行うことを通じて課
税を繰り延べるものについては、既に会計上、保険差益や固定資産売
却益といった科目に対応した（税法上許容される）圧縮損が立ってい
るものと思われるため、基本的に別表調整に反映されることがないこ
とから、当然、この留意点の内容とは無関係となる。

　さて、本項末尾の POINT「第 4 表⑫欄「非経常的な利益金額」記載
上の処理」欄に記載したとおり、この論点の処理上の結論としては、
会計上の「非経常的な損益金額」から税法上、費用項目の場合には加
算、収益項目の場合には減算されている別表四上の調整金額を控除し
た残額（同額の場合にはゼロとなるため、考慮不要）を「非経常的な
損益金額」とみなし、さらに前項にて詳述した内容を踏まえて考える
必要があるため、それらの各科目の数値を損益通算した後の金額（マ
イナスとなる場合にはゼロ）を第 4 表の⑫欄の「非経常的な利益金額」
に記載すればよいことになる。もちろん、その前提として、前項同様、
経常的か否かの判断は、評価会社の事業の実態により判断していかな
ければならないことは、言うまでもない。

　なお、ここには本来、次項の後段に挙げた（所有株式を発行法人に
売却したことにより発生する）みなし配当の課税を受ける場合の受取
配当等の益金不算入制度の取扱いも関係してくるのだが、みなし配当
の内容は会計上、「有価証券売却益」など、通常は別の科目で表現され
ているものと推測されることに加え、そもそもみなし配当も益金不算
入も、双方共に税法独自の考え方であり、近年の改正で制度自体も複
雑化していることもあり、稿を改めるべきボリュームを持っているた
め、この点に関しては次項にて詳述することとする。

POINT　別表調整がある場合の「非経常的な利益金額」の記載上の処理

イ　会計上の勘定科目	ロ　別表四上の調整項目	区分	第４表⑫欄「非経常的な利益金額」記載上の処理
役員退職慰労金	過大役員退職慰労金	加算	「イ－ロ」の残額を非経常的な損失額とみなす
貸倒損失（債権放棄）	寄附金の損金不算入額		
固定資産売却益	収用等の特別控除額	減算	「イ－ロ」の残額を非経常的な利益額とみなす
受贈益（完全支配関係）	受贈益の益金不算入		考慮不要
過年度還付法人税等※	益金経理した法人税等		

※法人税等は法人税・地方法人税・道府県民税・市町村民税のみであり、事業税等は含まれていないものと仮定

4　自己株式の取得に伴うみなし配当の取扱い　〜いずれの計算要素にも含めない〜

　ここでは、前項で敢えて触れなかった類似業種比準価額等の計算における自己株式の取得に伴う所得税法もしくは法人税法の規定によるみなし配当の取扱いについて、取り上げてみたい。この論点は大きく、評価会社が配当を支払ったものとみなされるケースと、逆に評価会社が配当を受け取ったものとみなされるケースの２通りを考える必要があり、前者は「１株当たりの年配当金額Ⓑ」の計算に影響し、後者は「１株当たりの年利益金額Ⓒ」の計算に影響することとなる。これらの論点については、いずれも国税庁がそのホームページ上に公開している質疑応答事例にその実務上の考え方が記載されているものの、そこには必要最小限のことしか書かれていないため、これを補足する意味合いも込めて、以下にそれぞれのケースについて詳述していくこととしたい。

❶ 評価会社＝支払側となるみなし配当

　株式の発行会社である評価会社が、個人もしくは他の法人から自己
株式を購入した場合において、その購入の対価として交付した金銭及
び金銭以外の資産の価額の合計額が、その交付の基因となった株式に
対応する資本金等の額を超過していることを前提として、その超過額
につき、配当等の額とみなす旨の取扱いが、所得税法第25条第1項第
5号及び法人税法第24条第1項第5号に規定されている。では、こ
れらのみなし配当等の額は、類似業種比準価額等の計算明細書の第4
表の「1株当たりの年配当金額」の記載上、どのように取り扱えばよ
いのであろうか。

　この点に関して、国税庁の質疑応答事例では、「みなし配当の金額は、
会社法上の剰余金の配当金額には該当せず、また、通常は、剰余金の
配当金額から除くこととされている、将来毎期継続することが予想で
きない金額に該当すると考えられます」との理由から「みなし配当の
金額は、「1株当たりの配当金額Ⓑ」の計算上、剰余金の配当金額に含
める必要はありません」とした上で、**第4表の⑥欄の「年配当金額」
には、みなし配当の金額控除後の金額を記載する**ように書かれている。
この中で、前段の（みなし配当は）「会社法上の剰余金の配当金額には
該当しない」という論理はとても分かりやすいが、後段の「将来毎期
継続することが予想できない金額に該当する」という論理は、⑥欄の
「年配当金額」と⑦欄の「非経常的な配当金額」の双方にみなし配当を
記載することを許容しているように読めなくもないため、⑥欄にみな
し配当の金額控除後の金額を記載するよう求めている説明と矛盾して
いる面があり、実務を担う立場からすれば、少々分かりにくい。

❷「1株当たりの年配当金額Ⓑ」算定上の留意点

　この論点を実務的に処理し、評価明細書上に数値化していく上で留

意しなければならないのは、会計上、あるいは税務上「配当」概念を表現したものが複数存在しており、各々微妙に意味合いが異なっていて、⑥欄の「年配当金額」の記載上、抽出すべき配当の金額を参照するにあたり、判断に迷うケースが少なくないということである。

　具体的には、まず、**法人税の申告書の別表四の最上段の「当期利益又は当期欠損の額」における③社外流出の「配当」欄には、税法上のみなし配当の金額が含まれている可能性がある**ため、上記質疑応答事例の回答を前提とする限り、この「配当」欄の金額はそのまま使えないことになる。一方、みなし配当の概念が入り込む余地のない会社法上の剰余金の配当金額（会社法453）は、株主資本等変動計算書における「剰余金の配当」欄と正確に一致しているものの、ここには「資本剰余金の額の減少に伴うもの」が含まれている可能性があり、その一点において、税法上（法人税法第23条における受取配当等の益金不算入の取扱い）の考え方とズレが生じる可能性があるため、この金額をそのまま採用することにも、正確な数値が導き出せなくなってしまうリスクがある。

　この点に関して、評価通達183末尾の注記1には「各事業年度中に配当金交付の効力が発生した剰余金の配当金額（資本金等の額の減少によるものを除く。）を基として計算する」旨が書かれており、控えめな記述ながら、後半部分に挿入されたカッコ書きの内容を通じて会計上の「剰余金の配当」から資本金等の減少によるものを除外し、税法上の（益金不算入制度の対象となる）配当金額のみに修正する必要がある旨を注意喚起している。同様の記述は評価明細書の「記載方法等」にもあり、上記の質疑応答事例の内容にこの注記に書かれた論点を併せて考えると、結論としては（みなし配当の金額が入り込む余地のない）株主総会等の決議にもとづくものだけが記載された株主資本等変動計算書における「剰余金の配当」の欄の数値から、会計上の資本剰

余金を原資とするものを除いた金額を⑥欄の「年配当金額」の部分に
記載すればよいことになる。

POINT 評価会社が支払側となる自己株式の取得に伴うみなし配当の取
扱い

配当等の区分	配当等の原資となるもの	受取配当等の益金不算入	評価明細書第4表の⑥欄
会社法上の剰余金の配当（株主総会決議に基づく）	資本金等の額の減少（会計上の資本剰余金）	除外（法法23）	除外（評価通達183注1）
	（会計上の利益剰余金）	対象	「年配当金額」として記載
税法上のみなし配当（株主総会決議と無関係）	（税法上の利益積立金）	対象（法法24）	除外（質疑応答事例）

❸ 評価会社＝受取側となるみなし配当

　今度は逆に、評価会社が所有する株式を、その発行法人に譲渡した
（発行法人側から見ると、自己株式の取得）ことにより、法人税法第24
条の規定に基づき、評価会社が配当を受けたものとみなされた場合、
類似業種比準価額等の計算明細書の第4表における「1株当たりの年
利益金額ⓒ」の算定上、これを⑬欄の「受取配当等の益金不算入額」
に含めるべきか否かという論点がある。

　この論点に関しても、国税庁のホームページ上に質疑応答事例が公
開されており、そこには「みなし配当の金額は、原則として、「1株当
たりの年利益金額ⓒ」の計算上、「益金に算入されなかった剰余金の配
当等」の金額に含める必要はありません」とした上で、第4表の⑬欄
の「受取配当等の益金不算入額」には、みなし配当の金額控除後の金
額を記載するように書かれている。その理由として、**みなし配当は、**

その基因となる合併や株式発行法人への株式の譲渡等の行為自体が臨時偶発的なものであり、これを受け取る側の法人にとって、毎期継続的に発生するものとは言い難く、法人税の課税所得金額からの除外要素とされている⑫欄の「非経常的な利益金額」と同様の性格を有する

設例 6 みなし配当がある場合の「⑫非経常的な利益金額」「⑬受取配当等の益金不算入額」の記載例

【例1】完全子法人からの通常の配当があり、別途、持株割合20%の所有株式を発行法人に譲渡した場合

受取配当等の区分	受取配当等の金額	うち益金不算入額	備考
剰余金の配当（完全子法人）	500,000 円	500,000 円	完全子法人株式等：全額益金不算入
みなし配当（持株割合20%）	39,000,000 円	19,500,000 円	その他の株式等：50%が益金不算入
合計	39,500,000 円	20,000,000 円	

⑫非経常的な利益金額に算入する金額 = 39,500,000 円 − 19,500,000 円
= 19,500,000 円（益金算入額）

⑬受取配当等の益金不算入額に記載する金額 = 20,000,000 円 − 19,500,000 円
= 500,000 円（剰余金の配当のみ）

【例2】非支配目的で所有する株式の通常の配当があり、別途、同種の持株割合5%の所有株式を発行法人に譲渡した場合

受取配当等の区分	受取配当等の金額	うち益金不算入額	備考
剰余金の配当（非支配目的）	1,200,000 円	240,000 円	非支配目的株式等：20%が益金不算入
みなし配当（持株割合5%）	6,400,000 円	1,280,000 円	非支配目的株式等：20%が益金不算入
合計	7,600,000 円	1,520,000 円	

⑫非経常的な利益金額に算入する金額 = 6,400,000 円 − 1,280,000 円
= 5,120,000 円（益金算入額）

⑬受取配当等の益金不算入額に記載する金額 = 1,520,000 円 − 1,280,000 円
= 240,000 円（剰余金の配当のみ）

ものである旨の説明がなされている。類似業種比準価額等の算定要素の中で「1株当たりの年利益金額ⓒ」の計算は、評価会社の経常的な利益金額を把握するものとして位置付けられているため、ここに書かれている内容自体は極めて妥当なものと考えられる。

❹「1株当たりの年利益金額ⓒ」算定上の留意点

　ここで注意したいのは、配当の受取側となるこのケースでは、実務的に益金不算入制度による別表上の減算処理が絡むため、上記の⑬欄からみなし配当の金額を除外するだけでは不十分であり、同時にもう一つの処理を行う必要が生じてくる点である。なぜなら、現在の受取配当等の益金不算入制度には、配当を支払う側の法人の株式の所有割合に応じて100％（完全子法人株式等・関連法人株式等）、50％（その他の株式等）、20％（非支配目的株式等）の3通りの益金不算入割合が定められており、上記の回答では、これにより課税所得に含まれた状態となってしまうみなし配当の金額（負債利子部分、配当等の額の50％又は80％部分）が生じることにつき、何も触れられていないためである。

　殊に、発行法人への所有株式の売却（発行法人側から見ると、自己株式の取得）を実施するとなると、金額もそれなりに大きくなるものと推測されるため、この論点は第4表の⑬欄の「受取配当等の益金不算入額」に、別表上の益金不算入額からみなし配当により生じたものを控除して記載するのみでは、全ての処理が終わらないことに留意しなければならない。

　具体的には、上記で紹介した設例6と下記POINTに記載したとおり、課税所得に含まれたみなし配当の金額のうち、益金不算入の処理がされていないものを差引計算によって求め、これを課税所得の減算項目である⑫欄の「非経常的な利益金額」の金額に記載する調整処理

を加えることにより、ようやくみなし配当の金額の全額が課税所得から除外され、この論点の処理が完結するものと考えられる。つまり評価証明書第4表の⑫欄と⑬欄の双方の金額を調整することにより、初めてこの論点に関する正しい数値が導き出せることになるのだ。

　なお、益金不算入割合を決定付ける各々の株式発行法人の区分の判定については、自己株式の取得によるものである場合、配当等とみなされる金額、すなわち株式譲渡の支払に係る効力が生ずる日の前日における持株割合により行う旨が、各々法人税法施行令第22条の2、22条の3、22条の3の2に記載されている。

POINT 評価会社が受取側となる自己株式の取得に伴うみなし配当の取扱い

株式発行法人区分	持株割合	益金不算入額	評価明細書第4表⑫欄の調整	評価明細書第4表⑬欄の調整
完全子法人株式等	100%	配当等の額	処理なし（※）	益金不算入額からみなし配当により生じたものを控除
関連法人株式等	1/3超	配当等の額－負債利子	「みなし配当－益金不算入額」の算式により求めた額を記載	
その他の株式等	5％超1/3以下	配当等の額×50%		
非支配目的株式等	5％以下	配当等の額×20%		

※親法人が完全支配関係のある子法人の株式の一部につき、その子法人に対して売却することはあり得ないことではないが、仮に全株式を譲渡してしまうと、会社法上、議決権を有する株主がいなくなり、子法人の株主総会が機能しなくなることから、通常そうした売却がなされることは考えられない。

182

Ⅲ　純資産価額

Ⅰ　課税時期前3年内取得等不動産の時価課税制度 〜適用除外となるもの〜

　非上場株式の評価方法の一つである純資産価額方式に関して定めた財産評価基本通達185において「課税時期における各資産をこの通達に定めるところにより評価した価額」のカッコ書きに「この場合、評価会社が課税時期前3年以内に取得又は新築した土地及び土地の上に存する権利並びに家屋及びその附属設備又は構築物の価額は、課税時期における通常の取引価額に相当する金額によって評価するものとし、当該土地等又は当該家屋等に係る帳簿価額が課税時期における通常の取引価額に相当すると認められる場合には、当該帳簿価額に相当する金額によって評価することができるものとする」との文言が入ったのは〈行き過ぎた節税対策封じ〉を主眼とした平成2年改正の時のことである。

　この改正の背景に存在していた当時、盛んに行われていた節税対策の状況や、これを問題視して〈経済実態を無視した目に余る相続税の節税対策〉に対処するべく、昭和63年改正（相続税の総額計算等における養子の数の算入制限、相続開始前3年内に取得・新築した土地等・建物等の取得価額課税制度の創設）、平成元年改正（個別通達「負担付贈与又は対価を伴う取引により取得した土地等及び家屋等に係る評価並びに相続税法第7条及び第9条の規定の適用について」の発遣）に続き、いわば総仕上げのような位置付けにより、これを敢行したものと推測される課税庁の考え方などについては、既に第2章において詳述している。また、事業の遂行上、必要不可欠な状況があったか否か

にかかわらず、一律にこの3年間に限り、不動産の評価額を特別扱いし、それ以外の期間における評価額と不連続な状態として底上げすることの不合理性についても、第1章において既に述べている。

❶ 四半世紀前に失われている存立根拠

　筆者の実感としては、この平成2年改正当時の課税庁の意図はよく理解できるものの、その後、いわゆるバブル経済が崩壊し、地価の大幅な下落が起きて、その直前に行われた相続対策の多くがその存立根拠を失っていく中で、地価の上昇局面しか見ていなかった旧租税特別措置法第69条の4（相続開始前3年内取得等不動産の取得価額課税制度）が全財産を処分しても相続税を納められないような極めて不合理な事態を招来することとなり、大阪地裁平成7年10月17日判決（平成6年（行ウ）第79号相続税更正処分取消請求事件、TAINS Z214-7593）において、これを無制限に適用することは憲法（財産権の保障を定めた第29条）違反の疑いが極めて強い旨が判示され、課税庁が敗訴したことを契機として、平成8年改正において廃止された後も、この評価通達185のカッコ書きが残置し続けていることが不思議でならない。

　なぜなら、この評価通達185のカッコ書きは、前半部分において「通常の取引価額に相当する金額」によって評価するとしながら、その後半部分では「帳簿価額」が「通常の取引価額に相当する金額」と認められる場合には「帳簿価額」によることを容認するものとなっており、この後半部分に着目する限り、実務的に「帳簿価額」により「通常の取引価額に相当する金額」を代替させることを想定している点に見られる通り、殊に「取得価額＝帳簿価額」となる土地に関しては、旧租税特別措置法第69条の4と何ら変わらない側面を持っているからだ。また、平成2年改正の際に山田弘氏（国税庁・資産評価企画官補佐）

が改正通達の解説文の中で述べている「個人事業者等に適用されている措置法第69条の4との権衡をも考慮して、上記のような改正を行ったものである」との文言とも矛盾する。**個人事業者等に適用されていた取得価額課税制度が廃止された平成8年当時、課税庁が非上場株式を所有する者との「権衡をも考慮する」旨の発想を持っていたのなら、この評価通達185のカッコ書きも同時に削除すべきであったのではないか**、というのが筆者の偽らざる考えである。

❷ 時価課税制度の正当性と不連続課税との矛盾

　一方、前記の山田弘氏の解説の前半には、法人税の取扱いにおいて、相続税の評価通達を援用して純資産価額の計算を行う際に、土地及び上場有価証券に限り、時価評価する定め（法人税基本通達9‐1‐14）がある点を根拠として挙げた上で、「純資産価額方式において会社が所有する土地等の「時価」を算定する場合、（中略）適正な株式評価の見地からは、むしろ通常の取引価額によって評価するべきである」旨が述べられており、課税庁がそもそも路線価等により評価会社の土地を評価すること自体に疑問を持っていることは理解できなくもない。ただ、もしその考え方を本気で推し進めたいのなら、「3年以内取得」と「3年超取得」とを区分せず、全ての不動産を通常の取引価額によって評価するようにしてしまえばよいではないのだろうか。

　換言すれば、地価上昇局面における節税対策封じのため、昭和63年の取得価額課税制度の創設によって導入された「3年以内取得」と「3年超取得」を区分して課税する根拠が既に平成7年の大阪地裁判決と平成8年改正による廃止によって失われているにもかかわらず、この非上場株式の評価における純資産価額評価にのみ、中途半端に3年基準を残していることに違和感があるのだ。仮に課税庁が元々、評価会社が所有する土地につき、基本的に全て時価課税すべきであると本気

で考えているのであれば、この課税強化策の趣旨により導入された３年基準を撤廃し、取得時期にかかわらず、路線価等により評価することを認めないようにすればよいのである。

　そのような改正を行うことによって「３年以内取得」と「３年超取得」の評価水準の不連続な断層は解消され、そもそも節税のためではなく、事業の遂行上、必要不可欠な理由で相続開始直前に不動産を購入するケースをも一律に課税強化対象としていることの不合理は解消される。相続税法第19条の生前贈与加算の制度にしろ、現租税特別措置法第69条の４の小規模宅地等の課税価格の特例における「家なき子」や「貸付事業用」の適用制限にしろ、課税庁が定めている３年基準は全て課税時期直前の駆け込み的な相続対策を許容しない観点から定められているものばかりである。したがって、この非上場株式における３年内取得等不動産の時価課税制度だけが過去の課税強化策の歴史の遺物ではないという論理は成り立たないだろう。

❸ 時価課税制度の適用除外となるもの

　既に廃止されている相続開始前３年内に取得・新築した土地等・建物等の取得価額課税制度（旧租税特別措置法第69条の４）にはいくつかの適用除外規定があり、被相続人の居住用のもの、収用・交換等により各々の課税の特例を受けて取得したもの、相続・遺贈・贈与等により取得したものなどについては、そこに保護すべき事象、あるいは偶発的な事象を含んでいることから、この課税強化のための税制の適用対象外とされていた。これに対して、非上場株式の評価における課税時期前３年内取得等不動産の時価課税制度には、基本的にこうした例外規定が通達本文に記載されておらず、例えば、役員社宅に供する目的により取得したもの、あるいは収用・交換等により取得したものであっても、課税時期前３年以内に取得等していれば、自動的にこの

取扱いの適用対象とされることになる。だが、実際の評価実務においては、以下の3つの例外が認められているため、ここでそれらの内容について紹介してみることとしたい。

棚卸資産

　一つ目は、恐らくは意識の埒外に置かれていると思われる棚卸資産である。不動産の販売を業とする会社にとって、土地等・建物等はいわゆる節税対策の目的でなく、単に仕入のために取得・建築しているに過ぎず、さらにこれらの資産は会計上「固定資産の部」ではなく「流動資産の部」に販売用不動産・販売用土地・販売用建物といった科目で計上されることになるため、評価通達133の取扱いにより、「3年以内取得」であるか「3年超取得」であるかにかかわらず、棚卸資産として評価することとなる。この棚卸資産としての不動産に関しては、そもそも通常の不動産とは勘定科目や貸借対照表における表示位置、その所有目的が異なっているため、この論点は評価実務というよりむしろ会計の世界に属する内容といえるが、一方で、第3章においても触れたとおり、土地保有特定会社の判定上の土地等の範囲には、このような不動産販売会社の所有する販売用の土地等も含まれる点に留意する必要がある。

被災資産

　二つ目は、被災資産である。被災者に対する一連の税の減免制度の一つとして、比較的最近発遣された平成29年4月12日付個別通達課評2-10他「特定非常災害発生日以後に相続等により取得した財産の評価について」（巻末〔参考資料3〕参照）の9（純資産価額の計算）において、被災特定地域内の不動産で、特定非常災害発生日前に取得又は新築したものにつき、たとえ3年内に取得等したものであっても、

本時価課税制度の例外とすることが明記された。そこに保護すべき事象、あるいは偶発的な事象を含んでいる点においては、既に四半世紀前に廃止された個人の取得価額課税制度の適用除外対象不動産と同根ともいえる考え方が採用されており、課税庁としても、被災資産に対してまで課税強化の取扱いを適用することは、さすがに馴染まないと判断したものと思われる。

遺贈取得資産

　３つ目は、やや意外に思えるかも知れないが、被相続人からの遺贈（相続税法が第１条の３第１項１号のカッコ書きにより、その税制の全体につき共通の前提としている通り、この遺贈には死因贈与を含むものと推測される）により取得した不動産である。この点に関しては、平成18年７月作成の東京国税局課税第一部・資産税課・資産評価官による「資産税審理研修資料」中に、「以前」、「以後」のように「以」をつけたものは基準点を含み、単なる「前」、「後」のように「以」をつけないものは基準点を含まないときに用いられる旨の法令用語の解釈により、遺贈による相続開始当日の取得は課税時期前３年内に含まれない旨が明記されている。

　この研修資料を最初に読んだ際、税制の趣旨に触れることなく、単なる語彙の解釈をしているような体裁で書かれていたため、何だか狐に摘ままれたような気分になった。少なくとも、この解説には、税制が通常持っている趣旨や狙いといった息遣いが微塵も感じられない。そして、ここには、旧租税特別措置法第69条の４が相続・遺贈・贈与による取得資産を対象外としていたこととの関連性について全く触れられていないため、恐らく、前記の被災資産とは異なり、保護すべき事象、あるいは偶発的な事象を含んでいるという理由で遺贈取得資産を時価課税制度の対象から除外したわけではないのだろう。

❹ 贈与取得は時価課税制度の対象か？

　ところで、法人が相続により不動産を取得することはあり得ないが、贈与により取得することはあり得るため、この研修資料に派生する項目として、例えば繰越欠損金のある法人に対して、受贈益課税が生じない範囲で個人が課税時期前 3 年内に贈与した不動産はどうなのか、といった疑義が生じる。これについては、上記の遺贈のケースとは取得時期が異なる上、少なくとも現在、このような贈与のケースについて書かれたものは見当たらないため、恐らく、原則に戻って時価課税制度の対象になると考えるべきなのだろう。もちろん、**贈与も遺贈も、かつての旧租税特別措置法第 69 条の 4 において適用対象外とされていたこととの不均衡が生じている点に関する疑問は残る。**また、この後に触れる遺贈の場合のトリプル課税の問題は、贈与の場合にも共通する問題である。

`POINT`　純資産価額評価における 3 年内取得等不動産の時価課税制度の例外となるもの

項目	具体的な内容	根拠
棚卸資産	不動産販売を業とする評価会社における販売のために仕入れた不動産	評価通達 133
被災資産	被災特定地域内に所在する特定非常災害発生日前に取得等した不動産	平成 29 年 4 月 12 日付個別通達課評 2 -10
遺贈取得資産	被相続人の遺言により評価会社に対して遺贈・死因贈与された不動産	平成 18 年東京国税局課税第一部・資産税課研修資料

❺ 非上場会社に対して遺贈がなされた場合のトリプル課税

　上記で紹介したように、被相続人が同族法人に対して、不動産の遺贈をした場合、所得税・法人税・相続税のトリプルで課税関係が生じる可能性があることにつき、一つの経済行為により派生する問題として、ここで触れておく必要があるかも知れない。この無償取引には、

具体的には次の 3 項目の税制が関係してくるのだ。

① 　被相続人から非上場会社に対して、譲渡所得の起因となる資産である不動産の遺贈がなされた場合、所得税法第 59 条のみなし譲渡課税の取扱いがあるため、各共同相続人は準確定申告において、被相続人が当該不動産を時価で譲渡したものとみなして、取得費との差額により生じる譲渡損益につき、譲渡所得の申告をしなければならない。

② 　遺贈を受けた法人の方でも、資産を無償で譲り受けたことになるため、繰越欠損金がない限り、法人税法第 22 条第 2 項の規定により受贈益課税を受けることとなる。

③ 　同族法人の株主のうち、同族株主等に該当する（原則評価となる）者に対し、（上記のとおり 3 年内取得等不動産の時価課税制度の適用はないものの）遺贈前と遺贈後の株価の上昇額（相続税法基本通達 9 - 2 ）につき、相続税法第 9 条によるみなし遺贈の課税がなされることとなる。

　もちろん、遺贈された不動産は相続財産から除外されることになるわけだが、一方で被相続人が非上場株式を所有していれば、この遺贈された不動産を評価会社の資産に含めて株式の評価をしなければならず、前項で触れたとおり、 3 年内取得等不動産の時価課税制度の適用はないとしても、そもそも資産が個人から法人に無償移転するだけで、金銭の移動が全くないにもかかわらず、トリプルで課税がなされる懸念があることを併せて考えると、現状の税制はあまりに酷な課税制度になっているように思えてならない。逆の見方をすれば、このような経済行為は通常、遺された者たちの税負担の大きさを考えると、恐らく誰もやろうとしないものと推測され、唯一、実行される可能性があるとすれば、取得費が高く、譲渡損になる可能性のある不動産につき、

時価を上回るだけの繰越欠損金のある法人に対して遺贈する場合のみであるように推測される。

2　課税時期前3年内取得等不動産の時価課税制度 〜実務的なアプローチ〜

❶ 通常の取引価額（時価）の代替手段として容認されている帳簿価額

　非上場株式の評価方法の一つである純資産価額方式により、土地等（土地及び土地の上に存する権利）や建物等（家屋及びその附属設備又は構築物）を評価する際、それらが課税時期前3年以内に取得又は新築したものであった場合、通常の土地等や建物等と区分し「3年内取得土地等」「3年内取得建物等」といった科目を付して、これを相続税評価額でなく、通常の取引価額（時価）によって評価しなければならないことは、前項においても触れた通りである。また、この通常の取引価額は、課税上弊害がなければ（通常の取引価額に相当する金額と認められる場合には）帳簿価額により代替可能である旨が、評価通達185の前半部分のカッコ書きの後半部分に記載されており、これを選択することも一つのアプローチ方法であることは確かであろう。

　だが、実務的なアプローチ方法として、帳簿価額を用いるというのは、税理士が採用すべき手段としてあまり褒められた方法であるとは思えない。なぜなら、不動産の売買における取引価格には取引先の資金力や体質、取引上の力関係、市場の寡占状況の有無、売主・買主の双方が合理的経済人としての判断を行う主体であるか等の事情によって、極めて多くのバリエーションが存在するため、ケースによっては、いわゆる「客観的交換価値」よりも遙かに高くなることもあり、逆に大幅に低くなることもあり得るためである。分かりやすく言い換えれば、相手に素人だと舐められてしまえば高値で物件を掴まされるであ

ろうし、セミプロのような百戦錬磨の買手であれば、他の取引条件などをエサにかなりリーズナブルな価格で購入することが可能だ。その意味において、筆者は閉鎖的な私的取引の結果にすぎない帳簿価額というものの時価としての客観性をほとんど信用していない。それでは、具体的にどのような実務的アプローチ方法によって、通常の取引価額を算定すればよいのであろうか。

❷ 土地の通常の取引価額（時価）への実務的なアプローチ方法

　周知のとおり、現在の路線価は、地価公示価格の 80％の水準により設定されており、これは国税庁が毎年発表する報道資料などにおいても明記されている。この水準は元々、平成元（1989）年に制定された土地基本法の理念を受けて平成 3（1991）年から 4（1992）年にかけて実施された一連の土地税制改革の流れの中で定められたものであり、実務的には平成 4 年の路線価を皮切りとして、既に約 30 年間の長きにわたって実施されてきたものである。当初はバブル経済の崩壊に伴って地価下落に歯止めがかからず、相続後に納税のために行う土地の売却価格が路線価を下回る逆転現象や、これに伴う物納申請の増加なども散見されたことから、この 80％水準を維持することに対して、疑義を持つ意見も数多く見られたが、平成 13（2001）年から平成 18（2006）年頃にかけて地価が上昇に転じて以降、現在ではそのような疑義も、既に一応は解消されている。

　一方、地価公示価格は地価公示法に基づき、土地鑑定委員会が毎年 3 月末に公表する価格であり、公共事業による土地買収や土地収用における補償金算定の指標とされているだけでなく、一般的な不動産鑑定においても、これを規準とすることが求められている。この地価公示価格が、通常の取引価格（時価）と完全にイコールであるかという点についても、多少、議論の余地がないわけではないものの、国が相

続税法の定めに基づき、相続税の課税上の評価額算定のために用いる
ものとして、これと完全に連動するその80％水準の価格を採用してい
る以上、通常の取引価格（時価）の標本値として、これに勝るものは
ないものといえよう。

　換言すれば、国は地価公示価格を公的な土地の時価であると認めた
ことを前提として、そこに課税上の安全性を考慮し、20％のアローア
ンスを設けた上で、その80％水準の価格を便宜上、相続税の課税標準
としているに過ぎないともいえるのだ。したがって、土地の通常の取
引価額（時価）を算定するための最も合理的な方法は、通常どおり、
路線価等によって相続税評価額を算定した上で、これに125％（＝10/
8）を乗じればよいことになる。

❸ 地価公示比準額と帳簿価額が異なっていた場合

　それでは、この「地価公示比準価額」（＝相続税評価額×125％）と
評価通達が実務上、課税上弊害がないことを条件として容認している
「帳簿価額」とが異なっていた場合、どうすればよいのだろうか。筆者
としては、仮に「帳簿価額」より高い場合であっても、低い場合であっ
ても、いずれの場合においても「地価公示比準価額」を採用すべきで
あろうと考えている。その理由は前述したとおり、取引価格を基とし
た「帳簿価額」は、取引先の資金力や体質、取引上の力関係などによっ
て、上下に振幅が生じやすく、本来の「不特定多数の当事者間で自由
な取引が行われる場合に通常成立すると認められる価額」（評価通達
1）とは、乖離してしまうことが少なくないためだ。

❹ 帳簿価額を時点修正する方法に対する疑義

　ところで、税理士の中には、「帳簿価額」を基として、これに地価公
示価格や路線価の変動率等により、時点修正を加える方法を推奨して

いる者もいるようだが、元々「帳簿価額」が公開性や客観性を持たない極めて私的な末端取引の結果にすぎないのに、これを公的な指標を基に時点修正したからといって、瞬時に時価、すなわち客観的交換価値に変容することなどあり得ないのは、自明のことといえよう。課税庁が評価通達 185 の後半部分で「帳簿価額」を容認しているのは、平成 2 年改正当時、まだ個人事業者等に対して、旧租税特別措置法第 69 条の 4 の課税制度が適用されていたためであり、その課税標準として採用されていた「取得価額」との均衡を意識していたからに他ならないのであって、基本的に閉鎖的な私的取引の結果に過ぎない「帳簿価額」が客観的交換価値を表していることなどあり得ない、というのが、筆者の考える立脚点である。

❺ 建物の通常の取引価額（時価）への実務的なアプローチ方法

　建物の通常の取引価額（時価）の算定方法は、筆者は長年、次のような手法を採用している。自身では「三法平均」と自称しているものである。

---

① 　次の A〜C の数値を各々個別に算出
　　A＝取得価額を基と定額法未償却残額（償却過不足がなければ、帳簿価額と一致する）
　　B＝標準的な建築価額を基とした定額法未償却残額
　　C＝固定資産税評価額× 10/ 6
② 　A〜C を合計し、3 で除して求めた数値を建物の通常の取引価額（時価）とする。

　この方法は、前記の土地の項でも述べたとおり、「帳簿価額」が客観的交換価値に代替可能なものとして直ちに採用できるものではない不確かさを持っていることを出発点として考案したものである。そして、これを補うために、譲渡所得の取得費の計算の際に用いられる「建

物の標準的な建築価額表」（「建築着工統計（国土交通省）」を基として国税庁が発表しているもの）と、各地方自治体が発表している固定資産税評価額（補正率の 10/6 は 10/7 〜10/5 と幅がある複数の不動産鑑定士の意見に基づき、汎用性を考慮して、これらの中間値を採った）をその補正手段とした。

　さて、ここで前掲❷の土地のケースと併せ、建物の課税時期における通常の取引価額につき、以下に設例 7 として具体例を示してたので参照されたい。なお、①②の未償却残額は、いずれも償却過不足がなく、取得後フルに減価償却することを前提とした理論値である。

設 例 7　3 年内取得等不動産の課税時期の通常の取引価額の算定方法

【土地の場合】

例	購入価格	取得年路線価	課税年路線価	各種補正率	地積	課税年評価額	通常の取引価額＊1
1	75,000 千円	400 千円	420 千円	1.00	188㎡	78,960 千円	98,700 千円
2	49,000 千円	350 千円	370 千円	0.98	106㎡	38,435 千円	48,044 千円
3	83,000 千円	980 千円	1,080 千円	0.86	75㎡	69,660 千円	87,075 千円
4	126,400 千円	1,250 千円	1,310 千円	0.95	95㎡	118,227 千円	147,784 千円
5	291,800 千円	1,330 千円	1,450 千円	0.87	157㎡	198,055 千円	247,569 千円

＊1　土地の通常の取引金額＝課税年路線価×各種補正率×地積× 125％（購入価格・取得年路線価は考慮不要）

【建物の場合】

例	購入価格	①課税時期の未償却残額	②標準的建築価額比準未償却残額	課税年の固定資産税評価額	③同左× 10/6	通常の取引価額＊2
1	54,000 千円	50,355 千円	43,922 千円	22,500 千円	37,500 千円	43,925 千円
2	29,000 千円	27,825 千円	25,400 千円	18,600 千円	31,000 千円	28,075 千円
3	37,800 千円	35,758 千円	27,704 千円	21,270 千円	35,450 千円	32,971 千円
4	69,000 千円	67,137 千円	71,675 千円	35,136 千円	58,560 千円	65,790 千円
5	127,100 千円	122,016 千円	75,398 千円	64,200 千円	107,000 千円	114,508 千円

＊2　建物の通常の取引金額＝原則として①②③の三法平均額による（例 1 〜4）：（①＋②＋③）/3　なお、例 5 の「②標準的建築価額」のように異常値が含まれている場合は、これを除外して二法平均（（①＋③）/2）とする。

❻ 三法のうち、一法が使えないケース

この手法にも欠点はあり、例えば「標準的な建築価額」は施主が様々なこだわりを持って発注し、特別な建築材料を使っているような標準的とは言い難い豪華な建築物には向かない。また、固定資産税評価額は一定の耐用年数を経過すると、税収確保の観点から、これ以上は下げないという水準で止まってしまうため、耐用年数を経過した中古建築物には採用できない。

そのようなケースにおいては、これらを異常値として排除し、二法平均に修正せざるを得ないのだが、双方ともに公的な指標であり、私的取引の結果による「帳簿価額」を1/3の比重、公的に発表されているもの（標準的な建築価額・固定資産税評価額）を基として算定した価額を2/3の比重で加重平均すれば、概ね客観的な数値に補正できるのではないか、との考えをベースとしている。いうまでもないことだが、譲渡所得の土地・建物の収入金額の内訳金額を算定するときのケースも含め、これまでにこの手法で算定したものを課税庁に否認されたことは皆無である。

POINT 　3年内取得等不動産の通常の取引価額の算定方法

項目	通常の取引価額（時価）算定上の実務的なアプローチ方法［算式］	根拠
土地等	通常の取引価額＝相続税評価額×125%	・地価公示法第8条～第11条 ・路線価＝ 　地価公示価格×80%の水準値
建物等	通常の取引価額＝ （A＋B＋C）/3 　A　取得価額を基と課税時期の定額法未償却残額（帳簿価額） 　B　標準的な建築価額を基とした課税時期の定額法未償却残額 　C　課税年度の建物の固定資産税評価額×10/6	・評価通達185カッコ書き後半 ・「土地建物の譲渡所得のあらまし」の【参考2】冒頭部分に掲載 ・不動産鑑定士の意見を元にこれを補正

　なお、上記手法は飽くまで一般的なケースについて用いられるべき
ものであり、土地の所在・地型・近隣の状況・傾斜度等の諸要素、建
物の建築材料や外観などが通常と比較して特殊であるものや、限定さ
れたマーケットでしか買手がつかないようなものなど、個別事情の強
い不動産については、別途、不動産鑑定士に依頼し、国家資格を持っ
たプロが算定した正規の不動産鑑定評価額を採用すべきであろう。

3　課税時期前 3 年内取得等不動産の時価課税制度 ～賃貸用の場合～

❶ 時価課税制度と借家権控除は併用可能

　評価会社が課税時期前 3 年内に取得等した不動産が課税時期におい
て、賃貸の用に供されていた場合には、通常の取引価額（時価）を元
とした上で、土地は貸家建付地（借地権の場合には貸家建付借地権）、
建物は貸家としての評価減を行って差し支えないこととなっている。
評価の水準としては、評価通達 185 のカッコ書きの取扱いにより、通
常の相続税評価額より既に高額となっているものの、未利用の状態で
取得した不動産が、その後、賃貸の用に供されれば、当然ながら、そ
こに借家人の権利が発生し、これを居抜き（借家人が入居した状態の
まま）で売買する場合には、潜在的な立退料負担の存在を考慮せざる
を得ず、その不動産の元の通常の取引価額（時価）自体が、借家権の
存在による影響額を控除した金額でしか売れなくなってしまうことを
想像すれば、当然のことであろう。換言すれば、**時価概念、客観的な
交換価値の概念には、未利用もしくは自用の不動産を賃貸の用に供す
ることによる価値の下落は当然のように想定されているものであり、
既知の変動要因としてそこに含まれているためである。**

　以下に設例 8 として具体的な計算例を示した。

> **設 例 8**　設例7の資産が課税時期までに賃貸の用に供された場合の
> 純資産価額計上額

【土地】一体として取得した下記建物の全部または一部を貸家の用に供した場合

例	利用状況	①通常の取引価額	②借地権割合	③借家権割合	④賃貸割合	⑤積算補正率(1−②×③×④)	純資産価額計上額(①×⑤)
1	貸家建付地	98,700 千円	60%	30%	2/3	0.880	86,856 千円
2	貸家建付地	48,044 千円	70%	30%	1	0.790	37,955 千円
3	貸家建付地	87,075 千円	70%	30%	4/5	0.832	72,446 千円
4	貸家建付地	147,784 千円	60%	30%	1	0.820	121,183 千円
5	貸家建付地	247,569 千円	70%	30%	5/6	0.825	204,244 千円

土地の補正後の通常の取引金額（純資産価額計上額）

＝通常の取引価額×（1−借地権割合×借家権割合×賃貸割合）

【建物】取得後、建物の全部または一部を貸家の用に供した場

例	利用状況	①通常の取引価額	②借地権割合	③借家権割合	④賃貸割合	⑤積算補正率(1−③×④)	純資産価額計上額(①×⑤)
1	貸家	43,925 千円	60%	30%	2/3	0.800	35,140 千円
2	貸家	28,075 千円	70%	30%	1	0.700	19,652 千円
3	貸家	32,971 千円	70%	30%	4/5	0.760	25,058 千円
4	貸家	65,790 千円	60%	30%	1	0.700	46,053 千円
5	貸家	114,508 千円	70%	30%	5/6	0.750	85,881 千円

建物の補正後の通常の取引金額（純資産価額計上額）

＝通常の取引価額×（1−借家権割合×賃貸割合）

❷ 賃貸に供することによる価値増加分は考慮不要

　一方、不動産には様々な顔があり、これを自己利用といった目的ではなく、専ら収益を得る目的のみで購入する者もいるため、全く次元の異なる観点から、収益性を唯一の指標として独自の価格が形成されることもあり、これに伴い発生する「収益還元価額」はケースによって、未利用の状態より、逆に高額となることもあり得ることについても、触れておく必要があるだろう。ただし、不動産鑑定においては、当然のようにその算定要素の一つに含まれているこの「収益還元価額」による時価概念を、課税庁は従来から認めないため、結果として、未

利用の不動産を賃貸に供することによる借家権の発生に伴う価値下落分は考慮するものの、仮に新たな収益性の発生による価値増加分があったとしても、実務上、これについては考慮しなくともよいこととなる。

❸ 時価課税制度が通達の中に存することの健全さ

　そうした意味において、通常の取引価額（時価）の概念は様々な要因（市場、資金、人、利用目的、その他）の綱引きによって形成されている側面があり、一面的な要因だけで決定されるわけではないため、ある意味で矛盾と混沌に満ちているのだが、これを課税標準とする相続税制も、当然のようにこの矛盾と混沌を内包しつつも、実務上の課税の水準をこれより低く抑える機能を持つ評価通達という安全弁を用いて、これが表面に露呈することを回避しているというのが、実情なのではないだろうか。

　したがって、評価通達 185 のカッコ書きの規定は、通達の中に存するという意味では、多少は健全なところがあり、上記のように課税時期前 3 年内に取得等した不動産につき、借家権控除を容認していることもその一例なのだが、時代の大きな変化に翻弄されつつ、わずか 8 年でその役割を終えた旧租税特別措置法第 69 条の 4 はそうではなかった。通達より遙かに強大な力を持つ法律であり、さらに「経済実態を無視した目に余る節税対策に対処する」目的で創設された特別法であったため、取得価額をベースとして課税するこの特異な税制には、当初から借家権控除を一切容認しない頑迷さがあったのである。

❹ 構築物に対する借家権控除は不可

　改めて述べるまでもないが、この時価課税制度の対象財産に入っている構築物については、そもそも建物に紐付けられている借家権を考慮する余地がないため、例えば、家屋と一緒に門扉・塀・機械式駐車

場、アスファルト舗装設備等を賃貸の用に供したとしても、これらの通常の取引価額（時価）につき、何ら手を加える必要はない。また、構築物に関しては「帳簿価額」が本来の「客観的交換価値」と比較して、それほど大きなブレが起きることは考えにくいため、時価課税制度の対象評価額に「帳簿価額」を採用することとして、何ら問題ないのではないだろうか。

　さて、これまで見てきたように、課税時期前 3 年内に取得等された不動産が、その後賃貸の用に供された場合における評価上の取扱いをまとめると、以下の通りとなる。ここでは、スタートの評価額以外は、基本的に通常の賃貸不動産と同様の取扱いになると考えればよい。

POINT　3 年内取得等不動産が賃貸に供された場合の取扱い

項目	通常の取引価額（時価）を元とした評価方法［算式］	根拠
土　地	通常の取引価額×（1－借地権割合×借家権割合×賃貸割合）	評価通達 26
借地権	借地権としての通常の取引価額×（1－借家権割合×賃貸割合）	評価通達 28
建　物	通常の取引価額×（1－借家権割合×賃貸割合）	評価通達 93
構築物	通常の取引価額≒帳簿価額（仮に賃貸されたとしても、借家権は考慮しない）	評価通達 97

4　評価会社が定期借地権を設定する際の保証金の評価方法　〜複利現価換算額とする〜

❶ 長期性の債務に関する圧縮計算の取扱い

　現在のような異常ともいえる低金利が継続している経済情勢の渦中において、あるいはこの論点は余りピンと来ないかも知れないが、**定期借地権のような長期性**（一般定期借地権＝ 50 年以上、事業用定期借地権＝ 10 年以上 30 年未満又は 30 年以上 50 年未満、建物譲渡特約付

借地権＝30年以上）の契約の条件として無利息（もしくは基準年利率
を下回る利息を支払う旨）の約定があり、なおかつ、契約終了時に返
還を要する保証金の支払いを受けている場合には、この保証金の債務
としての評価額は額面とはならず、原則として基準年利率に基づく複
利原価換算額により評価しなければならないこととされている（評価
通達27－3を元とした裏読みによる実務慣行）。

　簡単にいうと、保証金債務自体はすぐに返済する義務がなく、事実
上、長期にわたって預かった金銭を運用することによる利益が得られ
るのであるから、債務の評価上、そうした運用益が得られることを考
慮して、これを複利現価のメカニズムにより、額面金額を圧縮して考
えるべきである、という論理である。

　例えば、年3％の30年の複利原価率は0.412となっているのだが、
これは412万円の元金を年3％の複利で運用すれば、30年後には元利
合計で1,000万円になることを意味しており、こうした複利計算にお
いては、利率が大きければ大きいほど、極めて大きな影響が生じる。
つまり、1,000万円の保証金を預かったとしても、返済期日が30年後
であり、市中金利が3％ならば、その保証金債務の現在価値は理論上、
412万円になるのだから、債務としての評価額も、この金額とすべき
ということである。しかしながら、現在の基準年利率は令和2年12
月分で0.1％であり、年0.1％の30年後の複利原価率は0.970である
ため、現在価値は額面の3％、すなわち30万円しか下がらない。従っ
て、現在の異常な金融緩和策が長期にわたって継続している中では、
この取扱いによる影響額はかなり後退していると言わざるを得ない。

❷ 過去の争訟では全て課税庁が勝っている
　非上場株式の評価において、評価会社が定期借地権方式により、長
期にわたって土地を賃貸しており、これに伴い借地人から無利息の保

証金を預かっている場合には、純資産価額の計算上、定期借地権そのものの評価を行う必要があることに加えて、基準年利率の数値によっては、少なからず、この保証金の評価額の論点が影響してくる可能性があることを頭に入れて置く必要がある。ちなみにこの論点を巡っては、東京地裁平成16年9月3日判決（14年（行ウ）第388号相続税更正処分取消等請求事件、控訴棄却、上告不受理により確定、TAINS Z254-9736）や、大阪地裁平成19年11月14日判決（平成17年（行ウ）第4号相続税更正処分等取消請求事件、控訴棄却、確定、TAINS Z257-10821）など、過去に様々な争訟事例があるものの、納税者が勝っている事例は皆無といってよい。第3章でも記載したとおり、課税庁による調査や司法判断において、長期性の債権については基本的に一切、評価上の減額を認めないこととしている一方で、このように長期性の債務についてのみ、一律に基準年利率に基づく複利現価の論理により減額することとしているのは、明らかな不均衡であるように思えてならない。さらにいえば、将来の金利変動の可能性を一切考慮することなく、課税時期における金利が変動しないことを前提として債務額を圧縮する取扱いをしている点も不合理である。

POINT　評価会社が定期借地権を賃貸している際の保証金の評価方法

項目	保証金の評価方法［算式］	根拠
無利息	保証金等の額×定期借地権の残存年数※に応ずる基準年利率による複利原価率	法令・通達・質疑応答等に明文規定なし（評価通達27-3裏読み）
基準年利率未満の約定利率	保証金等の額×定期借地権の残存年数※にいる複利原価率＋保証金等の額×基準年利率未満の約定利率×定期借地権の残存年数※に応ずる基準年利率による複利年金現価率	

※課税時期における定期借地権の残存期間年数に1年未満の端数がある時は、6ヶ月以上切上げ、6ヶ月未満切捨て（「定期借地権の評価明細書」様式上段注記）

5　評価会社が融資を受けた建設協力金の取扱い
～債務額の圧縮計算は行わない～

　上述のとおり、評価会社が定期借地権方式により、長期にわたって土地を賃貸しており、その見返りに借地人から無利息又は低金利の保証金を預かっている場合には、純資産価額の計算上、その債務額に課税時期における定期借地権の残存期間年数に応じた基準年利率よる複利原価率を乗じることにより、これを圧縮計算する取扱いがある訳だが、一方で、同じ長期性かつ無利息又は低金利の債務であっても、これとはやや異なる考え方を採るものも存在している。それは、保証金のように借り手が長期的な賃料の支払義務を担保するためではなく、専ら貸し手の建築代金に充てるため、借り手が資金を融通する性格を持つ建設協力金と呼ばれる債務であり、評価会社がテナントから無利息又は低金利によりこの建築協力金の融資を受けている場合、上記のような債務額の圧縮計算を行う必要はないこととされている。

　その理由は、いわゆるスーパーやドラッグストア、衣料量販店など、ロードサイドビジネスの運営者であるテナント自身が建築資金の融資をしているからである。これによるメリットは、一般の金融機関から建築代金の融資を受けるのとは異なり、利息を支払う必要がないことにあるが、テナント賃料の減額あるいは相殺という形で、これを分割返済する形式を採ることにより、資金の流れが一方向のみとなり、極めてシンプルなものとなる点にある。また、定期借地権の賃借の際に預かる保証金とは異なり、賃料の減額あるいは相殺を通じて債務額が逓減していくため、無利息又は低金利による経済的利益が事実上、この債務額の逓減という形により相殺されているものと考えることができる。このように賃料の減額処理を通じて債務額が逓減している以上、この建設協力金の債務計上額の算定上、これをさらに圧縮計算して評価する必要がないことについては、改めていうまでもないだろう。

POINT	評価会社がテナントから建設協力金の融通を受けている際の評価方法	
項目	建設協力金（又は保証金）の評価方法	根拠
無利息	課税時期現在における建設協力金の残債務額	融通に伴う経済的利益が賃料減額により相殺されているため
低金利		

6 評価会社が受け取った生命保険金の取扱い 〜弔慰金・繰越欠損金に留意〜

　相続税の申告を行う際、被相続人の死亡を保険事故として、評価会社が生命保険金を受け取った、あるいは保険請求後、未収の状態にあるなどの状況で非上場株式の純資産価額の算定を行うことは極めてよくあるケースであり、株式評価を行う際に考慮すべき事象の典型的なパターンの一つであるといってよいかも知れない。また、この時、支給された保険金を原資として、評価会社が遺族に対して死亡退職金を支払うことも極めて一般的なことであり、退職金控除後の保険差益に対して課税される法人税等を純資産価額算定上の負債の部に見込計上することが可能とされている点も含めてセットの論点として、どの実務書にも書いてある項目であろうと思われる。

❶ 通常紹介されている実務的な取扱い

　これらの内容に関する対処方法は、通常、次による。

① 　評価会社が受け取るべき生命保険金は「生命保険請求権」として資産の部に計上する。

② 　上記に係る保険積立金が資産計上されている場合、これを資産の部から除外する。

③ 　上記保険金額を原資として、被相続人に係る死亡退職金が支払

われている場合、評価通達 186（3）により、当該未払退職金を負債
の部に計上する。

④　（生命保険請求権－保険積立金額－死亡退職金）× 37％（現行
税率）の保険差益に対する法人税額を負債の部に見込計上する。

　ただし、後段の③、④に関して各々、留意を要する点があるため、
ここで参考までに記載しておきたい。ちなみに、これらの論点はいず
れも現在、国税庁ホームページの質疑応答事例に紹介されているもの
であり、特段、目新しい内容というわけでもないのだが、書籍によっ
ては、ここまで書かれていないものもあるため、あくまで備忘の位置
付けとして考えてもらえばよいのではないかと思う。

❷ 弔慰金の取扱い

　一つ目は、弔慰金の取扱いである。上記③の未払退職金の負債計上
が可能なのは飽くまで株主総会なり取締役会の決議に基づく通常の退
職金のみであり、弔慰金部分は負債計上ができないという点である。
この論点には過去に裁決事例があり、平成 16 年 4 月 22 日裁決（TAINS
J67-4-35）にて「相続税法基本通達 3 -18 ないし 3 -23 の区分により弔
慰金とされたものについては、退職手当金等と異なり相続財産とはみ
なされず、実質上の二重課税とはならないので、弔慰金を負債に計上
する必要はない」との判断がなされたことにより、納税者の審査請求
が棄却されている。この内容は、国税庁の質疑応答事例の回答要旨と
もほぼ重複しているのだが、死亡退職金は相続税法第 3 条第 1 項第 2
号により、みなし相続財産として相続税の課税対象となっているとい
う前提があり、課税時期における確定債務でなくとも、これを支給す
る法人の側で債務計上を認めないと二重課税の問題が生じるという観
点が背景に存在している。

❸ 繰越欠損金の取扱い

　二つ目に留意を要する事項は、評価会社が法人税の課税所得の計算上、控除可能な繰越欠損金を有している法人であった場合、上記④の退職金控除後の保険差益の計算上、これを考慮して考えなければならない、という点である。この内容に関しては、国税庁ホームページの質疑応答事例に「欠損法人の負債に計上する保険差益に対応する法人税額等」というタイトルで紹介されており、そこには極めてシンプルに「保険差益の額から欠損金の額を控除して法人税額等を計算します」と書かれているのみなのだが、**非上場株式の評価において扱う内容はB/S項目であれ、P/L項目であれ、基本的に会計上の数値を全て税務上の数値に置換して扱うこととしている以上、保険差益の計算上、税務上の繰越欠損金を考慮するのは当然のことであろう。**つまり、純資産価額の計算上、保険差益の計算を行う必要が生じた際には、直前期末の法人税の申告書の別表七（一）も同時に確認しなければならない、ということである。

POINT　評価会社が受け取った生命保険金の取扱い

イ　評価会社が受け取るべき生命保険金は「生命保険請求権」として資産の部に計上

ロ　上記に係る保険積立金が資産計上されている場合、これを資産の部から除外

ハ　上記保険金を原資として、被相続人に係る死亡退職金の支給決議がなされた場合、当該未払退職金を負債の部に計上（ただし、弔慰金については負債計上不可）

ニ　（生命保険請求権－保険積立金額－死亡退職金－繰越欠損金額）×37％相当額の保険差益に対する法人税額を負債の部に計上（ただし、カッコ書きの計算結果がマイナスの場合、法人税額の負債計上は不可）

7　課税時期後の修正申告に伴う法人税・加算税等の取扱い～負債計上は可～

　非上場株式の評価で純資産価額の計算を行う際、評価通達186は、貸借対照表上の貸倒引当金や退職給与引当金、納税引当金（納税充当金）その他の引当金、準備金は負債に含まれないとする一方で、次の金額は負債に計上することを認めている。

① 　課税時期の属する事業年度に係る法人税額、消費税額、事業税額、道府県民税額及び市町村民税額のうち、その事業年度開始の日から課税時期までの期間に対応する金額（課税時期において未払いのものに限る）

② 　課税時期以前に賦課期日のあった固定資産税の税額のうち、課税時期において未払いの金額

③ 　被相続人の死亡により、相続人その他の者に支給することが確定した退職手当金、功労金その他これらに準ずる給与の金額

　①は事業活動を行っていることに伴う確定債務、②は資産の所有に伴う確定債務、③はみなし相続財産となる退職手当金に関する二重課税排除の趣旨で定められたみなし債務だと考えてよいだろう。

❶ 課税時期後の修正申告に伴う公租公課の取扱い

　ここで生じる疑問は、課税時期後に行われた修正申告に伴う（つまり、課税時期においては確定していない）法人税・法人住民税・法人事業税・消費税及び加算税等につき、これを負債の部に計上しても差し支えないのだろうか、という点である。

　この問いに対する回答は平成21年8月作成の東京国税局課税第一部・資産税課・資産評価官による「資産税審理研修資料」にあり、この中で、課税庁は「1株当たりの純資産価額の計算上控除すべき公租

公課についても相続税法において債務控除される公租公課と同様に取り扱うべきものと考えられる」との前提に立ち、相続税法施行令第３条の考え方を根拠として「相続税の課税時期前の事業年度における法人税の過少申告に起因して、評価会社が当該課税時期後に納付することとなった法人税及び加算税等についても、純資産価額の計算上控除すべき負債として計上して差し支えない」旨の回答をしている。

　ここでは、相続税法施行令第３条第１項が「課税時期において納税義務が確定している」ことをその判断の前提としつつも、たとえ課税時期後に納税義務が確定するものであっても、その課税原因が被相続人の生前の経済活動に起因するものであれば、債務控除の対象とすることを許容している点をベースとしており、事実上、この考え方をそのまま非上場株式の評価に援用しているものと考えられる。

❷ 延滞税を負債計上する際の制限事項

　したがって、この例外事項として、同施行令にあるように「ただし、相続人の責めに帰すべき事由により納付し、又は徴収されることとなった延滞税、利子税、過少申告加算税、無申告加算税及び重加算税に相当する税額を含まないものとする」といった（被相続人側ではなく）相続人の側に非がある公租公課を除外する旨の留保が付くことになる。つまり、前述の研修資料の末尾に「なお、この場合の延滞税については、法人税の法定納期限から修正申告書の提出の日の前日までの期間に対応するものに限り、負債として計上するのが相当である」と書かれているのは、この施行令のただし書きと平仄を合わせたものであろう。

　これらの取扱いは、課税庁の内部資料に記載されたものであるが、一定のルールに従って、債務確定主義の例外として、柔軟に公租公課の債務計上を是認している点につき、ここで押さえておきたい。

| POINT | 課税時期後の修正申告に伴う法人税・加算税等の取扱い |

[原則]　相続税の課税時期前の事業年度における法人税の課税所得及び申告納税額等の過少申告に起因して、評価会社が当該課税時期後に納付することとなった法人税・法人住民税・法人事業税・消費税及び過少申告加算税等についても、純資産価額の計算上控除すべき負債として計上して差し支えない。

[例外]　ただし、修正申告書の提出日以降の期間に対応する延滞税については控除不可

8　デリバティブ資産・負債、繰延税金資産・負債の取扱い ～資産・負債として計上は不可～

❶ デリバティブ資産・負債の取扱い

　金利スワップ（デリバティブ）取引については、原則として法人税法上、恣意的な期間損益操作に利用されることを防止する観点から、決算期末において、たとえ決済が行われていなくとも、決済が行われたものとして評価損益を認識しなければならない旨の規定がある。このようにして、法人税法第61条の5の規定により、みなし決済の処理がなされた結果、デリバティブ評価損益が益金又は損金として別表四の課税所得計算に組み込まれ（加算又は減算・留保）、同時にその相手勘定に相当するものとして、デリバティブ資産（評価益の場合）、又はデリバティブ負債（評価損の場合）が税務上の貸借対照表である別表五（一）に計上されることになる。それでは、これらの別表五（一）上のデリバティブ資産又はデリバティブ負債は、非上場株式の評価における純資産価額の計算上、どのように扱えばよいのであろうか。

　この点に関しては、国税庁の質疑応答事例と平成22年12月作成の東京国税局課税第一部・資産税課・資産評価官による「資産税審理研

修資料」の双方に記載されているが、いずれにも「デリバティブ資産
又は負債は、法人税法上の取扱いに基づくみなし決済から生じたもの
であり、現実の決済は何ら行われておらず、いわば計算上の資産又は
負債に過ぎないものと認められることから、純資産価額計算上の資産
又は負債とするのは相当ではない」旨が書かれている。

　非上場株式の評価においては、全て会計上の数値ではなく、税務上
の数値に置き換えて計算をしていく原則がある中で、この取扱いには
やや違和感がなくもないが、そもそもこの**デリバティブ資産・デリバ
ティブ負債は法人税法施行令第120条の規定により、翌期に洗替え処
理が行われて抹消されることを前提としており、その意味において、
いわば一種の経過勘定に過ぎない以上、改めて資産・負債として認識
すべきでないのは、当然のことなのかも知れない。**

POINT　金利スワップ取引によるデリバティブ資産・負債の取扱い

> 　金利スワップ取引によるデリバティブ資産・負債は、税務上のみな
> し決済の相手勘定に過ぎず、現実の決済が行われているわけではない
> ことに加え、翌期に洗替え処理が行われて抹消される経過的な性格を
> 持っていることから、1株あたりの純資産価額の計算上、資産・負債
> として認識しない。

❷ 繰延税金資産・負債の取扱い

　同様に税効果会計に基づく、繰延税金資産・繰延税金負債について
は、1株あたりの純資産価額の計算上、どのように扱えばよいのだろ
うか。この点については、国税庁が定めた評価明細書の「記載方法等」
の中で、繰延税金資産については（繰延資産と共に）「財産性がない」
との理由で「記載しません」と、繰延税金負債については評価通達186
に記載されている貸倒引当金等と並列させる形で、特段の理由を示さ

ずに「負債に該当しないものとします」と書かれている。これらの勘定科目は、将来の法人税等の支払いを増減させる効果を有するため、法人税等の潜在的な前払額・未払額として位置付けられるものであり、言わば、税務と会計の収益・費用の認識基準の違いを埋めるための調整弁のような意味合いを有している。それは「適正な税引後当期純利益を表示させる」という税効果会計の目的には適っており、さらに、健全な経済活動が継続する限り、その資産性・負債性についても、絵空事とばかり言い切れない実体を備えている面がある。

　しかしながら、これらの科目に計上される数値は一種の理論値であって、「繰延税金資産＝将来減算一時差異×法人税率等」、あるいは「繰延税金負債＝将来加算一時差異×法人税率等」といった算式により算定されるものである以上、まず、**これらの数値に将来の税制改正による税率の変更を織り込むことは不可能である**、という問題点がある。また、**繰延税金資産には換金性や担保性が、繰延税金負債には確実性がないことから、相続税の課税対象財産である非上場株式の評価において、これらを資産・負債として認識することは、他の財産・債務との均衡を欠く面がある**ことは確かだろう。その意味において、１株あたりの純資産価額の計算上、これらの科目を資産・負債として認識しないことには、一定の合理性があるものと考えられる。

POINT 税効果会計における繰延税金資産・繰延税金負債の取扱い

　税効果会計における繰延税金資産・繰延税金負債は、法人税等の潜在的な前払額・未払額として位置付けられるものの、いわば計算上の理論値にすぎず、そこに将来の税制改正による税率の変更を織り込むことは不可能であり、繰延税金資産には換金性や担保性（＝財産性）が、繰延税金負債には確実性がないことから、１株あたりの純資産価額の計算上、資産・負債として認識しない。

❸ 客観的交換価値として算定し得る最も合理的な理論値

　このように考えていくと、会計上の財務諸表も、税務上の財務諸表も、いわば一時点あるいは一定期間における法人の経済取引の結果もしくは経過を、その時々の法律等に従って、便宜的に表現したものに過ぎず、会計のルールも税制も社会や経済情勢の変化に伴って常に変動していくものである以上、**相続税もしくは贈与税の課税のために算定される非上場株式の評価額も常に「様々な会計上・税務上の要素を勘案し、数ある指標の中で有効と判断し得る数値を抽出していくことによって、現時点において、客観的交換価値として算定し得る最も合理的な理論値」**でしかないと考えるべきなのかも知れない。

〔参考資料1〕

財産評価基本通達 178〜196

(昭和 39 年 4 月 25 日 直資 56(例規)外 最終改正：令和元年 9 月 18 日 課評 2-39 外)

(取引相場のない株式の評価上の区分)

178 取引相場のない株式の価額は、評価しようとするその株式の発行会社 (以下「評価会社」という。) が次の表の大会社、中会社又は小会社のいずれに該当するかに応じて、それぞれ次項の定めによって評価する。ただし、同族株主以外の株主等が取得した株式又は特定の評価会社の株式の価額は、それぞれ 188 ≪同族株主以外の株主等が取得した株式≫又は 189 ≪特定の評価会社の株式≫の定めによって評価する。(昭 41 直資 3-19・昭 47 直資 3-16・昭 53 直評 5 外・昭 58 直評 5 外・平 2 直評 12 外・平 6 課評 2-8 外・平 10 課評 2-10 外・平 11 課評 2-2 外・平 12 課評 2-4 外・平 18 課評 2-27 外・平 29 課評 2-12 外改正)

規模区分	区分の内容		総資産価額 (帳簿価額によって計算した金額) 及び従業員数	直前期末以前 1 年間における取引金額
大会社	従業員数が 70 人以上の会社又は右のいずれかに該当する会社	卸売業	20 億円以上 (従業員数が 35 人以下の会社を除く。)	30 億円以上
		小売・サービス業	15 億円以上 (従業員数が 35 人以下の会社を除く。)	20 億円以上
		卸売業、小売・サービス業以外	15 億円以上 (従業員数が 35 人以下の会社を除く。)	15 億円以上
中会社	従業員数が 70 人未満の会社で右のいずれかに該当する会社 (大会社に該当する場合を除く。)	卸売業	7,000 万円以上 (従業員数が 5 人以下の会社を除く。)	2 億円以上 30 億円未満
		小売・サービス業	4,000 万円以上 (従業員数が 5 人以下の会社を除く。)	6,000 万円以上 20 億円未満
		卸売業、小売・サービス業以外	5,000 万円以上 (従業員数が 5 人以下の会社を除く。)	8,000 万円以上 15 億円未満
小会社	従業員数が 70 人未満の会社で右のいずれにも該当する会社	卸売業	7,000 万円未満又は従業員数が 5 人以下	2 億円未満
		小売・サービス業	4,000 万円未満又は従業員数が 5 人以下	6,000 万円未満
		卸売業、小売・サービス業以外	5,000 万円未満又は従業員数が 5 人以下	8,000 万円未満

　上の表の「総資産価額 (帳簿価額によって計算した金額) 及び従業員数」及び「直前期末以前 1 年間における取引金額」は、それぞれ次の(1)から(3)により、「卸売業」、「小売・サービス業」又は「卸売業、小売・サービス業以外」の判定は(4)による。

(1) 「総資産価額（帳簿価額によって計算した金額）」は、課税時期の直前に終了した事業年度の末日（以下「直前期末」という。）における評価会社の各資産の帳簿価額の合計額とする。

(2) 「従業員数」は、直前期末以前１年間においてその期間継続して評価会社に勤務していた従業員（就業規則等で定められた１週間当たりの労働時間が 30 時間未満である従業員を除く。以下この項において「継続勤務従業員」という。）の数に、直前期末以前１年間において評価会社に勤務していた従業員（継続勤務従業員を除く。）のその１年間における労働時間の合計時間数を従業員１人当たり年間平均労働時間数で除して求めた数を加算した数とする。

この場合における従業員１人当たり年間平均労働時間数は、1,800 時間とする。

(3) 「直前期末以前１年間における取引金額」は、その期間における評価会社の目的とする事業に係る収入金額（金融業・証券業については収入利息及び収入手数料）とする。

(4) 評価会社が「卸売業」、「小売・サービス業」又は「卸売業、小売・サービス業以外」のいずれの業種に該当するかは、上記(3)の直前期末以前１年間における取引金額（以下この項及び 181-2 ≪評価会社の事業が該当する業種目≫において「取引金額」という。）に基づいて判定し、当該取引金額のうちに２以上の業種に係る取引金額が含まれている場合には、それらの取引金額のうち最も多い取引金額に係る業種によって判定する。

(注) 上記(2)の従業員には、社長、理事長並びに法人税法施行令第 71 条≪使用人兼務役員とされない役員≫第１項第１号、第２号及び第４号に掲げる役員は含まないのであるから留意する。

（取引相場のない株式の評価の原則）

179 前項により区分された大会社、中会社及び小会社の株式の価額は、それぞれ次による。（昭 41 直資 3-19・昭 47 直資 3-16・昭 58 直評５外・平６課評 2-8 外・平 10 課評 2-10 外・平 12 課評 2-4 外・平 29 課評 2-12 外改正）

(1) 大会社の株式の価額は、類似業種比準価額によって評価する。ただし、納税義務者の選択により、１株当たりの純資産価額（相続税評価額によって計算した金額）によって評価することができる。

(2) 中会社の株式の価額は、次の算式により計算した金額によって評価する。ただし、納税義務者の選択により、算式中の類似業種比準価額を１株当たりの純資産価額（相続税評価額によって計算した金額）によって計算することができる。

類似業種比準価額×L＋1株当たりの純資産価額（相続税評価額によって計算した金額）×（1－L）

上の算式中の「L」は、評価会社の前項に定める総資産価額（帳簿価額によって計算した金額）及び従業員数又は直前期末以前1年間における取引金額に応じて、それぞれ次に定める割合のうちいずれか大きい方の割合とする。

イ　総資産価額（帳簿価額によって計算した金額）及び従業員数に応ずる割合

卸売業	小売・サービス業	卸売業、小売・サービス業以外	割合
4億円以上（従業員数が35人以下の会社を除く。）	5億円以上（従業員数が35人以下の会社を除く。）	5億円以上（従業員数が35人以下の会社を除く。）	0.90
2億円以上（従業員数が20人以下の会社を除く。）	2億5,000万円以上（従業員数が20人以下の会社を除く。）	2億5,000万円以上（従業員数が20人以下の会社を除く。）	0.75
7,000万円以上（従業員数が5人以下の会社を除く。）	4,000万円以上（従業員数が5人以下の会社を除く。）	5,000万円以上（従業員数が5人以下の会社を除く。）	0.60

（注）　複数の区分に該当する場合には、上位の区分に該当するものとする。

ロ　直前期末以前1年間における取引金額に応ずる割合

卸売業	小売・サービス業	卸売業、小売・サービス業以外	割合
7億円以上30億円未満	5億円以上20億円未満	4億円以上15億円未満	0.90
3億5,000万円以上7億円未満	2億5,000万円以上5億円未満	2億円以上4億円未満	0.75
2億円以上3億5,000万円未満	6,000万円以上2億5,000万円未満	8,000万円以上2億円未満	0.60

(3)　小会社の株式の価額は、1株当たりの純資産価額（相続税評価額によって計算した金額）によって評価する。ただし、納税義務者の選択により、Lを0.50として(2)の算式により計算した金額によって評価することができる。

（類似業種比準価額）

180　前項の類似業種比準価額は、類似業種の株価並びに1株当たりの配当金額、年利益金額及び純資産価額（帳簿価額によって計算した金額）を基とし、次の算式によって計算した金額とする。この場合において、評価会社の直前期末における資本金等の額（法人税法第2条（（定義））第16号に規定する資本金等の額をいう。以下同じ。）を直前期末における発行済株式数（自己株式（会社法第113条第4項に規定する自己株式をいう。以下同じ。）を有する場合には、当該自己株式の数を控除した株式数。以下同じ。）で除した金額（以下「1株当たりの資本金等の額」という。）が50円以外の金額であるときは、その計算した金額に、1株当たりの資本金等の額の50円に対する倍数を乗じて計算した金額

とする。(昭 44 直資 3-20・昭 47 直資 3-16・昭 58 直評 5 外・平 12 課評 2-4 外・平 18 課評 2-27 外・平 20 課評 2-5 外・平 29 課評 2-12 外改正)

$$A \times \left[\cfrac{\dfrac{Ⓑ}{B} + \dfrac{Ⓒ}{C} + \dfrac{Ⓓ}{D}}{3} \right] \times 0.7$$

(1) 上記算式中の「A」、「Ⓑ」、「Ⓒ」、「Ⓓ」、「B」、「C」及び「D」は、それぞれ次による。

「A」＝類似業種の株価

「Ⓑ」＝評価会社の 1 株当たりの配当金額

「Ⓒ」＝評価会社の 1 株当たりの利益金額

「Ⓓ」＝評価会社の 1 株当たりの純資産価額(帳簿価額によって計算した金額)

「B」＝課税時期の属する年の類似業種の 1 株当たりの配当金額

「C」＝課税時期の属する年の類似業種の 1 株当たりの年利益金額

「D」＝課税時期の属する年の類似業種の 1 株当たりの純資産価額(帳簿価額によって計算した金額)

(注) 類似業種比準価額の計算に当たっては、Ⓑ、Ⓒ及びⓄの金額は 183 ≪評価会社の 1 株当たりの配当金額等の計算≫により 1 株当たりの資本金等の額を 50 円とした場合の金額として計算することに留意する。

(2) 上記算式中の「0.7」は、178 ≪取引相場のない株式の評価上の区分≫に定める中会社の株式を評価する場合には「0.6」、同項に定める小会社の株式を評価する場合には「0.5」とする。

(類似業種)

181 前項の類似業種は、大分類、中分類及び小分類に区分して別に定める業種(以下「業種目」という。)のうち、評価会社の事業が該当する業種目とし、その業種目が小分類に区分されているものにあっては小分類による業種目、小分類に区分されていない中分類のものにあっては中分類の業種目による。ただし、納税義務者の選択により、類似業種が小分類による業種目にあってはその業種目の属する中分類の業種目、類似業種が中分類による業種目にあってはその業種目の属する大分類の業種目を、それぞれ類似業種とすることができる。(昭 58 直評 5 外改正)

(評価会社の事業が該当する業種目)

181-2 前項の評価会社の事業が該当する業種目は、178 ≪取引相場のない株式の評価上の区分≫の(4)の取引金額に基づいて判定した業種目とする。

なお、当該取引金額のうちに 2 以上の業種目に係る取引金額が含まれている

場合の当該評価会社の事業が該当する業種目は、取引金額全体のうちに占める業種目別の取引金額の割合（以下この項において「業種目別の割合」という。）が 50％を超える業種目とし、その割合が 50％を超える業種目がない場合は、次に掲げる場合に応じたそれぞれの業種目とする。（平 11 課評 2-2 外追加、平 12 課評 2-4 外、平 21 課評 2-12 外改正）

(1)　評価会社の事業が一つの中分類の業種目中の 2 以上の類似する小分類の業種目に属し、それらの業種目別の割合の合計が 50％を超える場合

　　　その中分類の中にある類似する小分類の「その他の○○業」

　　　なお、これを図により例示すれば、次のとおり。

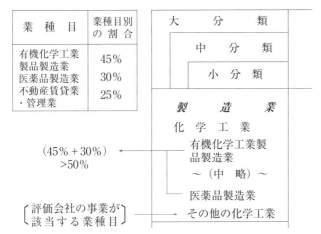

(2)　評価会社の事業が一つの中分類の業種目中の 2 以上の類似しない小分類の業種目に属し、それらの業種目別の割合の合計が 50％を超える場合（(1)に該当する場合を除く。）

　　　その中分類の業種目

　　　なお、これを図により例示すれば、次のとおり。

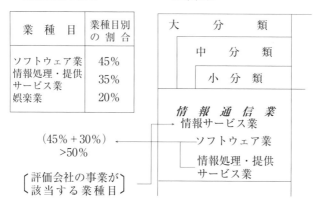

○　評価会社の業種目と　　○　類似業種比準価額計算上
　　業種目別の割合　　　　　　の業種目

業　種　目	業種目別の割合
ソフトウェア業	45%
情報処理・提供サービス業	35%
娯楽業	20%

(45% + 30%)
>50%

〔評価会社の事業が該当する業種目〕

大　　分　　類
　中　分　類
　　小　分　類

情　報　通　信　業
　→　情報サービス業
　　└　ソフトウェア業
　　└　情報処理・提供サービス業

(3)　評価会社の事業が一つの大分類の業種目中の２以上の類似する中分類の業種目に属し、それらの業種目別の割合の合計が 50%を超える場合
　　その大分類の中にある類似する中分類の「その他の○○業」
　　なお、これを図により例示すれば、次のとおり。

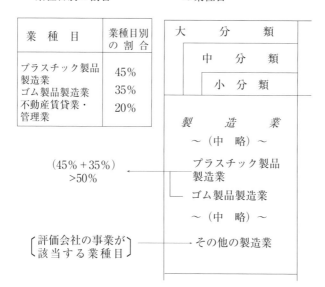

○　評価会社の業種目と　　○　類似業種比準価額計算上
　　業種目別の割合　　　　　　の業種目

業　種　目	業種目別の割合
プラスチック製品製造業	45%
ゴム製品製造業	35%
不動産賃貸業・管理業	20%

(45% + 35%)
>50%

〔評価会社の事業が該当する業種目〕

大　　分　　類
　中　分　類
　　小　分　類

製　　造　　業
　〜（中　略）〜
　　プラスチック製品製造業
　└　ゴム製品製造業
　〜（中　略）〜
　→　その他の製造業

(4)　評価会社の事業が一つの大分類の業種目中の２以上の類似しない中分類の

業種目に属し、それらの業種目別の割合の合計が 50％を超える場合（(3)に該当する場合を除く。）

その大分類の業種目

なお、これを図により例示すれば、次のとおり。

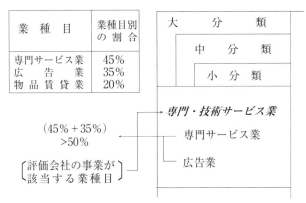

○　評価会社の業種目と
　　業種目別の割合

業　種　目	業種目別の割合
専門サービス業	45％
広　告　業	35％
物品賃貸業	20％

（45％＋35％）
＞50％

〔評価会社の事業が
該当する業種目〕

○　類似業種比準価額計算上
　　の業種目

大　　分　　類
中　　分　　類
小　　分　　類

専門・技術サービス業

専門サービス業

広告業

(5)　(1)から(4)のいずれにも該当しない場合

大分類の業種目の中の「その他の産業」

（類似業種の株価）

182　180≪類似業種比準価額≫の類似業種の株価は、課税時期の属する月以前 3 か月間の各月の類似業種の株価のうち最も低いものとする。ただし、納税義務者の選択により、類似業種の前年平均株価又は課税時期の属する月以前 2 年間の平均株価によることができる。

この場合の各月の株価並びに前年平均株価及び課税時期の属する月以前 2 年間の平均株価は、業種目ごとにそれぞれの業種目に該当する上場会社（以下「標本会社」という。）の株式の毎日の最終価格の各月ごとの平均額（1 株当たりの資本金の額等（資本金の額及び資本剰余金の額の合計額から自己株式の額を控除した金額をいう。以下同じ。）を 50 円として計算した金額）を基に計算した金額によることとし、その金額は別に定める。（昭 47 直資 3-16・昭 58 直評 5 外・平 18 課評 2-27 外・平 29 課評 2-12 外改正）

（評価会社の 1 株当たりの配当金額等の計算）

183　180≪類似業種比準価額≫の評価会社の「1 株当たりの配当金額」、「1 株当たりの利益金額」及び「1 株当たりの純資産価額（帳簿価額によって計算した

金額)」は、それぞれ次による。(昭44直資3-20・昭53直評5外・昭58直評5外・平12課評2-4外・平15課評2-15外・平18課評2-27外改正)

(1)　「1株当たりの配当金額」は、直前期末以前2年間におけるその会社の剰余金の配当金額(特別配当、記念配当等の名称による配当金額のうち、将来毎期継続することが予想できない金額を除く。)の合計額の2分の1に相当する金額を、直前期末における発行済株式数(1株当たりの資本金等の額が50円以外の金額である場合には、直前期末における資本金等の額を50円で除して計算した数によるものとする。(2)及び(3)において同じ。)で除して計算した金額とする。

(2)　「1株当たりの利益金額」は、直前期末以前1年間における法人税の課税所得金額(固定資産売却益、保険差益等の非経常的な利益の金額を除く。)に、その所得の計算上益金に算入されなかった剰余金の配当(資本金等の額の減少によるものを除く。)等の金額(所得税額に相当する金額を除く。)及び損金に算入された繰越欠損金の控除額を加算した金額(その金額が負数のときは、0とする。)を、直前期末における発行済株式数で除して計算した金額とする。ただし、納税義務者の選択により、直前期末以前2年間の各事業年度について、それぞれ法人税の課税所得金額を基とし上記に準じて計算した金額の合計額(その合計額が負数のときは、0とする。)の2分の1に相当する金額を直前期末における発行済株式数で除して計算した金額とすることができる。

(3)　「1株当たりの純資産価額(帳簿価額によって計算した金額)」は、直前期末における資本金等の額及び法人税法第2条((定義))第18号に規定する利益積立金額に相当する金額(法人税申告書別表五(一)「利益積立金額及び資本金等の額の計算に関する明細書」の差引翌期首現在利益積立金額の差引合計額)の合計額を直前期末における発行済株式数で除して計算した金額とする。

（注）

1　上記(1)の「剰余金の配当金額」は、各事業年度中に配当金交付の効力が発生した剰余金の配当金額(資本金等の額の減少によるものを除く。)を基として計算することに留意する。

2　利益積立金額に相当する金額が負数である場合には、その負数に相当する金額を資本金等の額から控除するものとし、その控除後の金額が負数となる場合には、その控除後の金額を0とするのであるから留意する。

（類似業種の１株当たりの配当金額等の計算）

183-2　180≪類似業種比準価額≫の類似業種の「１株当たりの配当金額」、「１株当たりの年利益金額」及び「１株当たりの純資産価額（帳簿価額によって計算した金額）」は、財務諸表（連結財務諸表を作成している標本会社にあっては、連結財務諸表）に基づき、各標本会社について、前項の(1)、(2)及び(3)の定めに準じて計算した１株当たりの配当金額、１株当たりの年利益金額及び１株当たりの純資産価額（帳簿価額によって計算した金額）を基に計算した金額によることとし、その金額は別に定める。

　　この場合において、「資本金等の額」とあるのは、「資本金の額等」と、「法人税の課税所得金額（固定資産売却益、保険差益等の非経常的な利益の金額を除く。）に、その所得の計算上益金に算入されなかった剰余金の配当（資本金等の額の減少によるものを除く。）等の金額（所得税額に相当する金額を除く。）及び損金に算入された繰越欠損金の控除額を加算した金額」とあるのは、「税引前当期純利益の額」と、「資本金等の額及び法人税法第２条（(定義)）第18号に規定する利益積立金額に相当する金額（法人税申告書別表五（一）「利益積立金額及び資本金等の額の計算に関する明細書」の差引翌期首現在利益積立金額の差引合計額）」とあるのは、「純資産の部」と読替えて計算した金額とする。（昭47直資3-16・昭58直評5外・平29課評2-12外改正）

（類似業種比準価額の修正）

184　180≪類似業種比準価額≫の定めにより類似業種比準価額を計算した場合において、評価会社の株式が次に該当するときは、同項の定めにより計算した価額をそれぞれ次の算式により修正した金額をもって類似業種比準価額とする。（昭47直資3-16・昭53直評5外・昭58直評5外・平11課評2-2外・平18課評2-27外改正）

(1)　直前期末の翌日から課税時期までの間に配当金交付の効力が発生した場合
　　180≪類似業種比準価額≫の定めにより計算した価額―株式１株に対して受けた配当の金額

(2)　直前期末の翌日から課税時期までの間に株式の割当て等の効力が発生した場合
　　（180≪類似業種比準価額≫の定めにより計算した価額＋割当てを受けた株式１株につき払い込んだ金額×株式１株に対する割当株式数）÷（1＋株式１株に対する割当株式数又は交付株式数）

（純資産価額）

185　179（(取引相場のない株式の評価の原則)）の「１株当たりの純資産価額（相

続税評価額によって計算した金額）」は、課税時期における各資産をこの通達に定めるところにより評価した価額（この場合、評価会社が課税時期前3年以内に取得又は新築した土地及び土地の上に存する権利（以下「土地等」という。）並びに家屋及びその附属設備又は構築物（以下「家屋等」という。）の価額は、課税時期における通常の取引価額に相当する金額によって評価するものとし、当該土地等又は当該家屋等に係る帳簿価額が課税時期における通常の取引価額に相当すると認められる場合には、当該帳簿価額に相当する金額によって評価することができるものとする。以下同じ。）の合計額から課税時期における各負債の金額の合計額及び186-2（（評価差額に対する法人税額等に相当する金額））により計算した評価差額に対する法人税額等に相当する金額を控除した金額を課税時期における発行済株式数で除して計算した金額とする。ただし、179（（取引相場のない株式の評価の原則））の(2)の算式及び(3)の1株当たりの純資産価額（相続税評価額によって計算した金額）については、株式の取得者とその同族関係者（188（（同族株主以外の株主等が取得した株式））の(1)に定める同族関係者をいう。）の有する議決権の合計数が評価会社の議決権総数の50%以下である場合においては、上記により計算した1株当たりの純資産価額（相続税評価額によって計算した金額）に100分の80を乗じて計算した金額とする。（昭47直資3-16・昭53直評5外・昭58直評5外・平2直評12外・平12課評2-4外・平15課評2-15外・平18課評2-27外改正）

（注）

1　1株当たりの純資産価額（相続税評価額によって計算した金額）の計算を行う場合の「発行済株式数」は、直前期末ではなく、課税時期における発行済株式数であることに留意する。

2　上記の「議決権の合計数」及び「議決権総数」には、188-5（（種類株式がある場合の議決権総数等））の「株主総会の一部の事項について議決権を行使できない株式に係る議決権の数」を含めるものとする。

（純資産価額計算上の負債）

186　前項の課税時期における1株当たりの純資産価額（相続税評価額によって計算した金額）の計算を行う場合には、貸倒引当金、退職給与引当金（平成14年改正法人税法附則第8条（（退職給与引当金に関する経過措置））第2項及び第3項の適用後の退職給与引当金勘定の金額に相当する金額を除く。）、納税引当金その他の引当金及び準備金に相当する金額は負債に含まれないものとし、次に掲げる金額は負債に含まれることに留意する（次項及び186-3≪評価会社が有する株式等の純資産価額の計算≫において同じ。）。（昭47直資3-16・昭

58 直評 5 外・平 2 直評 12 外・平 11 課評 2-2 外・平 12 課評 2-4 外・平 18 課評 2-27 外改正)

⑴　課税時期の属する事業年度に係る法人税額、消費税額、事業税額、道府県民税額及び市町村民税額のうち、その事業年度開始の日から課税時期までの期間に対応する金額（課税時期において未払いのものに限る。）

⑵　課税時期以前に賦課期日のあった固定資産税の税額のうち、課税時期において未払いの金額

⑶　被相続人の死亡により、相続人その他の者に支給することが確定した退職手当金、功労金その他これらに準ずる給与の金額

（評価差額に対する法人税額等に相当する金額）

186-2　185（（純資産価額））の「評価差額に対する法人税額等に相当する金額」は、次の⑴の金額から⑵の金額を控除した残額がある場合におけるその残額に37％（法人税（地方法人税を含む。）、事業税（特別法人事業税を含む。）、道府県民税及び市町村民税の税率の合計に相当する割合）を乗じて計算した金額とする。（昭 47 直資 3-16 追加、昭 49 直資 5-14・昭 56 直評 18・昭 58 直評 5 外・昭 59 直評 5 外・昭 62 直評 11 外・平元直評 7 外・平 2 直評 4 外・平 6 課評 2-8 外・平 10 課評 2-5 外・平 11 課評 2-12 外・平 12 課評 2-4 外・平 18 課評 2-27 外・平 22 課評 2-18 外・平 24 課評 2-8 外・平 26 課評 2-9 外・平 27 課評 2-5 外・平 28 課評 2-10 外・令元課評 2-39 外改正）

⑴　課税時期における各資産をこの通達に定めるところにより評価した価額の合計額（以下この項において「課税時期における相続税評価額による総資産価額」という。）から課税時期における各負債の金額の合計額を控除した金額

⑵　課税時期における相続税評価額による総資産価額の計算の基とした各資産の帳簿価額の合計額（当該各資産の中に、現物出資若しくは合併により著しく低い価額で受け入れた資産又は会社法第 2 条第 31 号の規定による株式交換（以下この項において「株式交換」という。）若しくは会社法第 2 条第 32 号の規定による株式移転（以下この項において「株式移転」という。）により著しく低い価額で受け入れた株式（以下この項において、これらの資産又は株式を「現物出資等受入れ資産」という。）がある場合には、当該各資産の帳簿価額の合計額に、現物出資、合併、株式交換又は株式移転の時において当該現物出資等受入れ資産をこの通達に定めるところにより評価した価額から当該現物出資等受入れ資産の帳簿価額を控除した金額（以下この項において「現物出資等受入れ差額」という。）を加算した価額）から課税時期における各負債の金額の合計額を控除した金額

（注）

1　現物出資等受入れ資産が合併により著しく低い価額で受け入れた資産（以下（注）１において「合併受入れ資産」という。）である場合において、上記⑵の「この通達に定めるところにより評価した価額」は、当該価額が合併受入れ資産に係る被合併会社の帳簿価額を超えるときには、当該帳簿価額とする。

2　上記⑵の「現物出資等受入れ差額」は、現物出資、合併、株式交換又は株式移転の時において現物出資等受入れ資産をこの通達に定めるところにより評価した価額が課税時期において当該現物出資等受入れ資産をこの通達に定めるところにより評価した価額を上回る場合には、課税時期において当該現物出資等受入れ資産をこの通達に定めるところにより評価した価額から当該現物出資等受入れ資産の帳簿価額を控除した金額とする。

3　上記⑵のかっこ書における「現物出資等受入れ差額」の加算は、課税時期における相続税評価額による総資産価額に占める現物出資等受入れ資産の価額（課税時期においてこの通達に定めるところにより評価した価額）の合計額の割合が 20％以下である場合には、適用しない。

（評価会社が有する株式等の純資産価額の計算）

186-3　185 ≪純資産価額≫の定めにより、課税時期における評価会社の各資産を評価する場合において、当該各資産のうちに取引相場のない株式があるときの当該株式の１株当たりの純資産価額（相続税評価額によって計算した金額）は、当該株式の発行会社の課税時期における各資産をこの通達に定めるところにより評価した金額の合計額から課税時期における各負債の金額の合計額を控除した金額を課税時期における当該株式の発行会社の発行済株式数で除して計算した金額とする。

　　なお、評価会社の各資産のうちに出資及び転換社債型新株予約権付社債（197-5（（転換社債型新株予約権付社債の評価））の⑶のロに定めるものをいう。）のある場合についても、同様とする。（平 2 直評 12 外追加、平 11 課評 2-12 外・平 12 課評 2-4 外・平 15 課評 2-15 外改正）

（注）　この場合における１株当たりの純資産価額（相続税評価額によって計算した金額）の計算に当たっては、186-2 ≪評価差額に対する法人税額等に相当する金額≫の定めにより計算した評価差額に対する法人税額等に相当する金額を控除しないのであるから留意する。

（株式の割当てを受ける権利等の発生している株式の価額の修正）

187　179 ≪取引相場のない株式の評価の原則≫の定めにより取引相場のない株

式を評価した場合において、その株式が次に掲げる場合に該当するものである
ときは、その価額を、それぞれ次の算式により修正した金額によって評価する。
(昭 41 直資 3-19・昭 47 直資 3-16・昭 58 直評 5 外・平 11 課評 2-2 外・平 18 課
評 2-27 外改正)

(1)　課税時期が配当金交付の基準日の翌日から、配当金交付の効力が発生する
日までの間にある場合

179 ≪取引相場のない株式の評価の原則≫の定めにより評価した価額－株
式 1 株に対して受ける予想配当の金額

(2)　課税時期が株式の割当ての基準日、株式の割当てのあった日又は株式無償
交付の基準日のそれぞれ翌日からこれらの株式の効力が発生する日までの間
にある場合

(179 ≪取引相場のない株式の評価の原則≫の定めにより評価した価額＋
割当てを受けた株式 1 株につき払い込むべき金額×株式 1 株に対する割当
株式数)÷(1 ＋株式 1 株に対する割当株式数又は交付株式数)

(同族株主以外の株主等が取得した株式)

188　178 ≪取引相場のない株式の評価上の区分≫の「同族株主以外の株主等が取
得した株式」は、次のいずれかに該当する株式をいい、その株式の価額は、次
項の定めによる。(昭 47 直資 3-16・昭 53 直評 5 外・昭 58 直評 5 外・平 15 課評
2-15 外・平 18 課評 2-27 外改正)

(1)　同族株主のいる会社の株式のうち、同族株主以外の株主の取得した株式
この場合における「同族株主」とは、課税時期における評価会社の株主の
うち、株主の 1 人及びその同族関係者(法人税法施行令第 4 条((同族関係者
の範囲))に規定する特殊の関係のある個人又は法人をいう。以下同じ。)の
有する議決権の合計数がその会社の議決権総数の 30%以上(その評価会社の
株主のうち、株主の 1 人及びその同族関係者の有する議決権の合計数が最も
多いグループの有する議決権の合計数が、その会社の議決権総数の 50%超で
ある会社にあっては、50%超)である場合におけるその株主及びその同族関
係者をいう。

(2)　中心的な同族株主のいる会社の株主のうち、中心的な同族株主以外の同族
株主で、その者の株式取得後の議決権の数がその会社の議決権総数の 5 ％未
満であるもの(課税時期において評価会社の役員(社長、理事長並びに法人
税法施行令第 71 条第 1 項第 1 号、第 2 号及び第 4 号に掲げる者をいう。以
下この項において同じ。)である者及び課税時期の翌日から法定申告期限ま
での間に役員となる者を除く。)の取得した株式

　　この場合における「中心的な同族株主」とは、課税時期において同族株主の1人並びにその株主の配偶者、直系血族、兄弟姉妹及び1親等の姻族（これらの者の同族関係者である会社のうち、これらの者が有する議決権の合計数がその会社の議決権総数の25％以上である会社を含む。）の有する議決権の合計数がその会社の議決権総数の25％以上である場合におけるその株主をいう。

⑶　同族株主のいない会社の株主のうち、課税時期において株主の1人及びその同族関係者の有する議決権の合計数が、その会社の議決権総数の15％未満である場合におけるその株主の取得した株式

⑷　中心的な株主がおり、かつ、同族株主のいない会社の株主のうち、課税時期において株主の1人及びその同族関係者の有する議決権の合計数がその会社の議決権総数の15％以上である場合におけるその株主で、その者の株式取得後の議決権の数がその会社の議決権総数の5％未満であるもの（⑵の役員である者及び役員となる者を除く。）の取得した株式

　　この場合における「中心的な株主」とは、課税時期において株主の1人及びその同族関係者の有する議決権の合計数がその会社の議決権総数の15％以上である株主グループのうち、いずれかのグループに単独でその会社の議決権総数の10％以上の議決権を有している株主がいる場合におけるその株主をいう。

（同族株主以外の株主等が取得した株式の評価）

188-2　前項の株式の価額は、その株式に係る年配当金額（183≪評価会社の1株当たりの配当金額等の計算≫の⑴に定める1株当たりの配当金額をいう。ただし、その金額が2円50銭未満のもの及び無配のものにあっては2円50銭とする。）を基として、次の算式により計算した金額によって評価する。ただし、その金額がその株式を179≪取引相場のない株式の評価の原則≫の定めにより評価するものとして計算した金額を超える場合には、179≪取引相場のない株式の評価の原則≫の定めにより計算した金額によって評価する。（昭58直評5外追加、平12課評2-4外・平18課評2-27外改正）

$$\frac{その株式に係る年配当金額}{10\%} \times \frac{その株式の1株当たりの資本金等の額}{50円}$$

（注）　上記算式の「その株式に係る年配当金額」は1株当たりの資本金等の額を50円とした場合の金額であるので、算式中において、評価会社の直前期末における1株当たりの資本金等の額の50円に対する倍数を乗じて評価額を

計算することとしていることに留意する。

(評価会社が自己株式を有する場合の議決権総数)

188-3 188（(同族株主以外の株主等が取得した株式)）の(1)から(4)までにおいて、評価会社が自己株式を有する場合には、その自己株式に係る議決権の数は 0 として計算した議決権の数をもって評価会社の議決権総数となることに留意する。(平 12 課評 2-4 外追加・平 15 課評 2-15 外・平 18 課評 2-27 外改正)

(議決権を有しないこととされる株式がある場合の議決権総数等)

188-4 188（(同族株主以外の株主等が取得した株式)）の(1)から(4)までにおいて、評価会社の株主のうちに会社法第 308 条第 1 項の規定により評価会社の株式につき議決権を有しないこととされる会社があるときは、当該会社の有する評価会社の議決権の数は 0 として計算した議決権の数をもって評価会社の議決権総数となることに留意する。(昭 58 直評 5 外追加、平 3 直評 4 外・平 12 課評 2-4 外・平 15 課評 2-15 外・平 18 課評 2-27 外改正)

(種類株式がある場合の議決権総数等)

188-5 188（(同族株主以外の株主等が取得した株式)）の(1)から(4)までにおいて、評価会社が会社法第 108 条第 1 項に掲げる事項について内容の異なる種類の株式（以下この項において「種類株式」という。）を発行している場合における議決権の数又は議決権総数の判定に当たっては、種類株式のうち株主総会の一部の事項について議決権を行使できない株式に係る議決権の数を含めるものとする。(平 3 直評 4 外追加、平 12 課評 2-4 外・平 15 課評 2-15 外・平 18 課評 2-27 外改正)

(投資育成会社が株主である場合の同族株主等)

188-6 188 ≪同族株主以外の株主等が取得した株式≫の(1)から(4)までについては、評価会社の株主のうちに投資育成会社（中小企業投資育成株式会社法（昭和 38 年法律第 101 号）に基づいて設立された中小企業投資育成株式会社をいう。以下この項において同じ。）があるときは、次による。(平 12 課評 2-4 外追加・平 15 課評 2-15 外改正)

(1) 当該投資育成会社が同族株主（188 ≪同族株主以外の株主等が取得した株式≫の(1)に定める同族株主をいう。以下同じ。）に該当し、かつ、当該投資育成会社以外に同族株主に該当する株主がいない場合には、当該投資育成会社は同族株主に該当しないものとして適用する。

(2) 当該投資育成会社が、中心的な同族株主（188 ≪同族株主以外の株主等が取得した株式≫の(2)に定める中心的な同族株主をいう。以下(2)において同

じ。）又は中心的な株主（188≪同族株主以外の株主等が取得した株式≫の(4)に定める中心的な株主をいう。以下(2)において同じ。）に該当し、かつ、当該投資育成会社以外に中心的な同族株主又は中心的な株主に該当する株主がいない場合には、当該投資育成会社は中心的な同族株主又は中心的な株主に該当しないものとして適用する。

(3) 上記(1)及び(2)において、評価会社の議決権総数からその投資育成会社の有する評価会社の議決権の数を控除した数をその評価会社の議決権総数とした場合に同族株主に該当することとなる者があるときは、その同族株主に該当することとなる者以外の株主が取得した株式については、上記(1)及び(2)にかかわらず、188（（同族株主以外の株主等が取得した株式））の「同族株主以外の株主等が取得した株式」に該当するものとする。

(注) 上記(3)の「議決権総数」及び「議決権の数」には、188-5（（種類株式がある場合の議決権総数等））の「株主総会の一部の事項について議決権を行使できない株式に係る議決権の数」を含めるものとする。

（特定の評価会社の株式）

189 178（（取引相場のない株式の評価上の区分））の「特定の評価会社の株式」とは、評価会社の資産の保有状況、営業の状態等に応じて定めた次に掲げる評価会社の株式をいい、その株式の価額は、次に掲げる区分に従い、それぞれ次に掲げるところによる。

なお、評価会社が、次の(2)又は(3)に該当する評価会社かどうかを判定する場合において、課税時期前において合理的な理由もなく評価会社の資産構成に変動があり、その変動が次の(2)又は(3)に該当する評価会社と判定されることを免れるためのものと認められるときは、その変動はなかったものとして当該判定を行うものとする。（昭58直評5外・平2直評12外・平6課評2-8外・平12課評2-4外・平15課評2-15外・平25課評2-20外・平29課評2-12外・平29課評2-46外改正）

(1) 比準要素数1の会社の株式

183（（評価会社の1株当たりの配当金額等の計算））の(1)、(2)及び(3)に定める「1株当たりの配当金額」、「1株当たりの利益金額」及び「1株当たりの純資産価額（帳簿価額によって計算した金額）」のそれぞれの金額のうち、いずれか2が0であり、かつ、直前々期末を基準にして同項の定めに準じそれぞれの金額を計算した場合に、それぞれの金額のうち、いずれか2以上が0である評価会社（次の(2)から(6)に該当するものを除く。以下「比準要素数1の会社」という。）の株式の価額は、次項の定めによる。

（注）　配当金額及び利益金額については、直前期末以前 3 年間の実績を反映して判定することになるのであるから留意する。

(2)　株式等保有特定会社の株式

　　課税時期において評価会社の有する各資産をこの通達に定めるところにより評価した価額の合計額のうちに占める株式、出資及び新株予約権付社債（会社法第 2 条（（定義））第 22 号に規定する新株予約権付社債をいう。）（189-3（（株式等保有特定会社の株式の評価））において、これらを「株式等」という。）の価額の合計額（189-3（（株式等保有特定会社の株式の評価））において「株式等の価額の合計額（相続税評価額によって計算した金額）」という。）の割合が 50％以上である評価会社（次の(3)から(6)までのいずれかに該当するものを除く。以下「株式等保有特定会社」という。）の株式の価額は、189-3（（株式等保有特定会社の株式の評価））の定めによる。

(3)　土地保有特定会社の株式

　　課税時期において、次のいずれかに該当する会社（次の(4)から(6)までのいずれかに該当するものを除く。以下「土地保有特定会社」という。）の株式の価額は、189-4（（土地保有特定会社の株式又は開業後 3 年未満の会社等の株式の評価））の定めによる。

イ　178（（取引相場のない株式の評価上の区分））の定めにより大会社に区分される会社（同項の定めにより小会社に区分される会社（同項に定める総資産価額（帳簿価額によって計算した金額）が、評価会社の事業が卸売業に該当する場合には 20 億円以上、卸売業以外に該当する場合には 15 億円以上のものに限る。）を含む。）で、その有する各資産をこの通達の定めるところにより評価した価額の合計額のうちに占める土地等の価額の合計額の割合（以下「土地保有割合」という。）が 70％以上である会社

ロ　178（（取引相場のない株式の評価上の区分））の定めにより中会社に区分される会社（同項の定めにより小会社に区分される会社（同項に定める総資産価額（帳簿価額によって計算した金額）が、評価会社の事業が卸売業に該当する場合には 7,000 万円以上、小売・サービス業に該当する場合には 4,000 万円以上、卸売業、小売・サービス業以外に該当する場合には 5,000 万円以上で、上記イに該当しないものに限る。）を含む。）で、土地保有割合が 90％以上である会社

(4)　開業後 3 年未満の会社等の株式

　　課税時期において次に掲げるイ又はロに該当する評価会社（次の(5)又は(6)に該当するものを除く。以下「開業後 3 年未満の会社等」という。）の株式の価額は、189-4（（土地保有特定会社の株式又は開業後 3 年未満の会社等の株

式の評価))の定めによる。

- イ　開業後3年未満であるもの
- ロ　183((評価会社の1株当たりの配当金額等の計算))の(1)、(2)及び(3)に定める「1株当たりの配当金額」、「1株当たりの利益金額」及び「1株当たりの純資産価額(帳簿価額によって計算した金額)」のそれぞれの金額がいずれも0であるもの

　　（注）　配当金額及び利益金額については、直前期末以前2年間の実績を反映して判定することになるのであるから留意する。

(5)　開業前又は休業中の会社の株式

　　開業前又は休業中である評価会社の株式の価額は、189-5((開業前又は休業中の会社の株式の評価))の定めによる。

(6)　清算中の会社の株式

　　清算中である評価会社の株式の価額は、189-6((清算中の会社の株式の評価))の定めによる。

(比準要素数1の会社の株式の評価)

189-2　189((特定の評価会社の株式))の(1)の「比準要素数1の会社の株式」の価額は、185((純資産価額))の本文の定めにより計算した1株当たりの純資産価額(相続税評価額によって計算した金額)によって評価する(この場合における1株当たりの純資産価額(相続税評価額によって計算した金額)は、当該株式の取得者とその同族関係者の有する当該株式に係る議決権の合計数が比準要素数1の会社の185((純資産価額))のただし書に定める議決権総数の50%以下であるときには、同項の本文の定めにより計算した1株当たりの純資産価額(相続税評価額によって計算した金額)を基に同項のただし書の定めにより計算した金額とする。)。ただし、上記の比準要素数1の会社の株式の価額は、納税義務者の選択により、Lを0.25として、179((取引相場のない株式の評価の原則))の(2)の算式により計算した金額によって評価することができる(この場合における当該算式中の1株当たりの純資産価額(相続税評価額によって計算した金額)は、本項本文かっこ書と同様とする。)。

　　なお、当該株式が188((同族株主以外の株主等が取得した株式))に定める同族株主以外の株主等が取得した株式に該当する場合には、その株式の価額は、188-2((同族株主以外の株主等が取得した株式の評価))の本文の定めにより計算した金額(この金額が本項本文又はただし書の定めによって評価するものとして計算した金額を超える場合には、本項本文又はただし書(納税義務者が選択した場合に限る。)の定めにより計算した金額)によって評価する。(平12課

評 2-4 外追加、平 15 課評 2-15 外・平 29 課評 2-46 外改正)
(注)　上記の「議決権の合計数」には、188-5((種類株式がある場合の議決権
　　総数等))の「株主総会の一部の事項について議決権を行使できない株式に係
　　る議決権の数」を含めるものとする。189-3((株式等保有特定会社の株式の
　　評価))及び189-4((土地保有特定会社の株式又は開業後3年未満の会社等
　　の株式の評価))においても同様とする。

(株式等保有特定会社の株式の評価)

189-3　189((特定の評価会社の株式))の(2)の「株式等保有特定会社の株式」の
　　価額は、185((純資産価額))の本文の定めにより計算した1株当たりの純資産
　　価額(相続税評価額によって計算した金額)によって評価する。この場合にお
　　ける当該1株当たりの純資産価額(相続税評価額によって計算した金額)は、
　　当該株式の取得者とその同族関係者の有する当該株式に係る議決権の合計数が
　　株式等保有特定会社の185((純資産価額))のただし書に定める議決権総数の
　　50%以下であるときには、上記により計算した1株当たりの純資産価額(相続
　　税評価額によって計算した金額)を基に同項のただし書の定めにより計算した
　　金額とする。ただし、上記の株式等保有特定会社の株式の価額は、納税義務者
　　の選択により、次の(1)の「S₁の金額」と(2)の「S₂の金額」との合計額によって評
　　価することができる。
　　　なお、当該株式が188((同族株主以外の株主等が取得した株式))に定める同
　　族株主以外の株主等が取得した株式に該当する場合には、その株式の価額は、
　　188-2((同族株主以外の株主等が取得した株式の評価))の本文の定めにより計
　　算した金額(この金額が本項本文又はただし書の定めによって評価するものと
　　して計算した金額を超える場合には、本項本文又はただし書(納税義務者が選
　　択した場合に限る。)の定めにより計算した金額)によって評価する。(平2直
　　評12外追加、平6課評2-8外・平12課評2-4外・平15課評2-15外・平18課
　　評2-27外・平20課評2-5外・平29課評2-12外・平29課評2-46外改正)
(1)　S₁の金額
　　　S₁の金額は、株式等保有特定会社の株式の価額を178((取引相場のない株
　　式の評価上の区分))の本文、179((取引相場のない株式の評価の原則))か
　　ら184((類似業種比準価額の修正))まで、185((純資産価額))の本文、186
　　((純資産価額計算上の負債))及び186-2((評価差額に対する法人税額等に
　　相当する金額))の定めに準じて計算した金額とする。ただし、評価会社の株
　　式が189((特定の評価会社の株式))の(1)の「比準要素数1の会社の株式」の
　　要件(同項の(1)のかっこ書の要件を除く。)にも該当する場合には、178((取

引相場のない株式の評価上の区分））の大会社、中会社又は小会社の区分にか
かわらず、189-2（（比準要素数１の会社の株式の評価））の定め（本文のかっ
こ書、ただし書のかっこ書及びなお書を除く。）に準じて計算した金額とする。
これらの場合において、180（（類似業種比準価額））に定める算式及び185（（純
資産価額））の本文に定める１株当たりの純資産価額（相続税評価額によって
計算した金額）は、それぞれ次による。

イ　180（（類似業種比準価額））に定める算式は、次の算式による。

$$A \times \left[\frac{\dfrac{Ⓑ-ⓑ}{B} + \dfrac{Ⓒ-ⓒ}{C} + \dfrac{Ⓓ-ⓓ}{D}}{3} \right] \times 0.7$$

（イ）　上記算式中「A」、「Ⓑ」、「Ⓒ」、「Ⓓ」、「B」、「C」及び「D」は、180
（（類似業種比準価額））の定めにより、「ⓑ」、「ⓒ」及び「ⓓ」は、それ
ぞれ次による。

　　「ⓑ」＝183（（評価会社の１株当たりの配当金額等の計算））の⑴に定
める評価会社の「１株当たりの配当金額」に、直前期末以前２年間の
受取配当金等の額（法人から受ける剰余金の配当（株式又は出資に係
るものに限るものとし、資本金等の額の減少によるものを除く。）、利
益の配当、剰余金の分配（出資に係るものに限る。）及び新株予約権付
社債に係る利息の額をいう。以下同じ。）の合計額と直前期末以前２
年間の営業利益の金額の合計額（当該営業利益の金額に受取配当金等
の額が含まれている場合には、当該受取配当金等の額の合計額を控除
した金額）との合計額のうちに占める当該受取配当金等の額の合計額
の割合（当該割合が１を超える場合には１を限度とする。以下「受取
配当金等収受割合」という。）を乗じて計算した金額

　　「ⓒ」＝183（（評価会社の１株当たりの配当金額等の計算））の⑵に定
める評価会社の「１株当たりの利益金額」に受取配当金等収受割合を
乗じて計算した金額

　　「ⓓ」＝次の１及び２に掲げる金額の合計額（上記算式中の「D」を限
度とする。）

①　183（（評価会社の１株当たりの配当金額等の計算））の⑶に定める
評価会社の「１株当たりの純資産価額（帳簿価額によって計算し
た金額）」に、178（（取引相場のない株式の評価上の区分））の⑴
に定める総資産価額（帳簿価額によって計算した金額）のうちに
占める株式等の帳簿価額の合計額の割合を乗じて計算した金額

②　直前期末における法人税法第２条（（定義））第18号に規定する利

益積立金額に相当する金額を直前期末における発行済株式数（1株当たりの資本金等の額が 50 円以外の金額である場合には、直前期末における資本金等の額を 50 円で除して計算した数によるものとする。）で除して求めた金額に受取配当金等収受割合を乗じて計算した金額（利益積立金額に相当する金額が負数である場合には、0 とする。）

（ロ）　上記算式中の「0.7」は、178（（取引相場のない株式の評価上の区分））に定める中会社の株式を評価する場合には「0.6」、同項に定める小会社の株式を評価する場合には「0.5」とする。

ロ　185（（純資産価額））の本文に定める 1 株当たりの純資産価額（相続税評価額によって計算した金額）は、同項本文及び 186-2（（評価差額に対する法人税額等に相当する金額））の「各資産」を「各資産から株式等を除いた各資産」と読み替えて計算した金額とする。

(2)　S_2の金額

S_2の金額は、株式等の価額の合計額（相続税評価額によって計算した金額）からその計算の基とした株式等の帳簿価額の合計額を控除した場合において残額があるときは、当該株式等の価額の合計額（相続税評価額によって計算した金額）から当該残額に 186-2（（評価差額に対する法人税額等に相当する金額））に定める割合を乗じて計算した金額を控除し、当該控除後の金額を課税時期における株式等保有特定会社の発行済株式数で除して計算した金額とする。この場合、当該残額がないときは、当該株式等の価額の合計額（相続税評価額によって計算した金額）を課税時期における株式等保有特定会社の発行済株式数で除して計算した金額とする。

（土地保有特定会社の株式又は開業後 3 年未満の会社等の株式の評価）

189-4　189（（特定の評価会社の株式））の(3)の「土地保有特定会社の株式」又は同項の(4)の「開業後 3 年未満の会社等の株式」の価額は、185（（純資産価額））の本文の定めにより計算した 1 株当たりの純資産価額（相続税評価額によって計算した金額）によって評価する。この場合における当該各株式の 1 株当たりの純資産価額（相続税評価額によって計算した金額）については、それぞれ、当該株式の取得者とその同族関係者の有する当該株式に係る議決権の合計数が土地保有特定会社又は開業後 3 年未満の会社等の 185（（純資産価額））のただし書に定める議決権総数の 50％以下であるときは、上記により計算した 1 株当たりの純資産価額（相続税評価額によって計算した金額）を基に同項のただし書の定めにより計算した金額とする。

　なお、当該各株式が 188（（同族株主以外の株主等が取得した株式））に定める同族株主以外の株主等が取得した株式に該当する場合には、その株式の価額は、188-2（（同族株主以外の株主等が取得した株式の評価））の本文の定めにより計算した金額（この金額が本項本文の定めによって評価するものとして計算した金額を超える場合には、本項本文の定めにより計算した金額）によって評価する。（平 2 直評 12 外追加、平 12 課評 2-4 外・平 15 課評 2-15 外改正）

（開業前又は休業中の会社の株式の評価）

189-5　189（（特定の評価会社の株式））の(5)の「開業前又は休業中の会社の株式」の価額は、185（（純資産価額））の本文の定めにより計算した 1 株当たりの純資産価額（相続税評価額によって計算した金額）によって評価する。（平 2 直評 12 外追加、平 12 課評 2-4 外改正）

（清算中の会社の株式の評価）

189-6　189（（特定の評価会社の株式））の(6)の「清算中の会社の株式」の価額は、清算の結果分配を受ける見込みの金額（2 回以上にわたり分配を受ける見込みの場合には、そのそれぞれの金額）の課税時期から分配を受けると見込まれる日までの期間（その期間が 1 年未満であるとき又はその期間に 1 年未満の端数があるときは、これを 1 年とする。）に応ずる基準年利率による複利現価の額（2 回以上にわたり分配を受ける見込みの場合には、その合計額）によって評価する。（平 2 直評 12 外追加、平 11 課評 2-12 外・平 12 課評 2-4 外改正）

（株式の割当てを受ける権利等の発生している特定の評価会社の株式の価額の修正）

189-7　189-2（（比準要素数 1 の会社の株式の評価））から 189-5（（開業前又は休業中の会社の株式の評価））までの定めにより特定の評価会社の株式を評価した場合（その株式を 188-2（（同族株主以外の株主等が取得した株式の評価））の本文の定めにより評価した場合を除く。）において、その株式が 187（（株式の割当てを受ける権利等の発生している株式の価額の修正））の(1)又は(2)に掲げる場合に該当するときは、その価額を、187（（株式の割当てを受ける権利等の発生している株式の価額の修正））の(1)又は(2)の算式に準じて修正した金額によって評価する。（平 2 直評 12 外追加、平 12 課評 2-4 外・平 18 課評 2-27 外改正）

（株式の割当てを受ける権利の評価）

190　株式の割当てを受ける権利の価額は、その株式の割当てを受ける権利の発生している株式について、169≪上場株式の評価≫、174≪気配相場等のある株式の評価≫、177≪気配相場等のある株式の評価の特例≫、187≪株式の割当てを受ける権利等の発生している株式の価額の修正≫、188-2≪同族株主以外の

株主等が取得した株式の評価≫若しくは前項の定めにより評価した価額又は 189 ≪特定の評価会社の株式≫に定める特定の評価会社の株式を 188-2 ≪同族株主以外の株主等が取得した株式の評価≫の本文の定めにより評価した価額に相当する金額から割当てを受けた株式 1 株につき払い込むべき金額を控除した金額によって評価する。ただし、課税時期において発行日決済取引が行われている株式に係る株式の割当てを受ける権利については、その割当てを受けた株式について 169 ≪上場株式の評価≫の定めにより評価した価額に相当する金額から割当てを受けた株式 1 株につき払い込むべき金額を控除した金額によって評価する。(昭 47 直資 3-16・昭 58 直評 5 外・平 2 直評 12 外・平 18 課評 2-27 外改正)

(株主となる権利の評価)

191　株主となる権利の評価は、次に掲げる区分に従い、それぞれ次に掲げるところによる。(昭 47 直資 3-16・昭 58 直評 5 外・平 2 直評 12 外・平 12 課評 2-4 外・平 18 課評 2-27 外改正)

(1)　会社設立の場合の株主となる権利の価額は、課税時期以前にその株式 1 株につき払い込んだ価額によって評価する。

(2)　(1)に該当しない株主となる権利の価額は、その株主となる権利の発生している株式について、169 ≪上場株式の評価≫、174 ≪気配相場等のある株式の評価≫、177 ≪気配相場等のある株式の評価の特例≫、187 ≪株式の割当てを受ける権利等の発生している株式の価額の修正≫、188-2 ≪同族株主以外の株主等が取得した株式の評価≫若しくは 189-7 ≪株式の割当てを受ける権利等の発生している特定の評価会社の株式の価額の修正≫の定めにより評価した価額又は 189 ≪特定の評価会社の株式≫に定める特定の評価会社の株式を 188-2 ≪同族株主以外の株主等が取得した株式の評価≫の本文の定めにより評価した価額に相当する金額 (課税時期の翌日以後その株主となる権利につき払い込むべき金額がある場合には、その金額からその割当てを受けた株式 1 株につき払い込むべき金額を控除した金額) によって評価する。ただし、課税時期において発行日決済取引が行われている株式に係る株主となる権利については、その割当てを受けた株式について、169 ≪上場株式の評価≫の定めにより評価した価額に相当する金額 (課税時期の翌日以後その株主となる権利につき払い込むべき金額がある場合には、その金額から払い込むべき金額を控除した金額) によって評価する。

(株式無償交付期待権の評価)

192　株式無償交付期待権の価額は、その株式無償交付期待権の発生している株

式について、169 ≪上場株式の評価≫、174 ≪気配相場等のある株式の評価≫、177 ≪気配相場等のある株式の評価の特例≫、187 ≪株式の割当てを受ける権利等の発生している株式の価額の修正≫、188-2 ≪同族株主以外の株主等が取得した株式の評価≫若しくは 189-7 ≪株式の割当てを受ける権利等の発生している特定の評価会社の株式の価額の修正≫の定めにより評価した価額又は 189 ≪特定の評価会社の株式≫に定める特定の評価会社の株式を 188-2 ≪同族株主以外の株主等が取得した株式の評価≫の本文の定めにより評価した価額に相当する金額によって評価する。ただし、課税時期において発行日決済取引が行われている株式に係る無償交付期待権については、その株式について 169 ≪上場株式の評価≫の定めにより評価した価額に相当する金額によって評価する。(昭 47 直資 3-16・昭 58 直評 5 外・平 2 直評 12 外・平 12 課評 2-4 外・平 18 課評 2-27 外改正)

(配当期待権の評価)

193　配当期待権の価額は、課税時期後に受けると見込まれる予想配当の金額から当該金額につき源泉徴収されるべき所得税の額に相当する金額（特別徴収されるべき道府県民税の額に相当する金額を含む。以下同じ。）を控除した金額によって評価する。(昭 55 直評 20 外・昭 58 直評 5 外・平 2 直評 12 外・平 11 課評 2-2 外・平 28 課評 2-10 外改正)

(ストックオプションの評価)

193-2　その目的たる株式が上場株式又は気配相場等のある株式であり、かつ、課税時期が権利行使可能期間内にあるストックオプションの価額は、課税時期におけるその株式の価額から権利行使価額を控除した金額に、ストックオプション 1 個の行使により取得することができる株式数を乗じて計算した金額（その金額が負数のときは、0 とする。）によって評価する。この場合の「課税時期におけるその株式の価額」は、169（(上場株式の評価)）から 172（(上場株式についての最終価格の月平均額の特例)）まで又は 174（(気配相場等のある株式の評価)）から 177-2（(登録銘柄及び店頭管理銘柄の取引価格の月平均額の特例)）までの定めによって評価する。(平 15 課評 2-15 外追加)

(上場新株予約権の評価)

193-3　上場新株予約権の評価は、次に掲げる区分に従い、それぞれ次に掲げるところによる。(平 26 課評 2-19 外追加)

　(1)　新株予約権が上場期間内にある場合

　　イ　ロに該当しない上場新株予約権の価額は、その新株予約権が上場されて

いる金融商品取引所の公表する課税時期の最終価格（課税時期に金融商品取引所の公表する最終価格がない場合には、課税時期前の最終価格のうち、課税時期に最も近い日の最終価格とする。以下この項において同じ。）と上場期間中の新株予約権の毎日の最終価格の平均額のいずれか低い価額によって評価する。

□　負担付贈与又は個人間の対価を伴う取引により取得した上場新株予約権の価額は、その新株予約権が上場されている金融商品取引所の公表する課税時期の最終価格によって評価する。

(2)　上場廃止された新株予約権が権利行使可能期間内にある場合

課税時期におけるその目的たる株式の価額から権利行使価額を控除した金額に、新株予約権1個の行使により取得することができる株式数を乗じて計算した金額(その金額が負数のときは、0とする。以下この項において同じ。)によって評価する。この場合の「課税時期におけるその目的たる株式の価額」は、169（（上場株式の評価））から172（（上場株式についての最終価格の月平均額の特例））までの定めによって評価する（以下この項において同じ。）。

ただし、新株予約権の発行法人による取得条項が付されている場合には、課税時期におけるその目的たる株式の価額から権利行使価額を控除した金額に、新株予約権1個の行使により取得することができる株式数を乗じて計算した金額と取得条項に基づく取得価格のいずれか低い金額によって評価する。

（持分会社の出資の評価）

194　会社法第575条第1項に規定する持分会社に対する出資の価額は、178≪取引相場のない株式の評価上の区分≫から前項までの定めに準じて計算した価額によって評価する。（昭59直評7外・平18課評2-27外改正）

（医療法人の出資の評価）

194-2　医療法人に対する出資の価額は、178（（取引相場のない株式の評価上の区分））の本文、179（（取引相場のない株式の評価の原則））から181（（類似業種））本文まで、182（（類似業種の株価））から183-2（（類似業種の1株当たりの配当金額等の計算））まで、184（（類似業種比準価額の修正））の(2)、185（（純資産価額））の本文、186（（純資産価額計算上の負債））から186-3（（評価会社が有する株式等の純資産価額の計算））まで、187（（株式の割当てを受ける権利等の発生している株式の価額の修正））の(2)、189（（特定の評価会社の株式））、189-2（（比準要素数1の会社の株式の評価））から189-4（（土地保有特定会社の株式又は開業後3年未満の会社等の株式の評価））（185（（純資産価額））のただし書

の定め及び 188-2（（同族株主以外の株主等が取得した株式の評価））の定めを適用する部分を除く。）まで及び 189-5（（開業前又は休業中の会社の株式の評価））から 192（（株式無償交付期待権の評価））までの定めに準じて計算した価額によって評価する。この場合において、181（（類似業種））の「評価会社の事業が該当する業種目」は同項の定めにより別に定める業種目のうちの「その他の産業」とし、189（（特定の評価会社の株式））の⑴の「比準要素数１の会社の株式」に相当する医療法人に対する出資は、183（（評価会社の１株当たりの配当金額等の計算））の⑵又は⑶に定める「１株当たりの利益金額」又は「１株当たりの純資産価額（帳簿価額によって計算した金額）」のそれぞれ金額のうち、いずれかが０であり、かつ、直前々期末を基準にして同項の定めに準じそれぞれの金額を計算した場合に、それぞれの金額のうち、いずれか１以上が０である評価対象の医療法人の出資をいい、180（（類似業種比準価額））及び 189-3（（株式等保有特定会社の株式の評価））の⑴のイに定める算式は、それぞれ次の算式による。（昭 59 直評 7 外追加、平 2 直評 12 外・平 11 課評 2-2 外・平 12 課評 2-4 外・平 18 課評 2-27 外・平 20 課評 2-5 外・平 29 課評 2-12 外・平 29 課評 2-46 外改正）

⑴　180（（類似業種比準価額））に定める算式

$$A \times \left[\frac{\frac{ⓒ}{C} + \frac{ⓓ}{D}}{2} \right] \times 0.7$$

　　ただし、上記算式中の「0.7」は、178（（取引相場のない株式の評価上の区分））に定める中会社に相当する医療法人に対する出資を評価する場合には「0.6」、同項に定める小会社に相当する医療法人に対する出資を評価する場合には「0.5」とする。

⑵　189-3（（株式等保有特定会社の株式の評価））の⑴のイに定める算式

$$A \times \left[\frac{\frac{ⓒ - ⓒ}{C} + \frac{ⓓ - ⓓ}{D}}{2} \right] \times 0.7$$

　　ただし、上記算式中の「0.7」は、178（（取引相場のない株式の評価上の区分））に定める中会社に相当する医療法人に対する出資を評価する場合には「0.6」、同項に定める小会社に相当する医療法人に対する出資を評価する場合には「0.5」とする。

（農業協同組合等の出資の評価）

195　農業協同組合等、196（（企業組合等の出資の評価））の定めに該当しない組

合等に対する出資の価額は、原則として、払込済出資金額によって評価する。

（企業組合等の出資の評価）

196　企業組合、漁業生産組合その他これに類似する組合等に対する出資の価額は、課税時期におけるこれらの組合等の実情によりこれらの組合等の185（（純資産価額））の定めを準用して計算した純資産価額（相続税評価額によって計算した金額）を基とし、出資の持分に応ずる価額によって評価する。（昭58直評5外改正）

〔参考資料 2〕
日本標準産業分類の分類項目と類似業種比準価額計算上の業種目との対比表（平成 29 年分）(平成 29 年 6 月 13 日 資産評価企画官情報第 4 号外　類似業種比準価額計算上の業種目及び類似業種の株価等の計算方法等について（情報）　別表)

日本標準産業分類の分類項目			類似業種比準価額計算上の業種目		番号	規模区分を判定する場合の業種
大分類			大分類			
	中分類			中分類		
		小分類			小分類	
A	農業，林業		その他の産業		113	卸売業、小売・サービス業以外
	01	農業				
		011 耕種農業				
		012 畜産農業				
		013 農業サービス業（園芸サービス業を除く）				
		014 園芸サービス業				
	02	林業				
		021 育林業				
		022 素材生産業				
		023 特用林産物生産業（きのこ類の栽培を除く）				
		024 林業サービス業				
		029 その他の林業				
B	漁業		その他の産業		113	卸売業、小売・サービス業以外
	03	漁業(水産養殖業を除く)				
		031 海面漁業				
		032 内水面漁業				
	04	水産養殖業				
		041 海面養殖業				
		042 内水面養殖業				
C	鉱業，採石業，砂利採取業		その他の産業		113	卸売業、小売・サービス業以外
	05	鉱業，採石業，砂利採取業				
		051 金属鉱業				
		052 石炭・亜炭鉱業				
		053 原油・天然ガス鉱業				
		054 採石業，砂・砂利・玉石採取業				
		055 窯業原料用鉱物鉱業（耐火物・陶磁器・ガラス・セメント原料用に限る）				
		059 その他の鉱業				

日本標準産業分類の分類項目と類似業種比準価額計算上の業種目との対比表（平成 29 年分）

日本標準産業分類の分類項目 大分類 中分類 小分類	類似業種比準価額計算上の業種目 大分類 中分類 小分類	番号	規模区分を判定する場合の業種
D　建設業	建設業	1	
06　総合工事業	総合工事業	2	
061　一般土木建築工事業			
062　土木工事業（舗装工事業を除く）	その他の総合工事業	4	
063　舗装工事業			
064　建築工事業（木造建築工事業を除く）	建築工事業（木造建築工事業を除く）	3	
065　木造建築工事業			
066　建築リフォーム工事業	その他の総合工事業	4	
07　職別工事業（設備工事業を除く）			
071　大工工事業			卸売業、小売・サービス業以外
072　とび・土工・コンクリート工事業			
073　鉄骨・鉄筋工事業			
074　石工・れんが・タイル・ブロック工事業	職別工事業	5	
075　左官工事業			
076　板金・金物工事業			
077　塗装工事業			
078　床・内装工事業			
079　その他の職別工事			
08　設備工事業	設備工事業	6	
081　電気工事業	電気工事業	7	
082　電気通信・信号装置工事業	電気通信・信号装置工事業	8	
083　管工事業（さく井工事業を除く）			
084　機械器具設置工事業	その他の設備工事業	9	
089　その他の設備工事業			

〔参考資料2〕

日本標準産業分類の分類項目		類似業種比準価額計算上の業種目			規模区分を判定する場合の業種
大　分　類		大　分　類		番号	
中　分　類		中　分　類			
小　分　類		小　分　類			
E	製造業	製造業		10	
09	食料品製造業	食料品製造業		11	
	091 畜産食料品製造業		畜産食料品製造業	12	
	092 水産食料品製造業		その他の食料品製造業	14	
	093 野菜缶詰・果実缶詰・農産保存食料品製造業				
	094 調味料製造業				
	095 糖類製造業				
	096 精穀・製粉業				
	097 パン・菓子製造業		パン・菓子製造業	13	
	098 動植物油脂製造業		その他の食料品製造業	14	
	099 その他の食料品製造業				
10	飲料・たばこ・飼料製造業	飲料・たばこ・飼料製造業		15	卸売業、小売・サービス業以外
	101 清涼飲料製造業				
	102 酒類製造業				
	103 茶・コーヒー製造業（清涼飲料を除く）				
	104 製氷業				
	105 たばこ製造業				
	106 飼料・有機質肥料製造業				
11	繊維工業	繊維工業		16	
	111 製糸業，紡績業，化学繊維・ねん糸等製造業				
	112 織物業				
	113 ニット生地製造業				
	114 染色整理業				
	115 綱・網・レース・繊維粗製品製造業				
	116 外衣・シャツ製造業（和式を除く）				
	117 下着類製造業				
	118 和装製品・その他の衣服・繊維製身の回り品製造業				
	119 その他の繊維製品製造業				

日本標準産業分類の分類項目		類似業種比準価額計算上の業種目			規模区分を判定する場合の業種
大 分 類		大 分 類			
中 分 類		中 分 類		番号	
	小 分 類		小 分 類		
（E　製造業）		（製造業）			
12　木材・木製品製造業（家具を除く）			その他の製造業	51	卸 売 業、小売・サービス業以外
	121　製材業，木製品製造業				
	122　造作材・合板・建築用組立材料製造業				
	123　木製容器製造業（竹，とうを含む）				
	129　その他の木製品製造業（竹，とうを含む）				
13　家具・装備品製造業			その他の製造業	51	
	131　家具製造業				
	132　宗教用具製造業				
	133　建具製造業				
	139　その他の家具・装備品製造業				
14　パルプ・紙・紙加工品製造業		パルプ・紙・紙加工品製造業		17	
	141　パルプ製造業				
	142　紙製造業				
	143　加工紙製造業				
	144　紙製品製造業				
	145　紙製容器製造業				
	149　その他のパルプ・紙・紙加工品製造業				
15　印刷・同関連業		印刷・同関連業		18	
	151　印刷業				
	152　製版業				
	153　製本業，印刷物加工業				
	159　印刷関連サービス業				
16　化学工業		化学工業		19	
	161　化学肥料製造業			その他の化学工業	23
	162　無機化学工業製品製造業				

日本標準産業分類の分類項目	類似業種比準価額計算上の業種目		規模区分を判定する場合の業種
大　分　類 　中　分　類 　　小　分　類	大　分　類 　中　分　類 　　小　分　類	番号	
（E　製造業）	（製造業）		
163 有機化学工業製品製造業	有機化学工業製品製造業	20	
164 油脂加工製品・石けん・合成洗剤・界面活性剤・塗料製造業	油脂加工製品・石けん・合成洗剤・界面活性剤・塗料製造業	21	
165 医薬品製造業	医薬品製造業	22	
166 化粧品・歯磨・その他の化粧用調整品製造業 169 その他の化学工業	その他の化学工業	23	
17　石油製品・石炭製品製造業			
171 石油精製業 172 潤滑油・グリース製造業（石油精製業によらないもの） 173 コークス製造業 174 舗装材料製造業 179 その他の石油製品・石炭製品製造業	その他の製造業	51	卸売業、小売・サービス業以外
18　プラスチック製品製造業（別掲を除く）			
181 プラスチック板・棒・管・継手・異形押出製品製造業 182 プラスチックフィルム・シート・床材・合成皮革製造業 183 工業用プラスチック製品製造業 184 発泡・強化プラスチック製品製造業 185 プラスチック成形材料製造業（廃プラスチックを含む） 189 その他のプラスチック製品製造業	プラスチック製品製造業	24	

日本標準産業分類の分類項目		類似業種比準価額計算上の業種目			規模区分を判定する場合の業種
大 分 類		大 分 類			
中 分 類		中 分 類		番号	
小 分 類		小 分 類			
（E　製造業）		（製造業）			
19　ゴム製品製造業			ゴム製品製造業	25	
	191 タイヤ・チューブ製造業				
	192 ゴム製・プラスチック製履物・同附属品製造業				
	193 ゴムベルト・ゴムホース・工業用ゴム製品製造業				
	199 その他のゴム製品製造業				
20　なめし革・同製品・毛皮製造業		その他の製造業		51	卸売業、小売・サービス業以外
	201 なめし革製造業				
	202 工業用革製品製造業（手袋を除く）				
	203 革製履物用材料・同附属品製造業				
	204 革製履物製造業				
	205 革製手袋製造業				
	206 かばん製造業				
	207 袋物製造業				
	208 毛皮製造業				
	209 その他のなめし革製品製造業				
21　窯業・土石製品製造業		窯業・土石製品製造業		26	
	211 ガラス・同製品製造業		その他の窯業・土石製品製造業	28	
	212 セメント・同製品製造業		セメント・同製品製造業	27	

日本標準産業分類の分類項目			類似業種比準価額計算上の業種目			規模区分を判定する場合の業種
大 分 類			大 分 類		番号	
	中 分 類			中 分 類		
		小 分 類			小 分 類	
（E　製造業）			（製造業）			
		213 建設用粘土製品製造業（陶磁器製を除く）		その他の窯業・土石製品製造業	28	卸売業、小売・サービス業以外
		214 陶磁器・同関連製品製造業				
		215 耐火物製造業				
		216 炭素・黒鉛製品製造業				
		217 研磨材・同製品製造業				
		218 骨材・石工品等製造業				
		219 その他の窯業・土石製品製造業				
	22　鉄鋼業			鉄鋼業	29	
		221 製鉄業				
		222 製鋼・製鋼圧延業				
		223 製鋼を行わない鋼材製造業（表面処理鋼材を除く）				
		224 表面処理鋼材製造業				
		225 鉄素形材製造業				
		229 その他の鉄鋼業				
	23　非鉄金属製造業			非鉄金属製造業	30	
		231 非鉄金属第1次製錬・精製業				
		232 非鉄金属第2次製錬・精製業（非鉄金属合金製造業を含む）				
		233 非鉄金属・同合金圧延業（抽伸,押出しを含む）				
		234 電線・ケーブル製造業				
		235 非鉄金属素形材製造業				
		239 その他の非鉄金属製造業				

日本標準産業分類の分類項目			類似業種比準価額計算上の業種目			規模区分を判定する場合の業種
大 分 類			大 分 類		番号	
	中 分 類			中 分 類		
		小 分 類			小 分 類	
（E 製造業）			（製造業）			
	24 金属製品製造業		金属製品製造業		31	
		241 ブリキ缶・その他のめっき板等製品製造業				
		242 洋食器・刃物・手道具・金物類製造業	その他の金属製品製造業		33	
		243 暖房・調理等装置、配管工事用付属品製造業				
		244 建設用・建築用金属製品製造業（製缶板金業を含む）	建設用・建築用金属製品製造業		32	
		245 金属素形材製品製造業				卸売業、小売・サービス業以外
		246 金属被覆・彫刻業, 熱処理業（ほうろう鉄器を除く）				
		247 金属線製品製造業（ねじ類を除く）	その他の金属製品製造業		33	
		248 ボルト・ナット・リベット・小ねじ・木ねじ等製造業				
		249 その他の金属製品製造業				
	25 はん用機械器具製造業					
		251 ボイラ・原動機製造業				
		252 ポンプ・圧縮機器製造業	はん用機械器具製造業		34	
		253 一般産業用機械・装置製造業				
		259 その他のはん用機械・同部分品製造業				

日本標準産業分類の分類項目	類似業種比準価額計算上の業種目		規模区分を判定する場合の業種
大 分 類 / 中 分 類 / 小 分 類	大 分 類 / 中 分 類 / 小 分 類	番号	
（E　製造業）	（製造業）		
26　生産用機械器具製造業	生産用機械器具製造業	35	
261　農業用機械製造業（農業用器具を除く）			
262　建設機械・鉱山機械製造業			
263　繊維機械製造業	その他の生産用機械器具製造業	37	
264　生活関連産業用機械製造業			
265　基礎素材産業用機械製造業			
266　金属加工機械製造業	金属加工機械製造業	36	
267　半導体・フラットパネルディスプレイ製造装置製造業	その他の生産用機械器具製造業	37	
269　その他の生産用機械・同部分品製造業			
27　業務用機械器具製造業			卸売業、小売・サービス業以外
271　事務用機械器具製造業			
272　サービス用・娯楽用機械器具製造業			
273　計量器・測定器・分析機器・試験機・測量機械器具・理化学機械器具製造業	業務用機械器具製造業	38	
274　医療用機械器具・医療用品製造業			
275　光学機械器具・レンズ製造業			
276　武器製造業			
28　電子部品・デバイス・電子回路製造業	電子部品・デバイス・電子回路製造業	39	
281　電子デバイス製造業	その他の電子部品・デバイス・電子回路製造業	42	
282　電子部品製造業	電子部品製造業	40	
283　記録メディア製造業	その他の電子部品・デバイス・電子回路製造業	42	
284　電子回路製造業	電子回路製造業	41	
285　ユニット部品製造業 / 289　その他の電子部品・デバイス・電子回路製造業	その他の電子部品・デバイス・電子回路製造業	42	

日本標準産業分類の分類項目		類似業種比準価額計算上の業種目		番号	規模区分を判定する場合の業種
大 分 類		大 分 類			
中 分 類		中 分 類			
小 分 類		小 分 類			
（E 製造業）		（製造業）			
29	電気機械器具製造業	電気機械器具製造業		43	
	291 発電用・送電用・配電用電気機械器具製造業	発電用・送電用・配電用電気機械器具製造業		44	
	292 産業用電気機械器具製造業	その他の電気機械器具製造業		46	
	293 民生用電気機械器具製造業				
	294 電球・電気照明器具製造業				
	295 電池製造業				
	296 電子応用装置製造				
	297 電気計測器製造業	電気計測器製造業		45	
	299 その他の電気機械器具製造業	その他の電気機械器具製造業		46	
30	情報通信機械器具製造業	情報通信機械器具製造業		47	卸売業、小売・サービス業以外
	301 通信機械器具・同関連機械器具製造業				
	302 映像・音響機械器具製造業				
	303 電子計算機・同附属装置製造業				
31	輸送用機械器具製造業	輸送用機械器具製造業		48	
	311 自動車・同附属品製造業	自動車・同附属品製造業		49	
	312 鉄道車両・同部分品製造業	その他の輸送用機械器具製造業		50	
	313 船舶製造・修理業，舶用機関製造業				
	314 航空機・同附属品製造業				
	315 産業用運搬車両・同部分品・附属品製造業				
	319 その他の輸送用機械器具製造業				

日本標準産業分類の分類項目	類似業種比準価額計算上の業種目		規模区分を判定する場合の業種
大 分 類 　中 分 類 　　小 分 類	大 分 類 　中 分 類 　　小 分 類	番号	
（E　製造業）	（製造業）		
32　その他の製造業			
321 貴金属・宝石製品製造業			
322 装身具・装飾品・ボタン・同関連品製造業(貴金属・宝石製を除く)			
323 時計・同部分品製造業			
324 楽器製造業			
325 がん具・運動用具製造業	その他の製造業	51	
326 ペン・鉛筆・絵画用品・その他の事務用品製造業			
327 漆器製造業			卸売業、小売・サービス業以外
328 畳等生活雑貨製品製造業			
329 他に分類されない製造業			
F　電気・ガス・熱供給・水道業			
33　電気業			
331 電気業			
34　ガス業			
341 ガス業			
35　熱供給業	電気・ガス・熱供給・水道業	52	
351 熱供給業			
36　水道業			
361 上水道業			
362 工業用水道業			
363 下水道業			
G　情報通信業	情報通信業	53	
37　通信業			小売・サービス業
371 固定電気通信業			
372 移動電気通信業	その他の情報通信業	59	
373 電気通信に附帯するサービス業			

日本標準産業分類の分類項目		類似業種比準価額計算上の業種目			規模区分を判定する場合の業種
大 分 類		**大 分 類**		番号	
中 分 類		**中 分 類**			
小 分 類		**小 分 類**			
（G　情報通信業）		（情報通信業）			
38　放送業		その他の情報通信業		59	
	381　公共放送業（有線放送業を除く）				
	382　民間放送業（有線放送業を除く）				
	383　有線放送業				
39　情報サービス業		情報サービス業		54	
	391　ソフトウェア業		ソフトウェア業	55	
	392　情報処理・提供サービス業		情報処理・提供サービス業	56	
40　インターネット附随サービス業		インターネット附随サービス業		57	小売・サービス業
	401　インターネット附随サービス業				
41　映像・音声・文字情報制作業		映像・音声・文字情報制作業		58	
	411　映像情報制作・配給業				
	412　音声情報制作業				
	413　新聞業				
	414　出版業				
	415　広告制作業				
	416　映像・音声・文字情報制作に附帯するサービス業				
H　運輸業，郵便業		運輸業，郵便業		60	卸売業、小売・サービス業以外
42　鉄道業		その他の運輸業，郵便業		64	
	421　鉄道業				
43　道路旅客運送業		その他の運輸業，郵便業		64	
	431　一般乗合旅客自動車運送業				
	432　一般乗用旅客自動車運送業				
	433　一般貸切旅客自動車運送業				
	439　その他の道路旅客運送業				

日本標準産業分類の分類項目	類似業種比準価額計算上の業種目		規模区分を判定する場合の業種
大 分 類 　中 分 類 　　小 分 類	大 分 類 　中 分 類 　　小 分 類	番号	
(H　運輸業，郵便業)	(運輸業，郵便業)		
44　道路貨物運送業			
441　一般貨物自動車運送業			
442　特定貨物自動車運送業	道路貨物運送業	61	
443　貨物軽自動車運送業			
444　集配利用運送業			
449　その他の道路貨物運送業			
45　水運業			
451　外航海運業			
452　沿海海運業	水運業	62	
453　内陸水運業			
454　船舶貸渡業			卸売業、小売・サービス業以外
46　航空運輸業			
461　航空運送業	その他の運輸業，郵便業	64	
462　航空機使用業（航空運送業を除く）			
47　倉庫業			
471　倉庫業（冷蔵倉庫業を除く）	その他の運輸業，郵便業	64	
472　冷蔵倉庫業			
48　運輸に附帯するサービス業			
481　港湾運送業			
482　貨物運送取扱業（集配利用運送業を除く）	運輸に附帯するサービス業	63	
483　運送代理店			
484　こん包業			
485　運輸施設提供業			
489　その他の運輸に附帯するサービス業			
49　郵便業（信書便事業を含む）			
491　郵便業（信書便事業を含む）	その他の運輸業，郵便業	64	

日本標準産業分類の分類項目	類似業種比準価額計算上の業種目		規模区分を判定する場合の業種
大　分　類 　中　分　類 　　小　分　類	大　分　類 　中　分　類 　　小　分　類	番号	
I　卸売業, 小売業	卸売業	65	
50　各種商品卸売業	各種商品卸売業	66	
501 各種商品卸売業			
51　繊維・衣服等卸売業			
511 繊維品卸売業（衣服, 身の回り品を除く）	繊維・衣服等卸売業	67	
512 衣服卸売業			
513 身の回り品卸売業			
52　飲食料品卸売業	飲食料品卸売業	68	
521 農畜産物・水産物卸売業	農畜産物・水産物卸売業	69	
522 食料・飲料卸売業	食料・飲料卸売業	70	
53　建築材料, 鉱物・金属材料等卸売業	建築材料, 鉱物・金属材料等卸売業	71	
531 建築材料卸売業	その他の建築材料, 鉱物・金属材料等卸売業	73	卸売業
532 化学製品卸売業	化学製品卸売業	72	
533 石油・鉱物卸売業			
534 鉄鋼製品卸売業	その他の建築材料, 鉱物・金属材料等卸売業	73	
535 非鉄金属卸売業			
536 再生資源卸売業			
54　機械器具卸売業	機械器具卸売業	74	
541 産業機械器具卸売業	産業機械器具卸売業	75	
542 自動車卸売業	その他の機械器具卸売業	77	
543 電気機械器具卸売業	電気機械器具卸売業	76	
549 その他の機械器具卸売業	その他の機械器具卸売業	77	
55　その他の卸売業			
551 家具・建具・じゅう器等卸売業			
552 医薬品・化粧品等卸売業	その他の卸売業	78	
553 紙・紙製品卸売業			
559 他に分類されない卸売業			

日本標準産業分類の分類項目		類似業種比準価額計算上の業種目		番号	規模区分を判定する場合の業種
大分類 中分類 小分類		大分類 中分類 小分類			
（Ⅰ 卸売業，小売業）		小売業		79	
56 各種商品小売業		各種商品小売業		80	
	561 百貨店，総合スーパー				
	569 その他の各種商品小売業（従業者が常時50人未満のもの）				
57 織物・衣服・身の回り品小売業		織物・衣服・身の回り品小売業		81	
	571 呉服・服地・寝具小売業				
	572 男子服小売業				
	573 婦人・子供服小売業				
	574 靴・履物小売業				
	579 その他の織物・衣服・身の回り品小売業				
58 飲食料品小売業		飲食料品小売業		82	小売・サービス業
	581 各種食料品小売業				
	582 野菜・果実小売業				
	583 食肉小売業				
	584 鮮魚小売業				
	585 酒小売業				
	586 菓子・パン小売業				
	589 その他の飲食料品小売業				
59 機械器具小売業		機械器具小売業		83	
	591 自動車小売業				
	592 自転車小売業				
	593 機械器具小売業（自動車，自転車を除く）				
60 その他の小売業		その他の小売業		84	
	601 家具・建具・畳小売業		その他の小売業	86	
	602 じゅう器小売業				
	603 医薬品・化粧品小売業		医薬品・化粧品小売業	85	
	604 農耕用品小売業		その他の小売業	86	
	605 燃料小売業				
	606 書籍・文房具小売業				
	607 スポーツ用品・がん具・娯楽用品・楽器小売業				
	608 写真機・時計・眼鏡小売業				
	609 他に分類されない小売業				

日本標準産業分類の分類項目		類似業種比準価額計算上の業種目			規模区分
大　分　類		大　分　類			を判定す
中　分　類		中　分　類		番号	る場合の
小　分　類		小　分　類			業種
（I　卸売業，小売業）		（小売業）			
61　無店舗小売業					
	611 通信販売・訪問販売小売業	無店舗小売業		87	小売・サービス業
	612 自動販売機による小売業				
	619 その他の無店舗小売業				
J　金融業，保険業		金融業，保険業		88	
62　銀行業		銀行業		89	
	621 中央銀行				
	622 銀行（中央銀行を除く）	銀行業		89	
63　協同組織金融業					
	631 中小企業等金融業	その他の金融業，保険業		91	
	632 農林水産金融業				
64　貸金業，クレジットカード業等非預金信用機関					卸売業、小売・サービス業以外
	641 貸金業				
	642 質屋				
	643 クレジットカード業，割賦金融業	その他の金融業，保険業		91	
	649 その他の非預金信用機関				
65　金融商品取引業，商品先物取引業					
	651 金融商品取引業	金融商品取引業，商品先物取引業		90	
	652 商品先物取引業，商品投資顧問業				
66　補助的金融業等					
	661 補助的金融業，金融附帯業	その他の金融業，保険業		91	
	662 信託業				
	663 金融代理業				

〔参考資料2〕

日本標準産業分類の分類項目	類似業種比準価額計算上の業種目		規模区分を判定する場合の業種
大 分 類 / 中 分 類 / 小 分 類	大 分 類 / 中 分 類 / 小 分 類	番号	
（J　金融業，保険業）	（金融業，保険業）		
67　保険業（保険媒介代理業，保険サービス業を含む） 671 生命保険業 672 損害保険業 673 共済事業・少額短期保険業 674 保険媒介代理業 675 保険サービス業	その他の金融業，保険業	91	卸売業、小売・サービス業以外
K　不動産業，物品賃貸業	不動産業，物品賃貸業	92	
68　不動産取引業 681 建物売買業，土地売買業 682 不動産代理業・仲介業	不動産取引業	93	
69　不動産賃貸業・管理業 691 不動産賃貸業（貸家業，貸間業を除く） 692 貸家業，貸間業 693 駐車場業 694 不動産管理業	不動産賃貸業・管理業	94	
70　物品賃貸業 701 各種物品賃貸業 702 産業用機械器具賃貸業 703 事務用機械器具賃貸業 704 自動車賃貸業 705 スポーツ・娯楽用品賃貸業 709 その他の物品賃貸業	物品賃貸業	95	
L　学術研究，専門・技術サービス業 71　学術・開発研究機関 711 自然科学研究所 712 人文・社会科学研究所	専門・技術サービス業	96	小売・サービス業

256

日本標準産業分類の分類項目		類似業種比準価額計算上の業種目			規模区分を判定する場合の業種
大 分 類		大 分 類			
中 分 類		中 分 類		番号	
小 分 類		小 分 類			
（L　学術研究，専門・技術サービス業）		（専門，技術サービス）			
72　専門サービス業（他に分類されないもの）					
	721 法律事務所，特許事務所				
	722 公証人役場，司法書士事務所，土地家屋調査士事務所				
	723 行政書士事務所	専門サービス業（純粋持株会社を除く）		97	
	724 公認会計士事務所，税理士事務所				
	725 社会保険労務士事務所				
	726 デザイン業				
	727 著述・芸術家業				小売・サービス業
	728 経営コンサルタント業，純粋持株会社				
	729 その他の専門サービス業				
73　広告業		広告業		98	
	731 広告業				
74　技術サービス業（他に分類されないもの）					
	741 獣医業				
	742 土木建築サービス業				
	743 機械設計業	専門・技術サービス業		96	
	744 商品・非破壊検査業				
	745 計量証明業				
	746 写真業				
	749 その他の技術サービス業				
M　宿泊業，飲食サービス業		宿泊業，飲食サービス業		99	
75　宿泊業					
	751 旅館，ホテル				
	752 簡易宿所	その他の宿泊業，飲食サービス業		104	
	753 下宿業				
	759 その他の宿泊業				

日本標準産業分類の分類項目			類似業種比準価額計算上の業種目			番号	規模区分を判定する場合の業種
大 分 類			大 分 類				
	中 分 類			中 分 類			
		小 分 類			小 分 類		
(M 宿泊業，飲食サービス業)			(宿泊業，飲食サービス業)				
	76 飲食店		飲食店			100	
		761 食堂，レストラン（専門料理店を除く）		食堂，レストラン（専門料理店を除く）		101	
		762 専門料理店		専門料理店		102	
		763 そば・うどん店		その他の飲食店		103	
		764 すし店					
		765 酒場，ビヤホール					
		766 バー，キャバレー，ナイトクラブ					
		767 喫茶店					
		769 その他の飲食店					
	77 持ち帰り・配達飲食サービス業		その他の宿泊業，飲食サービス業			104	
		771 持ち帰り飲食サービス業					
		772 配達飲食サービス業					
N 生活関連サービス業，娯楽業			生活関連サービス業，娯楽業			105	小売・サービス業
	78 洗濯・理容・美容・浴場業		生活関連サービス業			106	
		781 洗濯業					
		782 理容業					
		783 美容業					
		784 一般公衆浴場業					
		785 その他の公衆浴場業					
		789 その他の洗濯・理容・美容・浴場業					
	79 その他の生活関連サービス業		生活関連サービス業			106	
		791 旅行業					
		792 家事サービス業					
		793 衣服裁縫修理業					
		794 物品預り業					
		795 火葬・墓地管理業					
		796 冠婚葬祭業					
		799 他に分類されない生活関連サービス業					

日本標準産業分類の分類項目		類似業種比準価額計算上の業種目		番号	規模区分を判定する場合の業種
大　分　類		大　分　類			
中　分　類		中　分　類			
小　分　類		小　分　類			
（N　生活関連サービス業，娯楽業）		（生活関連サービス業，娯楽業）			
80　娯楽業		娯楽業		107	
	801　映画館				
	802　興行場（別掲を除く），興行団				
	803　競輪・競馬等の競走場，競技団				
	804　スポーツ施設提供業				
	805　公園，遊園地				
	806　遊戯場				
	809　その他の娯楽業				
○　教育，学習支援業		教育，学習支援業			小売・サービス業
81　学校教育				108	
	811　幼稚園				
	812　小学校				
	813　中学校				
	814　高等学校，中等教育学校				
	815　特別支援学校				
	816　高等教育機関				
	817　専修学校，各種学校				
	818　学校教育支援機関				
	819　幼保連携型認定こども園				
82　その他の教育，学習支援業				108	
	821　社会教育				
	822　職業・教育支援施設				
	823　学習塾				
	824　教養・技能教授業				
	829　他に分類されない教育，学習支援業				

日本標準産業分類の分類項目		類似業種比準価額計算上の業種目		番号	規模区分を判定する場合の業種
大 分 類		大 分 類			
	中 分 類		中 分 類		
	小 分 類		小 分 類		
P　医療，福祉		医療，福祉（医療法人を除く）		109	小売・サービス業
	83　医療業				
	831　病院				
	832　一般診療所				
	833　歯科診療所				
	834　助産・看護業				
	835　療術業				
	836　医療に附帯するサービス業				
	84　保健衛生				
	841　保健所				
	842　健康相談施設				
	849　その他の保健衛生				
	85　社会保険・社会福祉・介護事業				
	851　社会保険事業団体				
	852　福祉事務所				
	853　児童福祉事業				
	854　老人福祉・介護事業				
	855　障害者福祉事業				
	859　その他の社会保険・社会福祉・介護事業				
Q　複合サービス事業					
	86　郵便局				
	861　郵便局				
	862　郵便局受託業				
	87　協同組合（他に分類されないもの）				
	871　農林水産業協同組合（他に分類されないもの）				
	872　事業協同組合（他に分類されないもの）				

日本標準産業分類の分類項目	類似業種比準価額計算上の業種目		規模区分を判定する場合の業種
大　分　類 　中　分　類 　　小　分　類	大　分　類 　中　分　類 　　小　分　類	番号	
R　サービス業（他に分類されないもの）	サービス業（他に分類されないもの）	110	
88　廃棄物処理業			
881　一般廃棄物処理業 　　882　産業廃棄物処理業 　　889　その他の廃棄物処理業	その他の事業サービス業	112	
89　自動車整備業	その他の事業サービス業	112	
891　自動車整備業			
90　機械等修理業（別掲を除く）			
901　機械修理業（電気機械器具を除く） 　　902　電気機械器具修理業 　　903　表具業 　　909　その他の修理業	その他の事業サービス業	112	
91　職業紹介・労働者派遣業	職業紹介・労働者派遣業	111	小売・サービス業
911　職業紹介業 　　912　労働者派遣業			
92　その他の事業サービス業			
921　速記・ワープロ入力・複写業 　　922　建物サービス業 　　923　警備業 　　929　他に分類されない事業サービス業	その他の事業サービス業	112	
93　政治・経済・文化団体			
94　宗教			
95　その他のサービス業			
951　集会場 　　952　と畜場 　　959　他に分類されないサービス業	その他の事業サービス業	112	
96　外国公務			

〔参考資料2〕

日本標準産業分類の分類項目			類似業種比準価額計算上の業種目			規模区分を判定する場合の業種
大 分 類			大 分 類		番号	
	中 分 類			中 分 類		
		小 分 類			小 分 類	
S 公務（他に分類されるものを除く）						
	97 国家公務					
	98 地方公務					
T 分類不能の産業						
	99 分類不能の産業		その他の産業		113	卸 売 業、小売・サービス業以外
		999 分類不能の産業				

〔参考資料３〕
特定非常災害発生日以後に相続等により取得した財産の評価について（法令解釈通達 平成 29 年 4 月 12 日 課評 2-10 外 最終改正：平成 29 年 10 月 30 日 課評 2-55 外）

（用語の意義）
1　この通達において、次に掲げる用語の意義は、それぞれ次に定めるところによる。
　⑴　措置法　　租税特別措置法（昭和 32 年法律第 26 号）をいう。
　⑵　措置法施行令　　租税特別措置法施行令（昭和 32 年政令第 43 号）をいう。
　⑶　特定非常災害　　措置法第 69 条の 6 第 1 項に規定する特定非常災害をいう。
　⑷　特定非常災害発生日　　措置法第 69 条の 6 第 1 項に規定する特定非常災害発生日をいう。
　⑸　措置法通達　　昭和 50 年 11 月 4 日付直資 2-224 ほか 2 課共同「租税特別措置法（相続税法の特例関係）の取扱いについて」（法令解釈通達）をいう。
　⑹　評価通達　　昭和 39 年 4 月 25 日付直資 56、直審（資）17「財産評価基本通達」（法令解釈通達）をいう。
　⑺　特定地域　　措置法第 69 条の 6 第 1 項に規定する特定地域をいう。
　⑻　特定地域内に保有する資産の割合が高い法人の株式等　　特定非常災害発生日において保有していた資産の特定非常災害の発生直前の価額（特定非常災害の発生直前における時価をいう。）の合計額のうちに占める特定地域内にあった動産（金銭及び有価証券を除く。）、不動産、不動産の上に存する権利及び立木の価額の合計額の割合が 10 分の 3 以上である法人の株式又は出資をいう。
　⑼　応急仮設住宅　　災害救助法（昭和 22 年法律第 118 号）第 2 条（（救助の対象））の規定に基づく救助として災害の被災者に対し供与される同法第 4 条（（救助の種類等））第 1 項第 1 号の応急仮設住宅をいう。
　⑽　評価対象法人　　評価しようとする株式の発行法人又は出資に係る出資のされている法人をいう。
　⑾　課税時期　　相続、遺贈若しくは贈与により財産を取得した日又は相続税法（昭和 25 年法律第 73 号）の規定により相続、遺贈若しくは贈与により取得したものとみなされた財産のその取得の日をいう。

（特定地域内にある土地等の評価）
2　特定非常災害発生日以後同日の属する年の 12 月 31 日までの間に相続、遺贈

〔参考資料3〕

又は贈与（以下「相続等」という。）により取得した特定地域内にある土地及び
土地の上に存する権利（以下「土地等」という。）の価額は、措置法施行令第40
条の2の3（（特定土地等及び特定株式等に係る相続税の課税価格の計算の特
例等））第3項第1号に規定する特定土地等の特定非常災害の発生直後の価額
（以下「特定非常災害発生直後の価額」という。）に準じて評価することができ
るものとする。この場合において、その土地等の状況は、課税時期の現況によ
ることに留意する。

　なお、当該土地等が、特定非常災害により物理的な損失（地割れ等土地その
ものの形状が変わったことによる損失をいう。以下同じ。）を受けた場合には、
特定非常災害発生直後の価額に準じて評価した価額から、その原状回復費用相
当額を控除した価額により評価することができるものとする。

（注）　特定非常災害発生日以後同日の属する年の12月31日までの間に相続等
　　　により取得した特定地域外にある土地等の価額は、課税時期の現況に応じ
　　　評価通達の定めるところにより評価することに留意する。

　　　なお、当該土地等が、特定非常災害により物理的な損失を受けた場合に
　　　は、課税時期の現況に応じ評価通達の定めるところにより評価した価額か
　　　ら、その原状回復費用相当額を控除した価額により評価することができる
　　　ものとする。

（海面下に没した土地等の評価）

3　特定非常災害により土地等が海面下に没した場合（その状態が一時的なもの
　である場合を除く。）には、その土地等の価額は評価しない。

（被災した造成中の宅地の評価）

4　被災した造成中の宅地の価額は、評価通達24-3（（造成中の宅地の評価））に
　定める「その宅地の造成に係る費用現価」を次に掲げる額の合計額として計算
　した金額によって評価する。

　⑴　特定非常災害の発生直前までに投下したその宅地の造成に係る費用現価の
　　うち、被災後においてなおその効用を有すると認められる金額に相当する額

　⑵　特定非常災害の発生直後から課税時期までに投下したその宅地の造成に係
　　る費用現価

（応急仮設住宅の敷地の用に供するため使用貸借により貸し付けられている土地
の評価）

5　応急仮設住宅の敷地の用に供するため関係都道府県知事又は関係市町村（特
　別区を含む。）の長に使用貸借により貸し付けられている土地の価額は、その土

地の自用地としての価額（評価通達 25（（貸宅地の評価））に定める自用地としての価額をいう。）から、その価額にその使用貸借に係る使用権の残存期間が評価通達 25⑵のイからニまでの残存期間のいずれに該当するかに応じてそれぞれに定める割合を乗じて計算した金額を控除した金額によって評価する。

（被災した家屋の評価）

6　被災した家屋（被災後の現況に応じた固定資産税評価額が付されていないものに限る。以下同じ。）の価額は、次に掲げる金額の合計額によって評価することができるものとする。

⑴　評価通達 89（（家屋の評価））の定めにより評価した特定非常災害の発生直前の家屋の価額から、その価額に地方税法（昭和 25 年法律第 226 号）第 367 条（（固定資産税の減免））の規定に基づき条例に定めるところによりその被災した家屋に適用された固定資産税の軽減又は免除の割合を乗じて計算した金額を控除した金額

　　（注）　特定非常災害の発生に伴い地方税法等において固定資産税の課税の免除等の規定が別途定められた場合についても同様に取り扱うものとする。

⑵　特定非常災害の発生直後から課税時期までに投下したその被災した家屋の修理、改良等に係る費用現価の 100 分の 70 に相当する金額

（被災した建築中の家屋の評価）

7　被災した建築中の家屋の価額は、評価通達 91（（建築中の家屋の評価））に定める「その家屋の費用現価」を次に掲げる額の合計額として計算した金額によって評価する。

⑴　特定非常災害の発生直前までに投下したその家屋の費用現価のうち、被災後においてなおその効用を有すると認められる金額に相当する額

⑵　特定非常災害の発生直後から課税時期までに投下したその家屋の費用現価

（特定地域内に保有する資産の割合が高い法人の株式等に係る類似業種比準価額の計算）

8　特定地域内に保有する資産の割合が高い法人の株式等につき、評価通達 180（（類似業種比準価額））に定める類似業種比準価額により評価することとなる場合において、課税時期が特定非常災害発生日から同日の属する事業年度の末日までの間にあるときには、措置法通達 69 の 6・69 の 7 共-4（（特定株式等の特定非常災害の発生直後の価額））⑴の定めを準用することができるものとする。

（純資産価額の計算）

9　評価対象法人の株式又は出資につき、評価通達185（（純資産価額））に定める「1株当たりの純資産価額（相続税評価額によって計算した金額）」により評価することとなる場合において、評価対象法人の各資産のうちに、評価対象法人が課税時期前3年以内に取得又は新築した特定地域内の土地等並びに家屋及びその附属設備又は構築物（以下「家屋等」という。）で、かつ、評価対象法人が特定非常災害発生日前に取得又は新築したものがあるときには、課税時期が特定非常災害発生日から起算して3年を経過する日までの間にあるときに限り、その土地等及び家屋等の価額については、評価通達185の括弧書の定めを適用しないことができるものとする。

（同族株主以外の株主等が取得した特定地域内に保有する資産の割合が高い法人の株式等の価額の計算）

10　特定地域内に保有する資産の割合が高い法人の株式等につき、評価通達188-2（（同族株主以外の株主等が取得した株式の評価））により評価することとなる場合において、課税時期が特定非常災害発生日から同日の属する事業年度の末日までの間にあるときには、措置法通達69の6・69の7共-4(3)の定めを準用することができるものとする。

附則

（適用時期）

　この法令解釈通達は、平成28年4月14日以後に相続等により取得した財産の評価について適用する。

＜参考文献等＞

（論考）
・今村修「株式評価の歩み」（税務大学校論叢第 32 号；1998 年 7 月 1 日）
・加藤浩「今後の取引相場のない株式の評価のあり方」（税務大学校論叢第 96 号；2019 年 6 月 28 日）

（書籍）
・立石勝規『田中角栄・真紀子の「税金逃走」』（講談社文庫；2004 年 3 月 1 日）
・品川芳宣・緑川正博『徹底解明 相続税財産評価の理論と実践』（ぎょうせい；2005 年 10 月 1 日）

（雑誌）
・国税速報 2525（1972 年 8 月 21 日）号、2748（1974 年 12 月 5 日）号、
　　　　　3076（1978 年 4 月 20 日）号、3087（1978 年 5 月 29 日）号、
　　　　　3420（1981 年 10 月 12 日）号、3568（1983 年 4 月 25 日）号、
　　　　　3691（1984 年 7 月 23 日）号、3696（1984 年 8 月 9 日）号、
　　　　　4008（1987 年 10 月 5 日）号、4160（1989 年 4 月 27 日）号、
　　　　　4260（1990 年 5 月 7 日）号、4288（1990 年 8 月 13 日）号、
　　　　　4293（1990 年 8 月 30 日）号、4332（1991 年 1 月 28 日）号、
　　　　　4349（1991 年 4 月 4 日）号、4668（1994 年 7 月 11 日）号、
　　　　　4679（1994 年 8 月 18 日）号、4684（1994 年 9 月 5 日）号、
　　　　　5074（1998 年 9 月 21 日）号、5076（1998 年 9 月 28 日）号
　　　　　（大蔵財務協会）

（WEB サイト）
・国税庁ホームページ　https://www.nta.go.jp
・財務省ホームページ　https://www.mof.go.jp
・法務省ホームページ　http://www.moj.go.jp
・総務省ホームページ　https://www.soumu.go.jp
・経済産業省ホームページ　https://www.meti.go.jp
・国土交通省ホームページ　https://www.mlit.go.jp
・厚生労働省ホームページ　https://www.mhlw.go.jp
・日税連税法データベース（TAINS）　https://www.tains.org
・大和総研ホームページ　https://www.dir.co.jp
・E-GOV 法令検索　https://elaws.e-gov.go.jp

【Profile】

田川　嘉朗（たがわ・よしろう）

南青山資産税研究所所長・税理士（登録番号 75857）
URL: https://assetstax-lab.net

■ 1961 年東京生まれ。1983 年から 1989 年まで、美術・書道関係の出版社に勤務し、美術雑誌の編集長などを歴任。そこでは、日本画家・陶芸家・美術評論家・小説家・経済人など、多くの著名人と接点を持ち、一流の人間ほど謙虚であり、常に探求する姿勢を失わないことを学んだ。■ 1990 年から 2020 年まで、資産税専門の準大手税理士法人（その前身となった個人事務所を含む）に勤務し、代表社員・統括パートナーとして、数多くの相続税・贈与税・譲渡所得の申告業務、対策業務等に関与。この 30 年の間に学んだことのうち、一番大きいのは、力量が拮抗している者同士が敵味方になって対峙する時、刃を交えながらも、互いに相手を尊重する気持ちが生じ得ることである（切れ者の課税庁職員との攻防を何度か体験して）。さらに、30 代前半の頃、東京国税局資料調査課（料調）による税務調査事案において、契約書類の日付の改ざんを行った納税者が重加算税を課される様を目の当たりにしたことにより、以後、決してそうした行為を許容しない旨の方針を貫いている（要領を得ない納税者の応答に対して、「あんた、地元じゃ名士で通っているかも知れないが、その答えは小学生以下だよ」と返した料調の主査の言葉が忘れられない）。■ 1990 年代には、日本で 2 番目とされる非上場株式の物納許可事案、租税特別措置法第 40 条・第 70 条の非課税特例を適用した約 1 ヘクタールの林地の自然保護団体への寄付事案、私道の評価割合を当時の 60％から現行の 30％に引き下げる要因となった不服申立事案などを担当した。■論考では、月刊「税理」（ぎょうせい）の 1999 年 7 月号に「無償返還届出貸宅地をめぐる現行評価実務の矛盾点」を、2006 年 10 月号に「広大地新通達が引き起こす相続事案の問題点～広大地評価の光と影」を各々寄稿。2014 年には、法務省のパブリックコメント「民法（相続関係）等の改正に関する中間試案」に対する意見発信を行い、2018 年にはＷＥＢマガジン『プロフェッションジャーナル』創刊 5 周年記念連載「ＡＩで士業は変わるか？」へ寄稿した。■ 2021 年、南青山資産税研究所を開設。東京税理士会・麻布支部所属。

非上場株式 評価の論点　税務上の疑義の分析と解決策へのアプローチ

2021年7月15日　発行

著　者　　田川　嘉朗 ©

発行者　　小泉　定裕

発行所　　株式会社 清文社

東京都千代田区内神田1－6－6（MIFビル）
〒101-0047　電話 03（6273）7946　FAX 03（3518）0299
大阪市北区天神橋2丁目北2－6（大和南森町ビル）
〒530-0041　電話 06（6135）4050　FAX 06（6135）4059
URL https://www.skattsei.co.jp/

印刷：亜細亜印刷㈱

ISBN978-4-433-72361-3